PraxisWissen

Stoltefuß/Przerwok
Baurecht für
Bauunternehmen

PraxisWissen

Baurecht für Bauunternehmen

Ein Wegweiser für alle Abteilungen:
effektives Vertrags- und Projektmanagement,
zielführende Kommunikation,
nachhaltiges Handeln
(Megatrend Green Building)

von
Dr. Martin Stoltefuß
Unternehmensjurist, Münster
und
Sabine Przerwok
Rechtsanwältin, Karlsruhe
Fachanwältin für Bau- und Architektenrecht sowie Vergaberecht

2024

Zitiervorschlag:
Stoltefuß/Przerwok BauR Bauunternehmen Rn. ...

beck.de

ISBN 978 3 406 81289 7

© 2024 Verlag C.H.Beck oHG
Wilhelmstraße 9, 80801 München

Druck und Bindung: Beltz Grafische Betriebe GmbH
Am Fliegerhorst 8, 99947 Bad Langensalza

Satz: Fotosatz H. Buck
Zweikirchener Str. 7, 84036 Kumhausen

Umschlag: Ralph Zimmermann – Bureau Parapluie

Gedruckt auf säurefreiem, alterungsbeständigem Papier
(hergestellt aus chlorfrei gebleichtem Zellstoff)

Alle urheberrechtlichen Nutzungsrechte bleiben vorbehalten.
Der Verlag behält sich auch das Recht vor, Vervielfältigungen dieses Werkes
zum Zwecke des Text and Data Mining vorzunehmen.

Vorwort

Das Prinzip der Arbeitsteilung in einem Wirtschaftsunternehmen beruht wesentlich auf den Gedanken des schottischen Moralphilosophen und Wirtschaftstheoretikers Adam Smith (1723-1790). Vor allem mit seinem grundlegenden Werk vom „Wohlstand der Nationen"[1] schuf er die Grundlage der weiteren Entwicklung. Industrialisierung und Arbeitsteilung entwickelten sich parallel und in gegenseitigen Abhängigkeiten voneinander und werden heute als etwas völlig Selbstverständliches angesehen. Smith formulierte: „Diese Arbeitsteilung, aus welcher so viele Vorteile sich ergeben, ist nicht ursprünglich das Werk menschlicher Weisheit, welche die allgemeine Wohlhabenheit, zu der es führt, vorhergesehen und bezweckt hätte. Sie ist die notwendige, wiewohl sehr langsame und allmähliche Folge eines gewissen Hanges der menschlichen Natur, der keinen solch ausgiebigen Nutzen erstrebt, des Hanges zu tauschen, zu handeln und eine Sache gegen eine andere auszuwechseln.[2]" In einer immer komplexer werdenden Welt mit immer detaillierter werdenden Spezialisierungen kann nicht jede oder jeder alles können. Stellt man sich die Entwicklung der Arbeitsteilung und Spezialisierung insbesondere in modernen Industrienationen seit den Veröffentlichungen Adam Smiths bildlich wie einen Baum mit Stamm, Ästen und Blättern vor, wurde aus der ursprünglich zarten Pflanze im Laufe der Jahrhunderte ein Baum mit scheinbar unendlich vielen Ästen und Verzweigungen. Organisatorischer Ausdruck des Prinzips der Arbeitsteilung im modernen Unternehmen ist seine Untergliederung in Abteilungen, ggf. mit weiteren Untergliederungen, seien sie nun (Business-) Units, Referate oder Bereiche genannt. Häufig betonen eigene Budgetierungen von Personal und/oder Arbeitsmitteln mit klaren Abgrenzungen in Organigrammen ihre eigenständige Stellung und ihren von den anderen Abteilungen klar zu unterscheidenden Aufgabenbereich. Es ist eben so: Nicht jede oder jeder kann alles können. Und was zu Zeiten von Adam Smith galt, gilt heute erst recht.

---

[1] Erschienen 1776.
[2] Smith S. 39.

Vorwort

Umso mehr verwundert es, dass wirtschaftsrechtliche Literatur häufig nur nach dem Rechtsgebiet, nicht aber nach den einzelnen Unternehmensabteilungen differenziert.

Für den Einkauf sind Themen wie die Abgrenzung des Werkvertrags vom Kaufvertrag essentiell, für den Service oder die Baustelle aber zumindest hinsichtlich der primären Zuständigkeiten und Tätigkeitsschwerpunkte uninteressant. Die Projektkaufleute wollen und müssen wissen, wie und wann abgerechnet wird, welche Voraussetzungen es für die Prüfbarkeit einer Rechnung gibt usw.; den Vertrieb muss das aber nicht primär interessieren. Natürlich gibt es Überschneidungen; das ändert aber nichts daran, dass es ganz klare, immer wiederkehrende Schwerpunkte in den jeweiligen Abteilungen gibt.

Daher sieht das „Baurecht für die Unternehmenspraxis" eine klare Gliederung in Abteilungskapitel bzw. die von einzelnen Abteilungen/ Untergliederungen zu erbringenden (Teil-)Tätigkeiten vor. Der Informationsbedarf jeder relevanten Abteilung (der „alle" Abteilungen in Bezug nehmende Untertitel bezieht sich natürlich auf die „klassischen", für den unmittelbaren Bauablauf relevanten Abteilungen) eines Bauunternehmens wird – zur besseren Handhabbarkeit auf einige bewusst ausgewählte, immer wieder in der Praxis relevant werdende Einzelaspekte beschränkt – in einem allein dieser jeweiligen Abteilung gewidmeten Kapitel erfasst. Die Mitarbeiterinnen und Mitarbeiter können sich in dem Buch also ganz gezielt und schnell die für sie relevanten Themen heraussuchen.

Relevante Normen sind, häufig nur auszugsweise und soweit für die nachfolgenden Ausführungen relevant, ebenfalls direkt im jeweiligen Kapitel wiedergegeben, um sie nicht in einer Vielzahl von Vorschriften am Ende des Handbuchs untergehen zu lassen. Leserinnen und Leser sollen nicht gezwungen sein, sich die für sie einzig relevanten Normen umständlich „herauszusuchen".

Wo sinnvoll, enthalten die Kapitel zunächst die Erläuterung von zugegebenermaßen sehr subjektiv ausgewählten Einzelaspekten wichtiger Einzelnormen nebst Handlungsvorschlägen und der Erläuterung von Zusammenhängen für und aus Sicht der jeweiligen Abteilung und der Geschäftsführung eines Bauunternehmens. Hierbei geht es ganz bewusst nicht darum, jeden Paragraphen und jeden juristisch irgendwie relevanten Einzelaspekt dieses Paragraphen im Sinne eines Kommentars zu beleuchten. Erwähnt wird, was nach Erfahrung des Verfassers tatsächlich passiert und (hoffentlich) interessiert. Angesprochen werden Situationen, die in der Praxis immer wieder vorkommen, an denen eine effektive Projektabwicklung immer wieder hakt, die immer wieder (vermeidbares) Kopfzerbrechen bereiten.

Vorwort

Ergänzt wird die Erläuterung der jeweiligen Norm – soweit interessant und passend – um praxisrelevante Auszüge der dazu ergangenen Rechtsprechung. Insgesamt werden also klare Schwerpunkte auf die Praxis gesetzt; besprochen werden nicht jeder Absatz und jeder Aspekt einer Norm; Ziel ist vielmehr eine komprimierte, schnell verständliche, unmittelbar hilfreiche und auf in der Praxis immer wiederkehrende Situationen beschränkte Darstellung.

Die folgenden Kapitel sollen den Praktiker nicht be-, sondern entlasten.

Auch Themen, die einer ausführlichen und komplexen Darstellung bedürfen – wie beispielsweise die Berechnung gestörter Bauabläufe –, bleiben bewusst ausgeklammert.

Teilweise enthalten die jeweiligen Abteilungskapitel einen zweiten Teil mit Erläuterungen hinsichtlich der für die jeweilige Abteilung wichtigen Vertragsformen und -texte.

Das vorliegende Werk will also -wie das „Baurecht für die Projektleitung"- ganz konkret dabei helfen, den oft komplizierten und von persönlichem Stress geprägten Arbeitsalltag in einem Bauunternehmen deutlich zu erleichtern, indem immer wieder vorkommende Einzelsituationen verständlich und auf das Wesentliche beschränkt erläutert werden.

Häufig wird es auch mehr um die Entstehung und Handhabung einzelner Situationen in der Praxis als um Meinungsstreitigkeiten und die Interpretation von Gerichtsurteilen gehen. Zum Beispiel im Zusammenhang mit der Behinderungsanzeige („Kriegserklärung!"), der Bauhandwerkersicherung („Unverschämtheit!", Das Ende der partnerschaftlichen Zusammenarbeit!"), dem Streben nach Einvernehmen gemäß §650b BGB bei Vertragsänderungen („Das verzögert doch bloß wieder alles!", „Kann man das nicht vertraglich irgendwie ausschließen?") und so weiter. Auch die Qualifikation des Bauvertrags als Kooperationsvertrag und Aspekte des Konfliktmanagements werden immer wieder auftauchen.

Ergänzend wird sich, wo sinnvoll und passend, wie ein roter Faden (der hier ein grüner Faden ist) das täglich wichtiger werdende und im aktuellen Baugeschehen unmöglich zu ignorierende Thema „Green Building" durch die Kapitel ziehen, und zwar sowohl konkret/aktuell als auch perspektivisch/zukunftsorientiert. „Green Building" bedeutet rasante Entwicklung und Veränderung und ist mit großen, immer wieder neuen Herausforderungen für die Baubeteiligten verbunden. Da es sich hier um ein so weites, buntes und in großen Teilen immer noch unerforschtes Feld handelt, freue ich mich sehr, zu diesem Thema als Mitherausgeberin und Co-Autorin Sabine Przerwok gewonnen zu

Vorwort

haben, die sich seit langem mit dem Thema Green Contracts befasst und von der Zukunftsrelevanz und den vielfältigen Potenzialen des „Green Building" ebenso fasziniert ist wie ich selbst.

Und für alles gilt auch diesmal wieder: Praxis vor Theorie, Baurecht nicht als Selbstzweck, sondern als Werkzeug wirtschaftlicher Projektabwicklung.

Münster, im Dezember 2023

Martin Stoltefuß

Inhaltsverzeichnis

Vorwort.. V
Abkürzungsverzeichnis XV
Literaturverzeichnis XIX

Kapitel 1 Angebot und Vertragsschluss 1
A. Die Normen 1
Wie kommt ein Vertrag zustande? Und mit welchem Inhalt? ... 1
   I. § 145 BGB Bindung an den Antrag.................. 2
   II. § 147 Annahmefrist 3
   III. § 148 BGB Bestimmung einer Annahmefrist.......... 5
   IV. § 150 BGB Verspätete und abändernde Annahme...... 6
   V. § 133 BGB/§ 157 BGB Auslegung einer Willenserklärung/Auslegung von Verträgen................ 8
   VI. § 167 BGB Erteilung der Vollmacht 10
B. Die Verträge 13
   I. Von überragender Bedeutung für den wirtschaftlichen Erfolg: Bausoll und Rang- und Reihenfolge der Vertragsgrundlagen............................... 13
   II. Regelung der Vertragsfristen 18
   III. Regelung der Abrechnung........................ 18
   IV. Regelung der Abnahme 19

Kapitel 2 Green Building: Was ist das? 21
A. Nachhaltigkeit als Megatrend 21
B. Was ist eigentlich Nachhaltigkeit? 23
C. Umsetzung in der Bauwirtschaft 25
D. Green-Building Zertifizierung 27
   I. Systemanforderungen der Green-Building Zertifizierungen 29
   II. Neue Beteiligte: Zertifizierungsstelle................ 32
      1. Zertifizierungsvertrag 32
      2. Die Zertifizierungsstelle prüft nicht vor Ort und übernimmt für die Bauausführung keine Haftung .. 33
      3. Klärung der Auslegung von Systemanforderungen . 35
      4. Bewertung der Rolle der Zertifizierungsstelle....... 36

Inhaltsverzeichnis

    III. Neuer Beteiligter: Auditor/Nachhaltigkeits-
        koordinator 37
        1. Leistungsbild 38
        2. Auditorenvertrag 42
        3. (gesamtschuldnerische) Haftung................. 45
        4. Mitverschulden 47
    IV. Grüner Vertrag..................................... 47
        1. Vereinbarung eines objektiven grünen Standards ... 48
        2. Qualifikationen der Beteiligten 52
        3. Leistungen der Baubeteiligten 53

Kapitel 3 Der Einkauf 55

A. Die Normen... 55
    I. Abgrenzung Kaufvertrag / Werkvertrag 56
        1. § 631 BGB Vertragstypische Pflichten beim Werk-
           vertrag 56
        2. § 650a BGB Bauvertrag 56
        3. § 433 BGB Vertragstypische Pflichten beim Kauf-
           vertrag 57
    II. § 377 HBG: Die Pflicht zur unverzüglichen
        Untersuchung und Rüge 58
    III. Die Bürgenhaftung 61
        1. § 14 AEntG Haftung des Auftraggebers............. 61
        2. § 13 MiLoG Haftung des Auftraggebers 62
        3. § 28e SGB IV Zahlungspflicht, Vorschuss (Auszug) . 62

B. Die Verträge 67
    I. Einheitlicher Nachunternehmervertrag, Verhand-
        lungsprotokoll mit gesonderter Beauftragung 67
    II. Rahmenvertrag 69

Kapitel 4 Die Baustelle................................. 73

A. Die Normen... 73
    I. § 1 Abs. 1 S. 1 VOB/B Die Bedeutung des Vertrags 73
    II. § 4 VOB/B insbes. Koordination
        Pflicht zum Schutz der Leistung, Mängel vor Abnahme 74
    III. § 5 VOB/B Ausführungsfristen 80
        1. Verbindliche und unverbindliche Fristen 81
        2. Die Regelung von Fristen in Allgemeinen Ge-
           schäftsbedingungen 83
        3. Der Zusammenhang zwischen § 5 Abs. 4, § 6 Abs. 6
           und § 8 Abs. 3 VOB/B 84

Inhaltsverzeichnis

    IV. § 6 VOB/B Behinderung 88
    V. §§ 4 Abs. 3, 13 Abs. 3 VOB/B Bedenkenanmeldung 93
    VI. §§ 640 BGB, 12 VOB/B Abnahme 96
      1. Wurde die Werkleistung in Benutzung genommen, § 12 Abs. 5 Nr. 2 VOB/B? 98
      2. Ist eine schriftliche Mitteilung über die Fertigstellung der Leistung erfolgt? 99
      3. Was ist eigentlich ein wesentlicher Mangel, der die Abnahmereife hindert? 102
      4. Teilabnahme bei Green Building 104
      5. (konkludente) Abnahme wegen Zertifizierung 105
    VII. §§ 633 ff., 13 VOB/B 107
      1. § 633 Sach- und Rechtsmangel 107
        a) Was ist eigentlich ein Mangel? 107
        b) Wann gelten die Vorschriften über Mängel im BGB? 109
      2. Die Rechte des Bestellers bei Mängeln 110
      3. § 13 VOB/B Mängelansprüche 112
        a) Wann gilt § 13 VOB/B? 114
        b) Was ist eigentlich ein Gewährleistungsmangel? .. 114
        c) Welche Anforderungen gelten für die Aufforderung zur Mängelbeseitigung? 114
        d) Die angemessene Frist zur Mängelbeseitigung ... 115
        e) Die zusätzlichen zwei Jahre Gewährleistung gemäß § 13 Abs. 5 VOB/B 115
      4. Nichterreichung des vereinbarten Nachhaltigkeitsstandards 116
        a) Mitverschulden des Auftraggebers 117
        b) unverhältnismäßige Kosten 118
        c) Schaden 120
        d) Nichterteilung des Zertifikats trotz Vorliegen der technischen Systemvoraussetzungen 121
        e) Erteilung des Zertifikats trotz Mängeln 121
      5. Green Building und allgemein anerkannte Regeln der Technik 122
      6. Änderungen der Anforderungen während der Vertragslaufzeit beim Green Building 126
B. Die Verträge: Abgrenzung detailpauschal/globalpauschal 130

Inhaltsverzeichnis

Kapitel 5 Die Abrechnung 135
A. §§ 2 VOB/B Vergütung 135
    I. § 2 Abs. 1 VOB/B: Der Festpreis 137
    II. § 2 Abs. 2 VOB/B: Vertragsarten, insbesondere
    Vergütung beim Nachunternehmervertrag 138
    III. § 2 Abs. 3 VOB/B: Die berühmten 10% 139
    IV. § 2 Abs. 5 VOB/B: Die Vereinbarung des neuen
    Preises 140
    V. § 2 Abs. 6 Nr. 1 VOB/B: Die Ankündigungspflicht
    des Auftragnehmers.................................. 142
B. §§ 16 Abs. 1 VOB/B, 632a BGB Abschlagszahlungen . 143
    I. Was ist eigentlich eine Abschlagszahlung? 144
    II. Die Höhe der Abschlagszahlung 144
    III. Die Abschlagszahlung auf Baustoffe und Bauteile...... 145
    IV. Der Anspruch auf die Abschlagszahlung 145
C. § 14 VOB/B Abrechnung............................ 146
    I. Kriterien für die Prüfbarkeit der Abrechnung 147
    II. Zum Thema Aufmaß 148
    III. Wann muss die Schlussrechnung gestellt werden? 149
D. § 15 VOB/B Stundenlohnarbeiten 150
    I. Allgemeines 151
    II. Anforderungen an Stundenlohnzettel 151
    III. Die Vereinbarung von Stundenlohnarbeiten,
    § 2 Abs. 10 VOB/B................................. 152
E. § 16 VOB/B Zahlung 153
    I. Wann wird die Schlusszahlung fällig? 154
    II. Das leidige Thema der vorbehaltlosen Annahme der
    Schlusszahlung.................................... 155
    III. Die Teilschlussrechnung........................... 156
F. § 641 BGB Fälligkeit der Zahlung 156

Kapitel 6 Service und Wartung: Die Verträge 159

**Kapitel 7 Ideen und Denkanstöße für die
    Unternehmensleitung** 165
A. Die Übertragung von Unternehmerpflichten 165
B. Die Einschaltung von Sonderfachleuten 169
    I. Die vertraglichen Grundlagen 169
    II. Der Zeitpunkt der Einschaltung 170
    III. Die Vollmachten 171

Inhaltsverzeichnis

C. Internes Vertrags-Kick-off 172
D. Projektgespräche 172
E. Vertrieb: Green Building – Exzellenz und
   Erstklassigkeit 173
F. Herausforderungen durch Green Building 175
   I. Kostentreiber nachhaltiges Bauen? 176
   II. Neue Bauprodukte 181
G. Green Building und BIM 185
H. Eskalationsebenen 190
I. Kooperation, Kommunikation und
   Gesprächsführung 190
J. Dokumentation 192
   I. Die Dokumentation „im weiteren Sinne" 192
   II. Die Dokumentation „im engeren Sinne"............ 195
K. Vertragsverhandlung und Vertragshighlights 195
L. Vereinbarung der VOB/B – ja oder nein? 197
M. Überblick: Außergerichtliche Inanspruchnahme
   Dritter 199
   I. Die Bestimmung der Leistung durch einen Dritten 200
   II. Die Schiedsvereinbarung 203
      1. § 1029 ZPO Begriffsbestimmung 203
      2. § 1032 ZPO Schiedsvereinbarung und Klage vor
         Gericht 204
      3. § 1046 ZPO Klage und Klagebeantwortung 205
      4. § 1049 ZPO Vom Schiedsgericht bestellter Sach-
         verständiger 206
      5. § 1053 ZPO Vergleich 206
      6. § 1054 ZPO Form und Inhalt des Schiedsspruchs ... 206
      7. § 1055 ZPO Wirkungen des Schiedsspruchs 207
      8. § 1057 ZPO Entscheidung über die Kosten 207
N. Überblick: Gerichtliche Verfahren 208
   I. Das Klageverfahren 209
   II. Das Selbständige Beweisverfahren 213
O. Bauunternehmen als Motor der Entwicklung 215

Stichwortverzeichnis 217

Abkürzungsverzeichnis

Von der Erläuterung allgemein bekannter Abkürzungen wird abgesehen

Abs.	Absatz
aE	am Ende
AentG	Gesetz über zwingende Arbeitsbedingungen für grenzüberschreitend entsandte und für regelmäßig im Inland beschäftigte Arbeitnehmer und Arbeitnehmerinnen (Arbeitnehmer-Entsendegesetz – AEntG)
AG	Auftraggeber
AGB	Allgemeine Geschäftsbedingungen
AN	Auftragnehmer
Aufl.	Auflage
AVV Klima	Allgemeine Verwaltungsvorschrift zur Beschaffung klimafreundlicher Leistungen
BAG	Bundesarbeitsgericht
BauR	Baurecht (Zeitschrift)
Bcc	Blind carbon copy = Blindkopie
BeckRS	Beck-Rechtsprechung
BGB	Bürgerliches Gesetzbuch
BGH	Bundesgerichtshof
BGHZ	Entscheidungen des Bundesgerichtshofs in Zivilsachen
BIM	Building Information Modeling
BImSchG	Bundesimmissionsschutzgesetz
BNB	Bewertungssystems Nachhaltiges Bauen
BREEAM	Building Research Establishment Environmental Assessment Method, Großbritannien.
BT-Drs.	Bundestags-Drucksache
Bzw.	beziehungsweise
ca.	circa
Cc	Carbon copy
CE	Conformité Européenne' Europäische Konformität
CO^2	Kohlenstoffdioxid
D-A-CH	Deutschland, Österreich, Schweiz
Ders.	Derselbe

Abkürzungsverzeichnis

DGNB	Deutsche Gesellschaft für Nachhaltiges Bauen
dh	das heißt
DIN	Deutsches Institut für Normung
DRiG	Deutsches Richter Gesetz
ENV	Ökologische Qualität
ESG	Enviromental, Social and Governance
Etc.	et cetera
EU	Europäische Union
EUR	Euro
EuGH	Gerichtshof der Europäischen Union
f.,ff.	folgend(e)
Fn.	Fußnote
FYI	For Your Information
GEG	Gesetz zur Einsparung von Energie und zur Nutzung erneuerbarer Energien zur Wärme- und Kälteerzeugung in Gebäuden
Ggf.	gegebenenfalls
GmbHG	Gesetz betreffend die Gesellschaften mit beschränkter Haftung
GWB	Gesetz gegen Wettbewerbsbeschränkungen
HOAI	Honorarordnung für Architekten und Ingenieure
IBR	Immobilien und Baurecht
IBRRS	Immobilien und Baurecht, Rechtsprechung
JOZ	Neue Juristische Online-Zeitschrift
KfW	Kreditanstalt für Wiederaufbau
KG	Kammergericht
KlimaG BW	Klimaschutz- und Klimawandelanpassungsgesetz Baden-Württemberg
KrWG	Kreislaufwirtschaftsgesetz
LEED	Leadership in Energy and Environmental Design, USA.
LG	Landgericht
LV	Leistungsverzeichnis
MiLoG	Gesetz zur Regelung eines allgemeinen Mindestlohns (Mindestlohngesetz – MiLoG)
mwN	mit weiteren Nachweisen
NJW	Neue Juristische Wochenschrift
NJW-RR	Neue Juristische Wochenschrift-Rechtsprechungs-Report
NZA	Neue Zeitschrift für Arbeitsrecht
NZBau	Neue Zeitschrift für Baurecht
OLG	Oberlandesgericht

Abkürzungsverzeichnis

PRO	Prozessqualität
RGZ	Reichsgericht in Zivilsachen
SITE	Standortqualität
SOC	Soziokulturelle und Funktionale Qualität
sog.	sogenannte/r
str.	streitig
Tax-VO	Verordnung (EU) 2020/852 (Taxonomieverordnung)
TEC	Technische Qualität
VDMA	Verband Deutscher Maschinen- und Anlagenbau
vgl.	vergleiche
VgV	Vergabeverordnung
VK	Vergabekammer
WM	Wertpapier-Mitteilungen
ZfBR	Zeitschrift für Baurecht
ZPO	Zivilprozessordnung

Literaturverzeichnis

Kommentare und Bücher:
Beck OK Arbeitsrecht, Hrsg. Rolfs/Giesen/Meßling/Udsching, 66. Edition, Stand 01.12.2022
Beck OK BGB, Hau/Poseck, 67. Edition, Stand 01.08.2023
Beck'sche Online-Formulare Vertrag, 63. Edition 2023
Beck OK VOB/B Cramer/Kandel/Preussner, 52. Edition, Stand 31.07.2023
Beck VergabeR/Opitz, 3. Aufl. 2019
Beck'scher VOB-Kommentar, Teil B, Ganten/Jansen/Voit, 4. Aufl. 2023
Grüneberg, Bürgerliches Gesetzbuch BGB, 82. Auflage 2023
Hamberger (Hrsg.), Sylvicultura oeconomica oder haußwirthliche Nachricht und naturmäßige Anweisung zu Wilden Baum-Zucht, 2022
Kapellmann/Langen/Berger, Einführung in die VOB/B, 29. Aufl. 2023
Kapellmann/Messerschmidt VOB-Kommentar, Teil A/B, 8. Auflage 2022
Kniffka/Jurgeleit, ibr-online-Kommentar Bauvertragsrecht, Stand 19.10.2023
Kniffka/Koeble/Jurgeleit/Sacher, Kompendium des Baurechts, 5. Aufl. 2020
Kleine-Möller/Merl/Glöckner, Handbuch Baurecht, 6. Auflage 2019
Koller/Kindler/Drüen, HGB, 10. Aufl. 2023
Korbion/Mantscheff/Vygen/Korbion, 9. Aufl. 2016, HOAI
Messerschmidt/Voit, Privates Baurecht, 4. Aufl. 2022
Meyer, Handbuch Immobilienwirtschaftsrecht, 1. Auflage 2022
Mösle/Lambertz/Altenschmidt/Ingenhoven (Hrsg.), Praxishandbuch Green Building, 2018
Musielak/Voit, ZPO, 20. Aufl. 2023
Münchner Kommentar zum BGB, Bd. 1, §§ 1-240, Allg. PersR, ProstG, AGG, 9. Aufl. 2021
Münchner Kommentar zum BGB, Bd. 6, §§ 631-704, 9. Aufl. 2023
Münchner Kommentar zur ZPO, 6. Aufl. 2020
Nakamura, T.; Halada, K. Urban Mining System, 2015

Literaturverzeichnis

Nicklisch/Weick/Jansen/Seibel, VOB/B, 5. Aufl. 2019

Peters, Das Gesetz zur Beschleunigung fälliger Zahlungen, NZBau 2000, 169

Schäfer/Conzen, Praxishandbuch Immobilien-Investitionen, 4. Aufl. 2020

Schlemminger (Hrsg.), Green Building, 2013

Smith, Der Wohlstand der Nationen, 2022

Stoltefuß, Baurecht für die Projektleitung, 2021

Teizer, Hensing, BIM und Nachhaltigkeit in Forschung, Technologie und Praxis, 2022

Ziekow/Völlink, Vergaberecht, 4. Auflage 2020

Aufsätze:

Baureis/Dressel/Friedrich: Allgemein anerkannte Regeln der Technik als Hemmnis für technische Innovationen im Sinne der Nachhaltigkeit? NZBau 2023, 641

Diehr, Der Wartungsvertrag – Einordnung in das Bau- und Vergaberecht, ZfBR 2014, 107

Dressel: Nachhaltiges Bauen – Herausforderungen in Planerverträgen, NZBau 2021, 224

Kemper: BIM und Vergaberecht Alte und neue Wege ZfBR 2020, 36

Mittwoch/Wetenkamp/Bleier, Unternehmensrechtliche Nachhaltigkeit und ESG, NJW 2022, 3601

Rauhut, Vertragliche Rahmenbedingungen für energieeffizientes Bauen, IBR 2011, 388

Schlemminger, Nachhaltigkeitszertifikate in Immobilienverträgen, NJW 2014, 3185

Stoltefuß, Baurecht und Projektpraxis: Behinderungsmanagement als wesentlicher Teil einer partnerschaftlichen Projektabwicklung, IBR 2016, 1006

Stoltefuß, Planungsregelungen in TGA-Bauverträgen: Kenntnis ist für den TGA-Planer unverzichtbar, Planungsbüro Professionell 2014, 10

Vogel, Implementierung von Green-Lease-Vertragsklauseln in Gewerberaummietverträgen, ESG 2022, 295

Kapitel 1
Angebot und Vertragsschluss

A. Die Normen

Wie kommt ein Vertrag zustande? Und mit welchem Inhalt?

Der Vertrag ist nicht nur im Baubereich, sondern im gesamten Wirt- **1**
schaftsleben von überragender Bedeutung.[3] Gemessen an dieser Bedeutung, wird seinem Entstehen, seiner Konzeption und Verhandlung und nicht zuletzt seiner Umsetzung in der Projektwirklichkeit leider häufig erstaunlich wenig Aufmerksamkeit und Sorgfalt schenkt. Der Vertrag bietet die (oft nicht noch einmal kommende) Möglichkeit, die eigenen Interessen möglichst weit durchzusetzen bzw. eine Grundlage dafür zu schaffen. Der Vertrag ist nicht lediglich die wohl oder übel notwendige Vorstufe der Projektphase; er ist die Basis jeder Projekthandlung und des wirtschaftlichen Erfolgs. Oder Misserfolgs. Er ist nicht Theorie, sondern Praxis. Komplizierte juristische Formulierungen erzeugen Widerwillen und Ablehnung bei denjenigen, die den Vertrag umsetzen und mit ihm „leben" müssen. Deshalb sind die Juristen aufgefordert, so weit möglich einfach und für Nichtjuristen verständlich zu formulieren. Eine Kunstsprache schafft nicht nur Distanz und Entfremdung, sondern hindert die effektive Umsetzung der vertraglichen Regelungen in der Projektphase. Und damit das Geldverdienen.

Ganz allgemein gesagt besteht ein Vertrag aus zwei übereinstim- **2**
menden Willenserklärungen, aus Angebot (im Gesetz häufig „Antrag" genannt) und Annahme. In der Praxis ist das Merkmal der „Übereinstimmung" immer wieder Thema und häufig Anlass für manchmal überflüssige Auseinandersetzungen. Ein zugegebenermaßen sehr vereinfachendes Beispiel: Bei einem Kaufvertrag ist das „Leistungssoll", also der Kaufgegenstand, häufig klar oder in vielen Fällen jedenfalls

---

[3] BeckOK BGB/H.-W. Eckert BGB § 145 Rn. 1 bezeichnet den Vertrag als „entscheidende Rechtsinstitution für eine liberale, auf dem Ordnungsprinzip der freien und sozialen Marktwirtschaft aufbauende, Gesellschaft".

Kapitel 1
Angebot und Vertragsschluss

klarer als beim Werkvertrag, ob es sich nun um ein Buch aus der Reihe „PraxisWissen Baurecht", einen Computer oder ein Segelboot handelt. Klar ist in den meisten Fällen, welcher Gegenstand geliefert werden muss. Ob der Kaufgegenstand dagegen möglicherweise mangelhaft ist, ist eine davon zu unterscheidende Frage. Beim Werkvertrag dagegen ist (leider) in der Praxis häufig bereits das Leistungssoll, hier also insbesondere das „Bausoll", unklar. Dieser Befund hat vielfältige Gründe, denen aber eins gemeinsam ist: Sie sind häufig vermeidbar. Bauvertraglich an den Auftragnehmer übertragene Leistungen sind oft komplex und ergeben sich bei „größeren" Bauvorhaben nicht nur aus einer, sondern aus mehreren und häufig sogar einer Vielzahl von Vertragsgrundlagen. Wenn es um relevante Leistungsverzeichnisse, Angebote, Besprechungsprotokolle, Gutachten, Pläne etc. geht, ist es unabdingbar, diese **vor** Unterzeichnung des Vertrags zu verstehen und zu einem einvernehmlichen, dokumentierten Verständnis zu führen. Geschieht dies nicht und streitet man sich während der logischerweise termingebundenen Projektdurchführung darum, ob etwas zur Leistung gehört oder nicht, sind zeit- und kostenintensive Auseinandersetzungen vorprogrammiert.[4] Ein unklares Bausoll kann die Vergütung, die Vertragsfristen, die Abnahmevoraussetzungen und die Gewährleistungsphase beeinflussen, um nur einige Aspekte zu nennen.

3 Doch nun zu einigen Normen, die wichtige Regelungen für Vertragsverhandlungen enthalten.

I. § 145 BGB Bindung an den Antrag

> Wer einem anderen die Schließung eines Vertrags anträgt, ist an den Antrag gebunden, es sei denn, dass er die Gebundenheit ausgeschlossen hat.

4 Die Bauwirklichkeit ist von in hohem Maße von Klarheit, Effektivität und stringenter Verhandlungsführung abhängig. Ein gefühlt endloses „Hin und Her" im Rahmen von Vertragsverhandlungen wäre inakzeptabel. Gäbe der potenzielle Auftragnehmer ein Angebot (das Gesetz spricht hier von „Antrag") ab und könnte er dieses nach seinem Belieben immer wieder ändern, zurücknehmen, neu abgegeben etc., wäre das für den Auftraggeber ebenfalls inakzeptabel. Er wäre nicht dazu in der Lage, mehrere Angebote einzuholen und miteinander zu vergleichen, wenn er nicht von einer Bindungswirkung der anderen Angebote ausgehen könnte.[5] Kommunikation und eigene Aktivität

---

[4] Vgl. dazu Stoltefuß, Baurecht für die Projektleitung, Rn. 232 ff.
[5] Auf diesen grundlegenden Aspekt weist MüKoBGB/Busche § 145 Rn. 2 hin.

A. Die Normen **Kapitel 1**

sind notwendig: Will man nicht gebunden sein, muss man das klarstellen. Will man nur zur Angebotsabgabe auffordern, muss man das ebenfalls klarstellen. Nur dann nämlich kann sich die andere Seite darauf einstellen.

Was aber ist überhaupt unter einem „Antrag" (also dem Angebot) 5 zu verstehen? Positiv gesprochen: Wird er von der anderen Seite angenommen, ist er Teil eines Vertrags. Ein Vertrag setzt zwei übereinstimmende Willenserklärungen (Angebot und Annahme) voraus, die insbesondere wirksam (zum Beispiel: Handelt ein scheinbarer Vertreter auch wirklich in Vollmacht des Vertretenen? Liegt Geschäftsfähigkeit vor?) und mit Bindungswillen zustande gekommen sein und einen hinreichend bestimmten Inhalt aufweisen müssen. Das ist nicht der Fall beim sog. Vorvertrag; dieser dient erst der Festlegung der wesentlichen Vertragsbedingungen für einen späteren Vertragsschluss.[6]

Abzugrenzen ist ein Angebot im Sinne des § 145 BGB auch von 6 einer Absichtserklärung (letter of intent) oder der Mitteilung genereller Verhandlungsbereitschaft[7]. Kurz gesagt: Der Antrag enthält ein konkretes Angebot, das mit Bindungswillen abgegeben wird. Weigert sich der Anbietende trotz der in § 145 BGB festgelegten Bindungswirkung, sich an seinem bindenden Angebot festhalten zu lassen, kann dies im Einzelfall zu Schadensersatzansprüchen des Angebotsempfängers führen.[8]

II. § 147 Annahmefrist

(1) Der einem Anwesenden gemachte Antrag kann nur sofort an- 7 genommen werden. Dies gilt auch von einem mittels Fernsprechers oder einer sonstigen technischen Einrichtung von Person zu Person gemachten Antrag.

(2) Der einem Abwesenden gemachte Antrag kann nur bis zu dem 8 Zeitpunkt angenommen werden, in welchem der Antragende den Eingang der Antwort unter regelmäßigen Umständen erwarten darf.

Während § 145 BGB wie dargelegt (neben dem Interesse des 9 Rechtsverkehrs an klaren Verhältnissen) vor allem den Erklärungsempfänger schützt, trägt § 147 BGB der Tatsache Rechnung, dass der Anbietende, wenn er denn schon an sein Angebot gebunden ist, natürlich Interesse daran hat, auch selbst schnell zu wissen, ob sein

---

[6] BeckOK BGB/H.-W. Eckert BGB § 145 Rn. 21.
[7] Sog. invitatio ad offerendum, also Aufforderung zur Angebotsabgabe, vgl. dazu MüKoBGB/Busche § 145 Rn. 10 ff.
[8] Vgl. dazu MüKoBGB/Busche § 145 Rn. 30.

Kapitel 1 Angebot und Vertragsschluss

Angebot nun angenommen wird oder nicht. Schließlich kann seine Bindung ja nicht endlos sein. Deshalb kann ein Angebot, wenn die (zukünftigen möglichen) Vertragsparteien beide „anwesend" sind, grundsätzlich nur „sofort" angenommen werden; Gleiches gilt auch bei anderen Kommunikationsformen wie Telefonaten oder Videokonferenzen. Wird ein Angebot per E-Mail abgegeben, ist § 147 Abs. 2 BGB (Angebot unter Abwesenden) einschlägig, weil keine Möglichkeit zum interaktiven, zeitgleichen Verhandeln besteht.[9] § 147 Abs. 1 BGB geht nämlich grundsätzlich von einem mündlichen Kontakt der potenziellen Vertragspartner aus.[10]

10 Und wie ist die Situation zu werten, wenn der potenzielle Auftragnehmer sein schriftliches Angebot im Rahmen eines Besprechungstermins persönlich übergibt? Nach zutreffender, aber strittiger Ansicht ist auch dabei § 147 Abs. 1 anwendbar, sofern der Anbietende auf einer sofortigen Antwort besteht oder sich dies jedenfalls aus den Umständen ergibt.[11] Insoweit ist allerdings eine Einzelfallbeurteilung notwendig; ist das Angebot zum Beispiel in einem längeren Schreiben enthalten, wird Vieles für die Anwendung des § 147 Abs. 2 BGB sprechen.[12]

11 Auch im Zusammenhang mit § 147 BGB gilt aber natürlich, dass die Parteien frei darin sind, ihre Beziehung selbst und aktiv zu gestalten und Abweichendes zu vereinbaren, also zum Beispiel Annahmefristen (s. § 148 BGB) zu bestimmen.

12 § 147 Abs. 2 BGB regelt eine Situation, die die Vertragswirklichkeit im Baurecht eher widerspiegelt; ein Angebot wird nicht „unter Anwesenden" abgegeben, sondern nach technischer, wirtschaftlicher (Kalkulation) und vertraglicher Prüfung, und zwar insbesondere schriftlich oder per E-Mail. Das Angebot erfolgt also „unter Abwesenden". Dieses Angebot kann nur bis zu dem Zeitpunkt angenommen werden, in welchem der Antragende den Eingang der Antwort „unter regelmäßigen Umständen erwarten darf". Die Annahmefrist beginnt mit Abgabe der Erklärung.[13] Aber wann endet sie? Um welche „regelmäßigen Umstände" geht es hier? Teilt man den Zeitraum in drei Phasen – die Beförderungszeit der Annahmeerklärung, die Beförderungszeit des

---

[9] So zutreffend MüKoBGB/Busche § 147 Rn. 31.
[10] BeckOK BGB/H.-W. Eckert BGB § 147 Rn. 2.
[11] BeckOK BGB/H.-W. Eckert BGB § 147, aaO mwN.
[12] Vgl. dazu BeckOK BGB/H.-W. Eckert BGB § 147, aaO mit Hinweis auf BGH, Urt. v. 17.9.1984 – II ZR 23/84, NJW 1985, 196, 197 = BeckRS 1984, 565.
[13] Vgl. BGH, Urt. v. 17.9.2009 – I ZR 217/07, NJW-RR 2010, 1127 Rn. 20 = BeckRS 2010, 5638.

A. Die Normen **Kapitel 1**

Angebots, die Überlegungsfrist des Empfängers[14]- wird deutlich, dass im Zusammenhang mit den Phasen 1 und 3 auf „normale" Postlaufzeiten abgestellt werden kann, die Phase 2, also die Überlegungsfrist, in höchstem Maße einzelfallabhängig ist. Dass die Frist für ein Angebot zum Abschluss eines komplexen Generalunternehmervertrags länger bemessen sein muss als diejenige hinsichtlich der Reparatur eines Wasserhahns, dürfte auf der Hand liegen. Je komplexer das Angebot, umso länger die Frist. Die Benennung eines immer gleichen Zeitraums ist also nicht möglich (auch nicht die berühmten „zwei Wochen", die in der Praxis immer wieder in den unterschiedlichsten Zusammenhängen – und meistens falsch – bemüht werden). Dieser Befund führt sogleich zu dem Rat, solche Angebote „unter Abwesenden" möglichst unverzüglich zu prüfen und zu beantworten, um gar nicht erst in die Diskussion zu geraten, ob die Annahmefrist eingehalten wurde oder nicht.

III. § 148 BGB Bestimmung einer Annahmefrist

> Hat der Antragende für die Annahme des Antrags eine Frist bestimmt, so kann die Annahme nur innerhalb der Frist erfolgen.

Bei der Lektüre des Wortlauts der Norm könnte man sich zunächst **13** fragen, warum es überhaupt notwendig ist, etwas zu regeln, was doch eigentlich ohnehin, also auch ohne ausdrückliche Regelung, klar und logisch erscheint. Stichworte wie „Vertragsfreiheit" oder „Privatautonomie" beschreiben die Tatsache, dass die Vertragsparteien grundsätzlich und innerhalb von selbstverständlichen Grenzen (wie zum Beispiel dem Verstoß gegen gesetzliche Verbote, § 134 BG und den Fällen von Sittenwidrigkeit und Wucher, § 138 BGB), frei darin sind, das Zustandekommen und auch den Inhalt ihrer Vertragsverhältnisse weitestgehend selbst zu bestimmen. Zudem wird das Verhältnis zwischen den §§ 147 und 148 BGB deutlich: Der Rückgriff auf § 147 BGB ist erst und nur dann notwendig, wenn der Anbietende keine Frist bestimmt hat.[15]

In der Praxis ist darauf zu achten, dass die Bestimmung der Frist **14** klar und eindeutig und zudem dokumentiert und damit nachweisbar ist. Zwar werden teilweise auch eher indirekte, keine ausdrückliche Frist enthaltende Formulierungen und sogar konkludente Fristsetzungen, die sich aus den Umständen des Einzelfalls ergeben, akzeptiert.[16]

---

[14] Vgl. dazu BeckOK BGB/H.-W. Eckert BGB § 147 Rn. 12 mwN.
[15] So MüKoBGB/Busche § 148 Rn. 1.
[16] Vgl. dazu MüKoBGB/Busche § 148 Rn. 3 mit Hinweis auf Formulierungen wie „umgehender Anruf" oder „postwendende Antwort" und RGZ 26, 6 (8).

Kapitel 1 Angebot und Vertragsschluss

Selbst dann aber, wenn man ein indirektes Verdeutlichen von Eilbedürftigkeit ausreichen lässt, bleibt eine erhebliche Restunsicherheit: Wie ist letztlich genau ein Zeitraum, der sich aus Begriffen wie „postwendend" ergibt, zu definieren? Wann endet er mit der gravierenden Folge, dass ein Angebot danach nicht mehr wirksam angenommen werden kann? Solche Unsicherheiten werden vermieden, wenn das Angebot eine klare Frist enthält und sein Zugang beim Angebotsempfänger nachgewiesen werden kann. Aber Achtung: Die Annahme eines Angebots, die von einem Vertreter erklärt wird, muss ebenfalls innerhalb der gesetzten Frist erfolgen. Besteht keine Vertretungsmacht und soll die Annahmeerklärung nachträglich vom Vertretenen genehmigt werden, muss auch diese Genehmigung innerhalb der Frist erfolgen.[17] Und wenn die Annahme des Angebots dem anderen Teil entgegen der gesetzten Frist verspätet zugeht? Sehr geringfügige Verspätungen können möglicherweise und im Einzelfall nach Treu und Glauben unschädlich sein; Fristsetzungen sind aber grundsätzlich streng auszulegen[18], weil sie sinnlos würden und es dem Interesse des Anbietenden widersprechen würde, wenn die Frist nicht ernst zu nehmen wäre. Auch insoweit gilt wieder das oben bereits mehrfach Gesagte: Solche Diskussionen sind ärgerlich und überflüssig, sie können vermieden werden, wenn eine gesetzte Frist beachtet wird.

15 Insgesamt gilt also, dass die Kommunikation der Beteiligten zum Thema Vertragsschluss sorgfältig, bewusst und stringent geführt werden sollte, um sich auf den Inhalt des Vertrags konzentrieren zu können, ohne von störenden Begleitdiskussionen gestört zu werden.

IV. § 150 BGB Verspätete und abändernde Annahme

(1) Die verspätete Annahme eines Antrags gilt als neuer Antrag.
(2) Eine Annahme unter Erweiterungen, Einschränkungen oder sonstigen Änderungen gilt als Ablehnung verbunden mit einem neuen Antrag.

16 Diese Regelung ist nicht nur für den Juristen interessant, sondern in hohem Maße praxisrelevant. Das Gesetz baut hier eine Brücke, um die Anbahnung eines Vertrags nicht abbrechen und gewissermaßen „auf Null zurückfallen" zu lassen, wenn ein Angebot zu spät oder modifiziert angenommen wird. Denn das wäre ja ohne die Regelung des § 150 BGB die Folge: Verspätung bedeutet im Ergebnis das Fehlen einer von zwei notwendigen Willenserklärungen und damit Unwirksamkeit, Modifizierung die fehlende Übereinstimmung und damit

---

[17] Darauf weist BeckOK BGB/H.-W. Eckert BGB § 148 Rn. 9 hin.
[18] So zutreffend MüKoBGB/Busche § 148 Rn. 6.

A. Die Normen **Kapitel 1**

ebenfalls Unwirksamkeit. Um die Vertragsverhandlung am Leben zu erhalten, kreiert das Gesetz in beiden Fällen einen neuen Antrag, also ein neues Angebot. Das dann wiederum wirksam angenommen werden muss, um einen Vertrag entstehen zu lassen.

Vor allem die Regelung des § 150 Abs. 2 BGB kann in der Praxis 17 fatale Folgen haben. Wird von den Parteien kein einheitliches, von beiden zu unterzeichnendes Vertragsdokument geschaffen, sondern der Weg über das Führen von Schriftverkehr mit abschließender „Auftragsbestätigung" gewählt, könnte die Versuchung bestehen, die (leider nur scheinbare) Gelegenheit zu nutzen und in die Auftragsbestätigung Elemente aufzunehmen, die vorher noch gar kein Thema waren, die dem Verfasser der Auftragsbestätigung vielleicht vorher „durchgegangen" waren und die ihm nun eingefallen sind. Schlechte Idee. Dies kann nämlich dazu führen, dass am Ende gar kein Vertrag zustande gekommen ist, weil die Auftragsbestätigung keine Auftragsbestätigung, sondern gemäß § 150 Abs. 2 BGB ein neues Angebot ist, das dann im Regelfall aufgrund fehlender Kenntnisse der Verhandelnden von dieser rechtlichen Ausgangssituation nicht angenommen wird. Es fehlt also die Annahme des neuen Angebots. Dass die in der Praxis manchmal nachträglich vorgebrachte Argumentation, wonach die andere Seite dann ja gebaut habe und das geänderte Angebot damit doch konkludent angenommen worden sei, mit erheblichen Unsicherheiten behaftet ist, braucht sicher nicht betont zu werden. Eine konkludente Annahme ist möglich, aber nicht selbstverständlich und erst recht nicht unabhängig vom Einzelfall verallgemeinerbar. Ob das „Bauen" nach Erhalt der Änderungen enthaltenden Annahme, also nach Erhalt des neuen Angebots, als Annahme dieses neuen Angebots gewertet werden kann, ist sorgfältig zu prüfen und setzt jedenfalls voraus, dass dem Auftragnehmer die modifizierte Annahme bewusst ist.[19]

Ein weiteres, in solchen Situationen in der Praxis oft gebrauchtes 18 Argument, wonach die Abweichung vom Angebot im Rahmen der vermeintlichen Annahme ja nur marginal sei und nur Kleinigkeiten, aber nicht den wesentlichen Inhalt des Vertrags beträfen, geht ins Leere.[20] Ob eine Änderung wesentlich oder unwesentlich ist, kann keine Rolle spielen; der Wortlaut des § 150 Abs. 2 BGB ist insoweit sehr klar, für eine Einschränkung des Anwendungsbereichs durch die Rechtsprechung besteht kein Anlass. Ihre Grenze findet diese zu

---

[19] So auch MüKoBGB/Busche § 150 Rn. 9.
[20] Vgl. BGH, Urt. v. 24.2.2005 – VII ZR 141/03, BGHZ 162, 259 (296) = NJW 2005, 1653 = NZBau 2005, 387 = ZfBR 2005, 450 zum Fall der Abänderung des Bauzeitenplans.

Kapitel 1 — Angebot und Vertragsschluss

Recht strenge Rechtsprechung allerdings in Fällen, bei denen der Empfänger des Erstangebots lediglich Rechtschreib- oder Grammatikfehler korrigiert.

19 Nach der Rechtsprechung liegt die Ablehnung des ursprünglichen Angebots und ein neues Angebot vor, wenn

- das Angebot auf Abschluss eines Bauvertrags unter Bestimmung einer neuen Bauzeit angenommen wird[21]
- in einem öffentlichen Vergabeverfahren der Zuschlag bei gleichzeitiger Herausnahme einzelner Leistungen erteilt wird[22]
- der Angebotsempfänger das (nicht auf Allgemeine Geschäftsbedingungen Bezug nehmende) Angebot unter Hinweis auf seine eigenen Allgemeinen Geschäftsbedingungen annimmt[23].

V. § 133 BGB/§ 157 BGB Auslegung einer Willenserklärung/Auslegung von Verträgen

> § 133 BGB Bei der Auslegung einer Willenserklärung ist der wirkliche Wille zu erforschen und nicht an dem buchstäblichen Sinne des Ausdrucks zu haften.
>
> § 157 BGB Verträge sind so auszulegen, wie Treu und Glauben mit Rücksicht auf die Verkehrssitte es erfordern.

20 Der Wortlaut dieser beiden Normen verdeutlicht bereits, warum sie an dieser Stelle gemeinsam besprochen werden sollen. Es geht in beiden Fällen um Auslegung, mal einer Willenserklärung, mal von Verträgen. Außerdem ergänzen sich beide Normen gegenseitig.[24]

21 Vorliegend soll es, der Praxis-Orientierung des Handbuchs folgend, nicht um Definitionen und Abgrenzungen gehen, sondern um die Schärfung des Bewusstseins für die Notwendigkeit, die Abhängigkeit vom Ergebnis einer Auslegung möglichst zu vermeiden. Das Ziel vertraglicher Vereinbarungen ist nicht Auslegung, sondern Klarheit und damit das Verhindern von Auslegung. Auslegung bedeutet Unsicherheit. In der Baupraxis ist das Phänomen der unklaren Vertrags-

---

[21] BGH, Fn. 20, NJW 2005, 1653 (1655 f.).

[22] BGH, Urt. v. 6.9.2012 – VII ZR 193/10, NJW 2012, 3505 = NZBau 2012, 694 = IBRRS 2012, 3624 = BeckRS 2012, 20586; weitere Beispiele bei BeckOK BGB/H.-W. Eckert BGB § 150 Rn. 8.

[23] vgl. MüKoBGB/Busche § 150 Rn. 12 mit Hinweis auf BGHZ 18, 212 (216) = NJW 1955, 1794 und weiteren Nachweisen zur teilweise kontrovers geführten Diskussion, wann ein Schweigen nach Erhalt eines solchen geänderten Angebots seine Annahme bedeuten kann.

[24] Vgl. MüKoBGB/Busche § 133 Rn. 19.

A. Die Normen **Kapitel 1**

lage leider weit verbreitet. Natürlich kann man nicht alles vertraglich regeln. Man kann aber zumindest versuchen, das, was geregelt wird, klar zu formulieren. Auch und gerade im Baurecht sind Verträge die absolut wichtige Basis der gesamten Projektverwirklichung; Bausoll, Zahlungsbedingungen, Vertragsfristen, die Liste lässt sich fortsetzen. Gibt es etwas Ärgerlicheres, als eine Situation, in der nicht klar ist, was eigentlich gebaut werden soll? Und wie und/oder wann die Leistungen des Auftragnehmers bezahlt werden müssen? Ist man aufgrund unklarer Formulierungen dazu gezwungen, solche Fragen streitig zu diskutieren und im Extremfall sogar von Gerichten entscheiden zu lassen, stehen die Ressourcen Zeit, Geld und Nerven vor harten Belastungsproben. Zeit (und gegebenenfalls Geld, wenn anwaltliche Beratung sinnvoll ist) und Sorgfalt sollten besser in die Vertragsverhandlung und -formulierung investiert werden, um einen möglichst reibungslosen Projektablauf nicht bereits durch vermeidbare Unklarheiten bei den Basics zu torpedieren.

Dabei muss man sich auch Folgendes bewusst machen: Die Auslegung beginnt beim Wortlaut der Willenserklärung. Ist ja logisch, könnte man jetzt denken. Bereits in diesem frühen Stadium der Auslegung ist aber der tatsächliche Sinn der Willenserklärung zu erforschen „ohne am Buchstaben zu haften", wobei entscheidend „der allgemeine Sprachgebrauch" sein soll.[25] **22**

Bereits zu Beginn (!) der Auslegung wird also deutlich, dass einer klaren und unmissverständlichen Erklärung der Vorzug zu geben ist. Auslegung ist möglich, kann aber gefährlich sein. Das Ergebnis der Auslegung wird mindestens einer der beiden Vertragsparteien eher nicht gefallen. **23**

Bedenkt man dann noch, dass neben der Wortlautauslegung **24**

– die gesamten äußeren Begleitumstände, also insbesondere die Verkehrssitte und die Interessenlage der Beteiligten eine Rolle spielen[26]

– das spätere Verhalten der Parteien eine Rolle spielen kann[27]

– geprüft werden kann, wie ein „objektiver Dritter" bei „vernünftiger Beurteilung der Umstände" etwas verstehen muss[28]

– und sich diese Liste fortsetzen ließe,

---

[25] So BeckOK BGB/Wendtland BGB § 133 Rn. 23.
[26] BeckOK BGB/Wendtland BGB § 133 Rn. 25.
[27] BGH, Beschl. v. 14.2.2019 – VI ZB 24/16, BeckRS 2017, 104301 = NJW 2017, 188.7.
[28] Vgl. dazu BGH, Urt. v. 20.10.2005 – III ZR 37/05, NJW 2006, 286f. = IBRRS 2005, 3431 = BeckRS 2005, 13014.

Kapitel 1 — Angebot und Vertragsschluss

wird deutlich, dass im Zusammenhang mit einem Vertragsschluss Sorgfalt bei der Vorbereitung, der Verhandlung, der Formulierung und der Abschätzung möglicher Folgen einzelner Regelungen, ein ausreichendes Zeitfenster, notfalls penetrantes Nachfragen, bis man etwas wirklich verstanden hat und ein gedankliches „Einsteigen" in die Vertragsinhalte unabdingbar sind.

25 Die Auslegung einer Willenserklärung bzw. eines Vertrages ist ein wichtiges Hilfsmittel, dessen Inanspruchnahme möglichst vermieden werden sollte.

VI. § 167 BGB Erteilung der Vollmacht

(1) Die Erteilung der Vollmacht erfolgt durch Erklärung gegenüber dem zu Bevollmächtigenden oder dem Dritten, dem gegenüber die Vertretung stattfinden soll.
(2) Die Erklärung bedarf nicht der Form, welche für das Rechtsgeschäft bestimmt ist, auf das sich die Vollmacht bezieht.

26 Der § 167 BGB hält für den Nichtjuristen nur auf dessen ersten Blick wohl eher Theorie statt Praxis, Formalien statt für der Baustelle wichtige Informationen bereit. Irrtum. Zwar beschreibt der Wortlaut der Norm zunächst einmal nur den Ablauf der Vollmachtserteilung; das Thema Vollmacht in der Praxis jedoch ist höchst brisant. Wer darf rechtsgeschäftliche Willenserklärungen abgeben, also beispielsweise kostenpflichtige Zusatzleistungen beauftragen? Wer darf Stundenzettel unterzeichnen? Wer darf in der Baubesprechung Vereinbarungen zum Leistungssoll abschließen? Wer ist zur Entgegennahme von Behinderungsanzeigen oder Bedenkenanmeldungen berechtigt? Der Bevollmächtigte. Der Vertreter. Gesetzlicher Vertreter einer GmbH ist ihr Geschäftsführer, § 35 GmbHG, nicht der von ihr beauftragte Planer oder Projektsteuerer. Diese können allenfalls rechtsgeschäftlich bevollmächtigte Vertreter werden, und zwar durch Erteilung einer Vollmacht, § 167 BGB. Sie sind also nicht „automatisch" qua Amt und Würden oder Berufsbezeichnung oder beruflicher Tätigkeit oder Ausbildung bevollmächtigt, sondern brauchen eine Bevollmächtigung.

27 Das bedeutet: Eine Behinderungserklärung, die an einen Planer gerichtet wird, ist im Regelfall (also, wenn es keine gesonderte Bevollmächtigung des Auftraggebers gibt) unwirksam. § 6 Abs. 1 VOB/B spricht ja nicht ohne Grund davon, dass die Behinderungsanzeige „an den Auftraggeber" zu richten ist. (Der gesamte Text der VOB/B ist von der Beziehung zwischen Auftraggeber und Auftragnehmer geprägt. Es geht um diese beiden Protagonisten, nicht um Dritte.)

A. Die Normen **Kapitel 1**

Aber zunächst zurück zur Norm. § 167 Abs. 1 BGB stellt zwei Varianten der Vollmachtserteilung zur Verfügung: Gegenüber dem zu Bevollmächtigenden und gegenüber einem Dritten. Der Unterschied ist augenfällig und für die Baupraxis bedeutsam. In der zweiten Alternative weiß der Geschäftspartner unmittelbar, dass Vertretungsmacht besteht; sie wurde ihm gegenüber mitgeteilt, die Gefahr für Rechtsunsicherheiten ist jedenfalls hinsichtlich des grundsätzlichen Willens, die Vollmacht zu erteilen, gering. Bei der ersten, als „Innenvollmacht" bezeichneten Variante – die im Baugeschehen überwiegen dürfte – fehlt demgegenüber die Bekanntmachung durch den Vollmachtgeber nach außen. Wie soll ein Projektleiter des Auftragnehmers also wissen, wer auf Seiten des Auftraggebers dazu befugt (bevollmächtigt) ist, eine Vereinbarung zur Änderung des Bausolls zu treffen? Dass dies der Geschäftsführer einer GmbH darf, ist klar, schließlich ist er der gesetzliche Vertreter der juristischen Person GmbH. In vielen Fällen aber, vor allem bei „größeren" GmbHs und „größeren" Projekten, wird der Geschäftsführer verständlicherweise gar nicht Ansprechpartner für Einzelfragen im Projekt sein; dafür hat er ein internes und häufig auch externes (Planer, Projektsteuerer etc.) Team. In dieser Situation, die beispielhaft für alle Interaktionen zwischen den Baubeteiligten gilt, steht derjenige Baupartner, gegenüber dem nicht der Geschäftsführer, sondern ein Dritter eine Erklärung abgibt, vor der Frage, ob dieser Dritte das eigentlich darf und ob die Erklärung wirksam ist. Ein schönes, in der Praxis ständig vorkommendes Thema ist in diesem Zusammenhang die Vollmacht des Planers/Architekten.[29] In vielen Fällen wird eine klar definierte und umgrenzte Vollmacht des Architekten weder in seinem Vertrag mit dem Auftraggeber noch nach außen gegenüber den anderen Baubeteiligten klar und verständlich formuliert und kommuniziert, anders formuliert: Häufig fehlt sie schlicht auf allen Ebenen. Um das Problem in der Praxis in den Griff zu bekommen, wurden die unterschiedlichsten Argumentationen entwickelt und die unterschiedlichsten Fallgruppen gebildet, mit deren Hilfe versucht wird, den Umfang der Architektenvollmacht gewissermaßen „von außen", begründet in seiner Stellung und dem Inhalt seiner Tätigkeit, zu bestimmen. Viele dieser Ansätze widersprechen dem eigentlich klaren Wortlaut des § 167 Abs. 1 BGB, was vorliegend aber nicht weiter diskutiert werden soll, da es für die Praxis eher Verwirrung stiftet als zu helfen. 28

Helfen können zwei Ansätze: 29

---
[29] Vgl. dazu Kapellmann/Langen/Berger, Rn. 33 ff. mit instruktiver Übersicht; Stoltefuß, Rn. 246 ff.

Kapitel 1 Angebot und Vertragsschluss

30   Erstens sollte die Vollmacht der zentralen Akteure, wenn möglich bereits im Vertrag, klargestellt werden. Dort können die Partner bestimmen, wer zum Beispiel rechtsgeschäftliche Willenserklärungen mit finanziellen Auswirkungen abgeben und entgegennehmen oder eben auch nicht abgeben oder entgegennehmen darf; wer demgegenüber nur bauleitende und koordinierende Anweisungen erteilen darf; wer Stundenzettel unterzeichnen darf; wer aufgrund der Besonderheiten des speziellen Bauprojekts besondere Vollmachten hat. Und so weiter. Dann brauchen die Partner weder die Rechtsprechung noch Kommentare, Argumentationsansätze oder Meinungsstreitigkeiten – sie haben es selbst in der Hand, Vollmachten unmissverständlich und eigenbestimmt nach ihren Interessen zu regeln, und sollten diese Möglichkeit nutzen.

31   Zweitens: Nachfragen, wenn etwas unklar ist.[30] Und zwar so lange, bis es klar ist. Und dann dokumentieren. Wenn man nicht weiß, wer was darf, kann und muss man das klären. Und dokumentieren.

32   Noch zwei Ergänzungen zum Thema Stellvertretung:

33   § 170 BGB bestimmt, dass dann, wenn die oben geschilderte zweite Alternative vorliegt, die Vollmacht also vom Vollmachtgeber gegenüber einem Dritten und nicht (nur) im Innenverhältnis erteilt wird, diese Vollmacht dem Dritten gegenüber so lange in Kraft bleibt, bis ihm das Erlöschen der Vollmacht vom Vollmachtgeber angezeigt wird.

34   § 179 BGB schließlich regelt die Mechanismen, die greifen, wenn jemand wie ein Vertreter auftritt und einen Vertrag schließt, tatsächlich aber gar keine Vollmacht hat. Im Extremfall haftet der angebliche „Vertreter" dem Vertragspartner nach dessen Wahl auf Erfüllung (!) des Vertrags oder auf Schadensersatz, § 179 Abs. 1 BGB. Wenn einer der Baubeteiligten als Vertreter auftritt, ohne bevollmächtigt zu sein, kann das also durchaus gefährlich sein, nicht nur für die Rechtssicherheit als solche, sondern auch für ihn persönlich. Das Gesetz nimmt den Schutz desjenigen, gegenüber dem Erklärungen eines scheinbaren oder tatsächlichen Vertreters abgegeben werden, nicht nur an dieser Stelle sehr ernst.

---

[30] Dazu Stoltefuß, Rn. 242 ff., 298 ff.

B. Die Verträge

I. Von überragender Bedeutung für den wirtschaftlichen Erfolg: Bausoll und Rang- und Reihenfolge der Vertragsgrundlagen

Natürlich kann man trefflich darüber streiten, welcher Teil eines 35
Bauvertrags „der Wichtigste" ist, welche Regelung im Mittelpunkt
der Vertragsverhandlung oder -prüfung stehen sollte und ob man
gewissermaßen Ranglisten der Bedeutung aufstellen kann/sollte. Ein
Kriterium könnte sein, danach zu differenzieren, ob die VOB/B oder
zumindest das BGB Regelungen bereithalten, die eine Lücke in der
vertraglichen Regelung auffangen könnte, ob es also mit anderen
Worten dann, wenn der Vertrag nichts regelt, zumindest Regelungen
der jeweiligen Situation in der VOB/B/ oder im BGB gibt.

Auf dieser Basis ist die Regelung der Vertragsgrundlagen und ihrer 36
Rang- und Reihenfolge bei Widersprüchen oder Lücken zu bewerten.
Der Befund ist sofort klar: Welche Vertragsgrundlagen **im Einzelfall**
von Bedeutung sind, kann ein übergeordnetes Regelwerk nicht klären,
weil sich solche Vertragsgrundlagen (der Vertrag selbst, das Angebot,
ein Kurz-LV, ein Lang-LV, eine Preisliste, ein Verhandlungsprotokoll,
ein Bodengutachten, ein Verkehrskonzept, um nur beispielhaft einige
wenige denkbare Vertragsgrundlagen zu nennen) nicht abstrahieren
lassen. Schon allein deswegen ist die Regelung der Vertragsgrundlagen
durch die Parteien wichtig – es macht ja sonst niemand.

Aber auch speziell für die Frage, welche Leistung der Auftragneh- 37
mer überhaupt erbringen soll, also welches „Bausoll" oder „Leistungssoll", ist eine sorgfältig geprüfte, verhandelte und formulierte Regelung der Vertragsgrundlagen von überragender Bedeutung. Führt man
sich vor Augen, dass bei jedem auch nur halbwegs „größeren" (wo
auch immer man die finanzielle Grenze ansetzen will) Bauvorhaben
Widersprüche vorprogrammiert sind, weil Verträge über längere Zeit
verhandelt werden und sich das Bausoll im Zuge solcher Verhandlungen logischerweise ändern kann, gilt Folgendes:

Die erste Frage lautet für beide Vertragsparteien: Welche Vertrags- 38
grundlagen sind wichtig und müssen unbedingt gelten? Denn: Was
nicht als Vertragsgrundlage ermittelt und im Vertrag benannt und
definiert wird, ist keine Vertragsgrundlage!

Die zweite Frage lautet, und zwar wieder für beide Vertragspar- 39
teien: Welche Rangfolge der Vertragsgrundlagen für den Fall von
Widersprüchen oder Lücken sollte vereinbart werden? Wie gesagt:

Kapitel 1 Angebot und Vertragsschluss

Widersprüche in den Vertragsgrundlagen, also den Plänen, Leistungsverzeichnissen etc., sind normal. Die Entwicklung des Projekts, seine technische Konzeption, sein Umfang und seine Finanzierung sind immer wieder Änderungen unterworfen, und die Verhandlungen zwischen den potenziellen Vertragsparteien führen ebenfalls häufig zu Modifizierungen hinsichtlich Technik, Preis und weiterer Umstände. Ein fiktives Beispiel, um die Situation auf den Punkt zu bringen: Wenn die Parteien mehrfach verhandeln und für jeden Verhandlungstermin ein Protokoll erstellt wird, kann es sein, dass von zehn Punkten des ersten Verhandlungsprotokolls zwei bei der darauffolgenden Verhandlungsrunde geändert werden, die anderen acht, aber weitergelten. Dann enthalten beide Protokolle relevante Vertragsbestandteile. Diese Situation muss gemanagt werden, damit klar ist, was nun letztlich gelten soll und was nicht. Im Protokollbeispiel könnte man sich zum Beispiel darauf verständigen, am Schluss der Verhandlungen und nach vollständiger, einvernehmlicher Klärung ein weiteres, neues Protokoll zu produzieren, dass nur noch die Essenz der gefundenen Einigung enthält, im Beispiel also die „alten" acht und die „neuen" zwei Punkte.

40 Die übliche und sinnvolle, aber für die Parteien oft auch sehr anspruchsvolle Regelung in Verträgen lautet sinngemäß: Die Reihenfolge der Vertragsgrundlagen – also ihre Aufzählung im Sinne von 1. der Vertrag, 2. das Kurz-LV, 3. das Lang-LV, 4. etc., (nur beispielhaft, entscheidend ist der Einzelfall) bildet zugleich ihre Rangfolge für den Fall von Widersprüchen und Lücken zwischen den Vertragsgrundlagen. Alle Techniker mögen das folgende, extrem vereinfachende Beispiel eines Nichttechnikers, sogar eines Juristen, bitte verzeihen: Steht an Nummer 3 der Liste der Vertragsgrundlagen eine Breite von 45 cm und an Nummer 8 ein solche von 20 cm, sind 45 cm vereinbart. Und wenn im Vorfeld der Vertragsformulierung noch so oft Einigkeit herrschte, dass der Kanal in einer Breite von 20 cm gebaut wird, gelten trotzdem 45 cm. Ist in Nummer 1 bis 7 nichts geregelt, ist in 20 cm zu bauen, da weder ein Widerspruch noch eine Lücke vorliegt.

41 Das bedeutet im Ergebnis, dass Pläne, Leistungsverzeichnisse und alle anderen Vertragsgrundlagen unbedingt analysiert und sodann richtig im Sinne beider -Parteien in die Reihen- und Rangfolge, die im Vertrag vereinbart wird, eingeordnet werden müssen.

42 Ein weiterer Hinweis: Auch in dieser frühen Phase ist die Kooperation der Parteien gefragt. Gerade bei der Festlegung der Vertragsgrundlagen und ihrer Rang- und Reihenfolge ist oft Offenheit und Gemeinsamkeit gefragt. Eine gemeinsame Abwägung und Analyse können für beide Seiten Gold wert sein. Der Auftraggeber muss Klarheit darüber haben, welche Leistung er in welcher Zeit für

B. Die Verträge **Kapitel 1**

welchen Preis bekommt. Der Auftragnehmer muss wissen, welche Leistung er in welcher Frist zu erbringen hat und welche Vergütung er dafür bekommt. Auf den Punkt gebracht: Insoweit kann es keine bewussten Abweichungen geben, der Inhalt ist unabhängig von der Perspektive derselbe. Das bedeutet zugleich, dass es keinen Raum und keinen Grund für Heimlichkeiten und Taktikspielchen gibt. Um noch einmal auf das obige Beispiel hinsichtlich der Kanalbreite zurückzukommen: Die sinngemäße Überlegung einer der beiden Parteien: „Hoffentlich merken die das mit den 20 Zentimetern nicht" wäre erkennbar kontraproduktiv und ein hervorragender Nährboden für Stress, Auseinandersetzungen, Eskalationen und damit wirtschaftliche Einbußen.

Und nochmals: Wenn die Vertragsparteien es nicht machen, macht es niemand, auch wenn § 1 Abs. 2 VOB/B lautet: **43**

„Bei Widersprüchen im Vertrag gelten nacheinander: **44**

1. die Leistungsbeschreibung,
2. die Besonderen Vertragsbedingungen,
3. etwaige Zusätzliche Vertragsbedingungen,
4. etwaige Zusätzliche Technische Vertragsbedingungen,
5. die Allgemeinen Technischen Vertragsbedingungen für Bauleistungen,
6. die Allgemeinen Vertragsbedingungen für die Ausführung von Bauleistungen."

Das kann helfen, wenn die Vertragsparteien die Geltung der VOB/B vereinbaren, jedoch keine ausdrückliche Regelung zu den Vertragsgrundlagen und ihrer Rang- und Reihenfolge treffen. Die VOB/B bezieht sich hier erkennbar auf den Bereich der Allgemeinen Vertragsbedingungen und sortiert diese nach dem Kriterium „individuell vereinbart vor vorformulierten Bedingungen".[31] bildet aber nicht das konkrete Bauvorhaben ab. Und genau darauf kommt es an. **45**

Im Rahmen der Regelung der Vertragsgrundlagen muss geklärt und vereinbart werden, ob die VOB/B für das Vertragsverhältnis zwischen den Parteien Anwendung finden soll. Warum ist das so? Nun, festzustellen ist zunächst, dass die VOB/B kein Gesetz ist, wie man als Nichtjurist ja eigentlich meinen könnte. Schließlich enthält die VOB/B ja Paragrafen. Aber: Die VOB/B entsteht eben nicht im Gesetzgebungsverfahren des Bundes oder der Länder, sondern wird vom Deutschen Vergabe- und Vertragsausschuss für Bauleistungen (DVA) **46**

---
[31] Vgl. dazu Kapellmann/Messerschmidt/von Rintelen VOB/B § 1 Rn. 29.

Kapitel 1   Angebot und Vertragsschluss

beschlossen, einem Gremium, das unter anderem aus Vertretern öffentlicher Auftraggeber und von Verbänden der Bauwirtschaft besteht.

47 Die VOB/B sollte und soll helfen, Bauvorhaben, und zwar vor allem „größere" Bauvorhaben (wo auch immer man die durchaus subjektive Grenze zwischen „großen" und „kleineren" Bauvorhaben zieht), in den Griff zu bekommen, indem den Bauvertragsparteien konkrete, auf Bauprojekte bezogene Regelungen zur Verfügung gestellt werden. Trotz Erweiterung der BGB-Regeln zum Werk-, Bau-, Architekten- und Verbraucherbauvertragsregeln durch das „neue Bauvertragsrecht" 2018 enthält die VOB/B immer noch viele hilfreiche Bestimmungen, die im BGB eben nicht enthalten sind, beispielsweise zu Behinderungs-, Bedenken-, Abnahme-, Gewährleistungs- und Nachtragsthemen.

48 Da die VOB/B „für eine Vielzahl von Fällen vorformuliert" ist und im Regelfall von einer Vertragspartei der anderen Partei „gestellt" wird, vgl. §305 BGB, handelt es sich bei den Inhalten der VOB/B um Allgemeine Geschäftsbedingungen.[32]

Was bedeutet das nun, warum ist das für den Praktiker interessant?

49 Die erste Folgerung aus der AGB-Eigenschaft der VOB/B ist einleuchtend: Die VOB/B gilt für einen Bauvertrag nur, wenn ihre Geltung wirksam zwischen den Parteien vereinbart wurde, schließlich ist sie kein Gesetz, das „sowieso" gilt.

50 Die zweite Folge ist komplexer. Rufen wir uns zunächst in Erinnerung, was überhaupt der Sinn der Einordnung einer Regelung als „Allgemeine Geschäftsbedingung" ist[33]: Liegen AGB vor, ist die andere Seite, also der Vertragspartner, gegenüber dem die AGB gelten sollen, in höchstem Maße schutzbedürftig. Warum? Weil er mit Bestimmungen und Bedingungen konfrontiert wird, die die andere Seite (der „Verwender" der AGB) im Vorfeld vorformuliert hat, vielleicht in einem Zeitraum von mehreren Monaten, vielleicht mit Hilfe von Juristen, jedenfalls mit der Absicht, seine eigenen Interessen bestmöglich durchzusetzen. Diese Konfrontation mit den von der anderen Seite sorgfältig vorformulierten Bedingungen findet häufig in Situationen statt, in denen eine ausreichende Prüfung nicht realistisch möglich ist, beispielsweise an der Kasse im Elektrofachmarkt. Genau das erzeugt die Schutzbedürftigkeit desjenigen, der die Bedingungen entweder akzeptiert oder den Fernseher eben nicht kauft. Die §§308 und 309 BGB enthalten Listen mit Klauseln, die in AGB unwirksam sind. §307

---

[32] So zB BGH Urt. v. 16.12.1982 – V II ZR 92/82, NJW 1983, 816 = BeckRS 9998, 102572.
[33] Vgl. dazu Stoltefuß, Rn. 131 ff.

B. Die Verträge   **Kapitel 1**

BGB bestimmt zudem als Grundnorm, dass Klauseln dann unwirksam sind, wenn sie den Vertragspartner des Verwenders entgegen den Geboten von Treu und Glauben unangemessen benachteiligen, was der Rechtsprechung die Möglichkeit gibt, AGB über die Listen hinaus umfassend zu prüfen.

Fakt ist also: Die Einordnung von Klauseln als AGB und die gesetzliche Regelung der AGB mit der Folge möglicher Unwirksamkeit einzelner Klauseln dient dem Schutz des Vertragspartners. Es ist (glücklicherweise) eben nicht alles wirksam, womit der Vertragspartner in Situationen, bei denen eine ausführliche Prüfung völlig unpassend ist, konfrontiert wird. 51

Bezogen auf die VOB/B bedeutet das auf Grundlage der Rechtsprechung folgendes[34]: 52

- Wird die VOB/B gegenüber einem Unternehmer oder der öffentlichen Hand ohne Änderungen, also „als Ganzes", vereinbart, findet keine AGB-rechtliche Inhaltskontrolle statt, alle Regelungen sind wirksam. Das beruht darauf, dass die VOB/B ein ausgewogenes System der Interessen des Auftraggebers wie des Auftragnehmers enthält; ist das System „ungestört", da vollständig, gibt es keinen Grund, korrigierend einzugreifen. 53

- Wird die VOB/B dagegen gegenüber Verbrauchern benutzt oder wird in ihr ausgewogenes Interessengefüge eingegriffen, indem sie verändert, also nicht uneingeschränkt „als Ganzes" vereinbart, findet die Inhaltskontrolle statt. Geprüft wird dann – für den Nichtjuristen häufig erstaunlicherweise -, ob einzelne Normen der VOB/B unwirksam sind. Ein klassisches Beispiel hierfür war bisher die Unwirksamkeit des §16 Abs. 3, Nr. 2-5, wonach Forderungen des Auftragnehmers unter bestimmten Voraussetzungen verloren gehen, wenn er innerhalb festgelegter Fristen keinen Vorbehalt gegen die Höhe der Schlusszahlung des Auftraggebers erklärt bzw. im zweiten step keine prüfbare Rechnung vorlegt oder, wenn das nicht möglich ist, den Vorbehalt eingehend begründet. Aktuell ist das Thema der unwirksamen AGB-Klauseln (nochmals: die Unwirksamkeitskontrolle findet nur statt, wenn die VOB/B gegenüber Verbrauchern benutzt oder nicht ohne Änderungen vereinbart wird) um die Regeln zur Kündigung bei Mängeln vor Abnahme in den §§4 Abs. 7 und 8 Abs. 3 VOB/B ergänzt.[35] Hierzu unten 54

---

[34] Einzelheiten bei Stoltefuß, Rn. 152 ff.
[35] Dazu BGH, Urt. v. 19.1.2023 -VII ZR 34/20, NZBau 2023, 301 = NJW 2023, 1356 = ZfBR 2023, 343 = IBR 2023, 2239.

mehr, wenn diese Normen im Zusammenhang mit Hinweisen für das Baustellenmanagement besprochen werden.

55 So weit, so gut, aber für den Nichtjuristen auch: So weit, so schwierig nachvollziehbar, denn: Wie kann denn die VOB/B nicht „als Ganzes", also ohne Änderungen, vereinbart werden? Wenn sie in die Liste der Vertragsgrundlagen mit aufgenommen wird, dort bezeichnet z. B. als „die VOB/B in ihrer bei Vertragsschluss gültigen Fassung", dann gilt sie doch auch, oder? Und zwar uneingeschränkt? Nicht unbedingt, denn hier kommt die oben erwähnte Regelung der Rang- und Reihenfolge der Vertragsgrundlagen bei Widersprüchen ins Spiel. Ist im in der Liste höchstrangigen Vertrag (wie in „größeren" Verträgen zwischen Unternehmen außerhalb öffentlicher Ausschreibungen sehr häufig) etwas von der VOB/B Abweichendes geregelt, und sei es nur eine Kleinigkeit, steht die VOB/B eben im Rang unter dem Vertrag. Und schon hat man das Ergebnis, dass die VOB/B nicht vollständig gilt, nicht „als Ganzes" vereinbart wird, denn der höherrangige Vertrag weicht von ihr ab und produziert einen Widerspruch!

56 Nun soll an dieser Stelle nicht die gesamte Rechtsprechung zu der Frage, welche VOB/B-Normen unwirksam sind oder sein könnten oder welche eben als wirksam bewertet werden, ausgebreitet werden. Wichtig ist hier aber die Botschaft für den Nichtjuristen, dass eben nicht automatisch und immer jede Regelung in der VOB/B wirksam ist und dass es sich für den Fall von Auseinandersetzungen und Streitigkeiten im Zusammenhang mit Normen der VOB/B lohnen kann, das Thema der eventuellen AGB-Unwirksamkeit im Hinterkopf zu haben.

II. Regelung der Vertragsfristen

57 Die Regelung der Vertragsfristen ist ein weiteres gutes Beispiel für eine Exklusivregelung im Vertrag. Logischerweise sind solche Fristen einzelfallabhängig und müssen daher gesondert vereinbart werden. Die VOB/B kann in ihrem § 5 lediglich ein Rahmen-Regelwerk zur Verfügung stellen, dass den Parteien Orientierung gibt und in § 5 Abs. 4 Sanktionsmöglichkeiten für den Auftraggeber bereit hält, falls der Auftragnehmer in Verzug gerät.

III. Regelung der Abrechnung

58 Die im Vertrag möglichst klar zu regelnde Art der Abrechnung richtet sich nach der Vertragsart. Die Abgrenzung zwischen Einheitspreis-/

B. Die Verträge Kapitel 1

Pauschal-/Stundenlohn- und Selbstkostenverträgen betrifft zentral die Tätigkeit der Projektkaufleute (und ja, dies ist zutreffend, auch die Baustelle, da dort die Grundlagen für die Abrechnung geschaffen werden müssen) und soll daher unten näher beleuchtet werden.

IV. Regelung der Abnahme

Natürlich enthalten sowohl das BGB als auch die VOB/B Regelungen 59 zur Abnahme. Dies beruht sicher auch und insbesondere darauf, dass es sich bei der Abnahme um einen ganz wesentlichen, nach Auffassung des Verfassers den wesentlichsten (juristischen) Moment bei der Realisierung eines Bauprojekts handelt. Die Erfüllungsphase ist beendet, die Umsetzung des vertraglich vereinbarten Bausolls vollbracht.

Der Auftragnehmer verlässt die Baustelle. Die Abnahmewirkungen 60 treten ein, insbesondere

- der Beginn der Gewährleistungsphase
- die Beweislastumkehr
- der Gefahrübergang
- die Fälligkeit der Schlussrechnung
- das Ende der Schutzpflichten des Auftragnehmers.[36]

Die Durchführung der Abnahme wird im Kapitel für die Baustelle be- 61 sprochen. Zurück zur vertraglichen Vereinbarung: Wenn also sowohl das BGB als auch die VOB/B Regelungen zur Abnahme enthalten, ist es dann wirklich nötig oder auch nur sinnvoll, selbst etwas zu diesem Thema im Vertrag zu regeln? Die klare Antwort lautet: ja.

---

[36] Zu den Abnahmewirkungen näher Stoltefuß, Rn. 60 ff.

Kapitel 2
Green Building: Was ist das?

Grünes oder nachhaltiges Bauen, auch als Green Building bezeichnet, ist seit einigen Zeit in aller Munde. Aus vielen Ecken kommt die Forderung, dass Bauen grüner oder nachhaltiger werden muss. Aber was genau ist damit eigentlich gemeint und warum sollte sich jeder am Bau Beteiligte mit diesem Thema beschäftigen?

A. Nachhaltigkeit als Megatrend

Nachhaltigkeit, auch als Neo-Ökologie oder Sustainability bezeichnet, ist, neben New Work, Globalisierung, Mobilität, Digitalisierung, Gesundheit, Gender Shift, Individualisierung, Urbanisierung, Demographie, Sicherheit sowie Information und Wissen, einer der gesellschaftlichen Megatrends.[37] Megatrends zeichnen sich dadurch aus, dass sie unser Leben für die Dauer mehrerer Jahrzehnte prägen, Auswirkungen auf alle relevanten gesellschaftlichen Bereiche haben und globale Phänomene sind. Es kann somit berechtigt behauptet werden, dass das Thema Nachhaltigkeit das (Berufs-)Leben aller im Baubereich Tätigen mitprägen wird und es sich nicht um ein Zeitgeist- oder Modethema handelt.

Betrachtet man die seit vielen Jahren bekannten Auswirkungen der aktuellen Lebensweisen auf den Zustand der Erde, überrascht nicht, dass die Themen Umweltbewusstsein und Nachhaltigkeit von individuellen Lebensentscheidungen zu einer gesellschaftlichen Zielsetzung entwickeln, die politisch gefordert und gefördert wird. Persönlich mag

---

[37] https://www.zukunftsinstitut.de/dossier/megatrends/?utm_term=-megatrends&utm_campaign=Generic+%7C+Megatrends+(Search)&utm_source=adwords&utm_medium=ppc&hsa_acc=9538789204&hsa_cam=263867415&hsa_grp=122593738291&hsa_ad=571590949800&hsa_src=g&hsa_tgt=aud-454867317018:kwd-12589850&hsa_kw=megatrends&hsa_mt=e&hsa_net=adwords&hsa_ver=3&gad_source=1&gclid=E-AIaIQobChMIwZu6vuq2ggMV9z0GAB2xHwMHEAAYASAAEgKpmPD_BwE, zuletzt abgerufen am 12.12.2023.

Kapitel 2 Green Building: Was ist das?

jeder zu Themen wie Klimawandel, Globalisierung, Waldsterben, Atomkraft, Windrädern oder dem Verbot von Plastikstrohhalmen eine eigene Meinung haben. Dass ein Festhalten am Status Quo aber nicht möglich ist, sondern neue Ideen entwickelt und umgesetzt werden müssen, darüber besteht weitgehend Einigkeit. Allein, bei der Frage, welcher Weg der richtige ist, scheiden sich die Geister. Die mit dem Thema Nachhaltigkeit seit jeher verbundenen Proteste, von der Anti-Atomkraftbewegung in Westdeutschland bis hin zu den Fridays for Future Protesten zeigen, dass es sich um ein Thema handelt, das mit hohen Emotionen verbunden ist. Auch die mit dem Stopp der KfW-Gebäudeförderung Anfang 2022 verbundene (mediale) Aufmerksamkeit bestätigte, dass das Thema in der Mitte der Gesellschaft angekommen ist, jedenfalls soweit die Voraussetzungen von Zuschüssen mit überschaubarem Aufwand erreichbar sind, wie dies damals der Fall war.

65 Die Bauwirtschaft ist für 40 % der CO_2-Immissionen verantwortlich, wobei 35 % auf Bestandsimmobilien und 5 % auf die Errichtung von Bauwerken entfallen[38]. Darüber hinaus ist die Baubranche für 50 – 60 % des jährlichen Abfallaufkommens verantwortlich. Hinzu kommen der unter Nachhaltigkeitsgesichtspunkten bedenkliche Verbrauch an Sand und Kies zur Betonproduktion

66 Gebäude und damit auch die Art, wie diese erbaut, genutzt und verwertet werden sind für das menschliche Zusammenleben zentral. Fast jeder Mensch nutzt jeden Tag mehrere Gebäude oder ist dessen Auswirkungen ausgesetzt. Geänderte sozial-ethische Forderungen haben damit auch immer Auswirkungen auf die Kultur des Bauens. Gebäude beeinflussen in besonderem Maße unser Wohlbefinden, sowohl im Innenraum als auch im Außenraum. Die ist klar, wenn man bedenkt, dass die Menschen in Mitteleuropa sich heute durchschnittlich 90 % (!) ihrer Zeit in Innenräumen aufhalten[39].

67 Es ist daher naheliegend, dass die Baubranche, neben dem Verkehr und der Energieerzeugung, besonders Fragen nach größerer Nachhaltigkeit ausgesetzt ist. Positive Veränderungen bei der Errichtung, dem Betrieb und der Verwertung von Gebäuden im Bereich Energieeffizienz, Ressourcenschonung, Umnutzungsfähigkeit und Wieder-

---

[38] 2020 Global Status Report for buildings and construction; United Nations Environment Programme and Global Alliance for Buildings and Construction; abrufbar unter www.unep.org; zuletzt abgerufen am 03.11.2023.

[39] https://www.umweltbundesamt.de/themen/gesundheit/kommissionen-arbeitsgruppen/ausschuss-fuer-innenraumrichtwerte#richtwerte-fur-die-innenraumluft, zuletzt abgerufen am 12.12.2023.

B. Was ist eigentlich Nachhaltigkeit? **Kapitel 2**

verwendbarkeit von Baustoffen können erheblich dazu beitragen, dass die viel diskutierten selbst gesteckten Klimaziele doch noch erreicht werden. Die gesamte Baubranche hat einen erheblichen Einfluss und damit verbunden auch eine große Verantwortung für eine nachhaltigere Wirtschaft insgesamt, aber auch darauf, wie nachhaltig das Verhalten einzelner Personen ist. Da die Baubranche wie gezeigt einen erheblichen Beitrag zu den gesamten CO_2-Immissionen leistet, ist der Umzug in ein nachhaltiges, grünes Gebäude auch für jeden Einzelnen eine Chance zu einer nachhaltigeren Lebensweise.

Durch die Sustainable-Finance-Aktivitäten der EU, die u. a. zum 68 Erlass der Taxonomie-Verordnung und darauf aufbauender delegierender Rechtsakte für die sechs EU-Umweltziele (Klimaschutz, Anpassung an den Klimawandel, Schutz der Wasser- und Meeresressourcen, Stärkung der Kreislaufwirtschaft, Verringerung der Umweltverschmutzung und Schutz der biologischen Vielfalt, Art. 9 EU Tax-VO) geführt haben sollen Finanzströme auf den Kapitalmärkten der EU in nachhaltige Investitionen gelenkt werden. Besonders in der Verwertung von Immobilien spielen daher Nachhaltigkeitskriterien und Green-Building Zertifikate bereits jetzt eine erhebliche Rolle. Zum Teil wird davon ausgegangen[40], dass die Vermietung von Gewerbeimmobilien, die nicht über ein ausreichendes Green-Building Zertifikat verfügen, zukünftig nur noch erschwert oder mit erheblichen Abschlägen beim Mietzins möglich ist. Dafür spricht auch, dass sich die Bundesregierung zum Ziel gesetzt hat, bis zum Jahr 2050 einen nahezu klimaneutralen Gebäudebestand aufweisen zu können.[41]

B. Was ist eigentlich Nachhaltigkeit?

Der Begriff der Nachhaltigkeit wurde bereits Anfang des 18. Jahr- 69 hunderts in der Forstwirtschaft verwendet. Hans Carl von Carlowitz, Oberberghauptmann aus Freiberg (Sachsen), gilt als Begründer des Prinzips der Nachhaltigkeit. Vor einer drohenden Krise bei der damals zentralen Holzversorgung stehend, stellte er die Forderung auf, dass nicht mehr Bäume abgeholzt werden sollen, als in einem absehbaren Zeitraum auch wieder nachwachsen können. Eigentlich klar, könnte man denken. Damit hat er aber erstmals eine grundlegende Definition des Nachhaltigkeitsbegriffs geschaffen.

---

[40] Mösle/Lambertz/Altenschmidt/Ingenhoven, Rn. 2054.
[41] Klimaschutzbericht 2050, S. 8.

Kapitel 2 Green Building: Was ist das?

70 Das heutige Verständnis von Nachhaltigkeit oder sustainability wurde durch eine unabhängige Konferenz im Jahr 1987 unter Leitung des damaligen norwegischen Ministerpräsidenten Bro Harlem Brundtland in dem sog. Brundtland Bericht geprägt. Anders als in der Vergangenheit, wurde nicht prioritär auf die Erhaltung der Umwelt abgestellt, sondern Nachhaltigkeit als Entwicklung definiert, die den Befugnissen der heutigen Generation entspricht, ohne Möglichkeiten zukünftiger Generationen zu gefährden ihre eigenen Bedürfnisse zu befriedigen und ihren Lebensstil zu wählen. Damit wurde versucht, den Begriff Nachhaltigkeit im Spannungsfeld zwischen ökonomischen, ökologischen und sozialen Aspekten zu definieren.

71 Nachhaltigkeit bedeutet damit nicht nur Umweltfreundlichkeit oder Energieeffizienz. Unter dem Stichwort ESG (Environmental, Social und Governance) oder zu Deutsch Ökologie, Soziales und Unternehmensführung werden neben Umwelt- und Nachhaltigkeitsaspekten auch soziale und ökonomische Fragen gestellt.

72 Die ökologische Nachhaltigkeit entspricht ehesten dem Gedanken des Gleichgewichts von Menschen und Natur. Aspekte wie Energieeffizienz, Ressourcenverbrauch, Abfallmanagement, Umweltverschmutzung und ähnliches fallen darunter.

73 Unter Soziales fallen die Beziehungen zu allen relevanten Beteiligten. Eine Gesellschaft muss so aufgestellt sein, dass die sozialen Unterschiede nicht zu dauerhaften Konflikten führen. Für Bauprojekte bedeutet ist, dass bei Planung und Bau alle Beteiligten, insbesondere auch die späteren Nutzer berücksichtigt werden müssen und Aspekte wie Gesundheit (auch in der Produktion von Baustoffen), Funktionalität, Behaglichkeit, Umnutzungsfähigkeit und eine lebenswerte Umwelt (ebenfalls auch bezogen auf die Herkunftsländer von Bauprodukten) berücksichtigt werden müssen.

74 Unter nachhaltiger Unternehmensführung wird eine ganzheitliche und integrative Führung, Steuerung und Überwachung verstanden, die dem Menschen dient, Umweltaspekte berücksichtigt und gleichzeitig Produktivität sicherstellt. Hier spielen somit auch Aspekte der ökonomischen Nachhaltigkeit eine Rolle. Nur ein Unternehmen, dass dauerhaft betrieben werden kann, ist auch für die zukünftigen Generationen nachhaltig. Gewinnerzielung ist also aus Gründen der Nachhaltigkeit durchaus gewünscht. Für die Baubranche sind hierbei v. a. die Investitionen, Lebenszykluskosten des Objekts sowie dessen Qualität und der langfristige Werterhalt relevant.

C. Umsetzung in der Bauwirtschaft

Vor einigen Jahren waren Diskussionen über Programme für „nach- 75
haltiges Bauen" oder Initiativen für „grünes Bauen" unter Eigentümern, Bauunternehmern und Planungsfachleuten, die an kommerziellen Bauprojekten beteiligt sind, relativ selten, auch wenn der Begriff der Nachhaltigkeit wie oben gezeigt nicht neu ist.

Schon 1991 wurde in Darmstadt-Kraichtal das erste „Passivhaus" 76
in Deutschland gebaut, das durch Prof. Wolfgang Feist geplant wurde, der die Ideen dazu am Institut Wohnen und Umwelt in Darmstadt entwickelt hat. Es handelte sich aber um ein Nischenthema, das vor allem Bauherren beschäftigte, die sich aus ideologischen Gründen dieses Themas annahmen.

Seit Verleihung der ersten DGNB Zertifikate Anfang 2009 und 77
Einführung des Bewertungssystems Nachhaltiges Bauen (BNB) für Bundesbauten durch Erlass des Bundesministeriums für Verkehr, Bau und Stadtentwicklung, im März 2011 hat sich viel getan. Inzwischen drängen Bauindustrie und öffentliche wie private Auftraggeber, sowohl aus wirtschaftlichen als auch aus ideellen Gründen darauf, nachhaltige Bautechniken, Bauprodukte und Bauprojekte umzusetzen. Gegenüber dem Jahr 1990 sind die auf den Gebäudesektor insgesamt entfallenden Emissionen bis 2021 bereits um mehr als 40% gesunken[42]. Der weiterhin hohe Anteil insbesondere an CO_2 Emissionen und die Tatsache, dass das Durchschnittsalter deutscher Wohngebäude bei 50 Jahren liegt und damit über zwei Drittel der Gebäude keinerlei gesetzlicher Vorgaben zur Energieeinsparung erfüllen, zeigen aber auch, dass das Einsparpotential weiterhin hoch ist. Frei nach dem Motto: Die beste Kilowattstunde ist die, die gar nicht erst verbraucht wird.

In der Nutzungsphase haben sich unter dem Stichwort green lease 78
Mietverträge durchgesetzt, in denen sich beide Vertragspartner zu einem nachhaltigen Umgang mit Ressourcen verpflichten. Eine tiefergehende Darstellung der green lease passt nicht zum Zweck dieses Buches. Deshalb nur kurz. Häufig finden sich hier Regelungen zu nachhaltiger Nutzung und Bewirtschaftung im laufenden Betrieb, Reduzierung von Abfällen, Verbräuchen und Emissionen und zum Einsatz nachhaltiger Materialien bei Erhaltungs-, Modernisierungs- und sonstigen Baumaßnahmen.[43] Und green lease ist sinnvoll nur umsetzbar, wenn zuvor auch grün gebaut wurde.

---

[42] Klimaschutzbericht 2021 nach § 10 Abs. 1 des Bundes-Klimaschutzgesetzes.

[43] Meyer, Handbuch Immobilienwirtschaftsrecht/Reimann, Rn. 922 ff.

Kapitel 2 Green Building: Was ist das?

79   Man mag über die Fragen diskutieren, welche Bauweise eigentlich nachhaltig oder grün ist. Altbauten, weil sie offensichtlich noch nach vielen Jahrzehnten und Jahrhunderten von vielen Menschen als schön empfunden werden und deshalb anders als mancher Nachkriegsbau weitgehend erhalten bleiben? Energieeffiziente Bauten oder Bauprojekte, die so errichtet werden, dass die jetzt verbauten Materialen am Ende des Lebenszyklus wiederverwendet können? Oder Gebäude die relativ einfach einer anderen Nutzungsart zugeführt werden oder von mehreren Nutzern gemeinsam genutzt können? Eine einheitliche Antwort auf diese Frage wird man selten bekommen, wenn man mehrere Personen befragt. Einigkeit dürfte allerdings darin bestehen, dass die in der Vergangenheit vielfach verwendeten verklebten Baustoffe oder die aktuellen Sanierungszyklen vieler Gebäude keiner nachhaltigen Bauweise entsprechen. Nachhaltigem Bauen wird daher die Zukunft gehören.

80   Nachhaltiges Bauen wird v.a. durch technische Entwicklungen erreicht werden können. Hier gibt es aktuell in Wissenschaft und Praxis vielfältige Forschungs- und Versuchsprojekte, die sich mit dem Thema beschäftigen. Die Umsetzung von Prinzipien wie cradle to cradle[44] oder die Entwicklung bioökonomische Baustoffe[45] sind dafür prominente Beispiele. Das dies häufig unternehmenstrategische Themen sind, wird darauf näher im Kapitel Ideen und Denkanstöße für die Unternehmensleitung eingegangen.

81   Die Baubranche hat aber auch erkannt, dass parallel zur technischen Entwicklung auch die Notwendigkeit besteht, bei grünen Bauvorhaben Regelungen zu treffen, die die bei einem traditionellen Bauwerk vorhandenen Regelungen ergänzen oder davon abweichen. Dies beginnt bereits mit der Definition der Begrifflichkeit. Begriffe wie „Nachhaltigkeit" oder „grünes Bauen" sind wenig konkret und nicht einmal auslegbar. Vielmehr handelt es sich um Bezeichnungen, die eine Vielzahl von Maßnahmen und Zielstellungen zusammenfasst, von der Nutzung nachhaltiger Materialen und geringem Ressourceneinsatz, über effiziente Energienutzung, Wohlbehagen und gesunde Verhältnisse für die Nutzer bis hin zur Planung mit Blick auf Anschlussnutzungen und zur Erreichung bestimmter Green-Building Zertifikate.

82   Um sie in der praktischen Anwendung handhabbar zu machen, bedarf es konkreter Vorgaben, was unter den Begriffen in Bezug auf die

---
[44] Siehe https://c2c.ngo/cradle-to-cradle/, zuletzt abgerufen am 12.12.2023.
[45] https://biooekonomie.de/wirtschaft/branchen/bau, zuletzt abgerufen am 12.12.2023.

D. Green-Building Zertifizierung **Kapitel 2**

konkreten Immobilien zu verstehen ist. Dabei hat sich schnell herausgestellt, dass es vielleicht möglich ist Mindeststandards zu definieren, eine Immobilie aber immer noch nachhaltiger sein kann.

Die erfolgreiche Errichtung eines grünen Bauprojekts stellt aufgrund der damit verbundenen Komplexität hohe Anforderungen an die beteiligten Planer und ausführenden Unternehmen. Im Zentrum steht dabei die Erreichung von Nachhaltigkeitszielen, welche den gesamten Lebenszyklus des Bauwerks betreffen. Wie für jede Zielerreichung, sei es technisches „Bausoll", Zeitplan oder Budget, ist auch bei der Erreichung der gesetzten Nachhaltigkeitsziele eine planungs- und baubegleitende Überprüfung notwendig. Möglichst früh in der Projektvorbereitung sollten konkrete Ziele besprochen, definiert und festgehalten werden und insbesondere die Entscheidung getroffen werden, ob nur Einzelziele, wie der Einsatz nachhaltiger Baumaterialien oder die Erreichung eines bestimmten KfW-Standards, erreicht werden sollen oder eine bestimmte Green-Building Zertifizierung angestrebt wird. Je später diese Entscheidung getroffen wird, umso höher sind regelmäßig die Kosten für notwendige Anpassungen. Wie die HOAI die Fortschreibung der Kosten im Laufe des Bauprojekts vorsieht, müssen auch Nachhaltigkeitsziele bewertet und ggf. angepasst werden. Die DIN EN 15643 – „Nachhaltigkeit von Bauwerken – Bewertung der Nachhaltigkeit von Gebäuden" sieht eine ganzheitliche Überprüfung vor. Zur Umsetzung dieser Systematik haben sich verschiedene Bewertungssysteme etabliert. Da diese Systeme für jeden, der sich mit nachhaltigem Bauen beschäftigt, sehr relevant sind, ihr Bekanntsein aber nicht vorausgesetzt werden kann, sollen sie im Folgenden näher erläutert werden. 83

D. Green-Building Zertifizierung

In den USA und Großbritannien haben sich in den 1990er Jahren die Zertifizierungen entwickelt, die unter den Abkürzungen LEED (U.S)[46] und BREEAM[47] (G.B) bekannt sind. Diese Entwicklung hat sich auch nach Deutschland übertragen. LEED und BREEAM über den TÜV Süd sind inzwischen auch für den deutschsprachigen Raum, also inklusive Österreich und der Schweiz, verfügbar. Führend 84

---
[46] Leadership in Energy and Environmental Design, USA.
[47] Building Research Establishment Environmental Assessment Method, Großbritannien.

Kapitel 2 Green Building: Was ist das?

ist hier aktuell aber die Zertifizierung der Deutschen Gesellschaft für nachhaltiges Bauen DGNB. Mit einem Anteil von über 80 % im Neubau und fast 60 % im Gesamtmarkt der Gewerbeimmobilien ist die DGNB nach eigenen Angaben[48] Marktführer unter den Anbietern von Zertifizierungssystemen in Deutschland. Auch das BNB des Bundesministeriums für Wohnen, Stadtentwicklung und Bauwesen, das Vorgaben für Bauprojekte des Bundes macht, aber von vielen Ländern und auch Kommunen als Grundlage ihrer Ausschreibungen für nachhaltige Bauprojekte genutzt wird, wurde in Zusammenarbeit mit der DGNB entwickelt. Beim BNB handelt sich um ein eigenständiges Bewertungssystem mit dem Ziel, die Qualität von Gebäuden und deren baulichen Anlagen zu beschreiben und zu bewerten. Bereits 2015 wurde die Grundsanierung des Bundesverfassungsgerichts mit dem silbernen Gütesiegel nach BNB ausgezeichnet. Das BNB-System kann auch von anderen, auch privaten, Bauherren genutzt werden.[49]

85 Im Folgenden wird deshalb für die Darstellung des Ablaufs der Zertifizierung ebenso auf die DGNB Bezug genommen, wie bei Fragen zur Haftung und der Darstellung der neuen Beteiligten. Die Abläufe sind aber bei allen Zertifizierungen ähnlich.

86 Mit einem Bauprojekt, das ein Green-Building Zertifikat anstrebt, verbunden sind auch neue Beteiligte, und zwar die Zertifizierungsstelle und der für eine Zertifizierung notwendige Auditor. Klarheit über die Rolle und den Tätigkeitsumfang der Zertifizierungsstelle und des ebenfalls im Rahmen der Zertifizierung tätigen Auditors ist für das richtige Vorgehen in einem grünen Bauprojekt zentral. Nur wer versteht, was die anderen Beteiligten tun oder auch nicht tun und welche Rolle und Verantwortung sie im Verhältnis zum Bauherrn und den anderen am Bau beteiligten Unternehmen haben, kann seine eigene Rolle möglichst gut verwirklichen, sowohl in der vertraglichen Gestaltung als auch in der Planung und bei der späteren Umsetzung auf der Baustelle.

87 Zusammenfassend spielt das Thema Nachhaltigkeit für Bauunternehmen eine immer größere Rolle. Der Markt für solche Projekte hat sich in den letzten Jahren wesentlich vergrößert und es kann als sicher gelten, dass sich dieser Trend fortsetzen wird. Kenntnisse zum „Green Building" in Bauunternehmen werden daher in naher Zukunft vorausgesetzt werden.

---

[48] https://www.dgnb.de/de/dgnb/ueber-die-dgnb/dgnb-in-zahlen, zuletzt abgerufen am 12.12.2023.

[49] https://www.bnb-nachhaltigesbauen.de/austausch/weitere-ansprechpartner/ zuletzt abgerufen am 12.12.2023.

D. Green-Building Zertifizierung **Kapitel 2**

I. Systemanforderungen der Green-Building Zertifizierungen

Alle privaten Green-Building Zertifizierungen und auch das BNB **88** zeichnen sich dadurch aus, dass zum einen verschiedenen Stufen der Erreichung der Nachhaltigkeitsziele vorgesehen sind, in der Regel Bronze (z.B. ab 35% Zielerreichung, kein Mindesterfüllungsgrad pro Kriterium), Silber (ab 50% Zielerreichung und 35% Mindesterfüllungsgrad pro Kriterium), Gold (ab 65% Zielerreichung und 50% Mindesterfüllungsgrad pro Kriterium) und Platin (ab 80% Zielerreichung und 65% Mindesterfüllungsgrad pro Kriterium). Zum anderen wird zwischen verschiedenen Nutzungsarten unterschieden, insbesondere Wohnnutzung, Gewerbenutzung, Neubau und Bestand, aber auch Betrieb, Rückbau sowie Innenräume und Quartiere. Darüber hinaus gibt es zum Teil spezielle Auszeichnungsstufen für gestalterische und baukulturelle Qualität.

Dabei gilt es nicht ein einziges, quasi pauschales, Nachhaltigkeits- **89** ziel zu erreichen, sondern die Zertifizierungsstellen stellen detaillierte Kriterien auf. Die Zertifizierungskriterien, auch Systemvorgaben genannt, unterscheiden sich dabei zwischen den Zertifizierungsstellen und den Nutzungsarten. Für Gebäudeneubauten sind andere Zertifizierungskriterien relevant als für Quartiere.

Um als Quartier zertifiziert werden zu können, muss das Projekt **90** eine Mindestgröße von ca. 2 Hektar Bruttobauland aufweisen, sich aus mehreren Gebäuden und mindestens zwei Baufeldern zusammensetzen und über öffentliche zugängliche Räume und eine sprechende Infrastruktur verfügen. Weitere Voraussetzungen finden sich dann bei den Vorgaben zu den jeweiligen Quartierstypen, aktuell Stadtquartiere, Businessquartiere, Gewerbegebiete, Industriestandorte, Event Areale und Resorts und Vertical Cities.

Übergreifend sind die Kriterien **91**

- ökologische Qualität,
- ökonomische Qualität,
- sozio-kulturelle und funktionale Qualität,
- technische Qualität,
- Prozessqualität und
- Standortqualität

relevant, deren Inhalt dann jeweils durch eine Reihe von Unterkriterien beschrieben und handhabbar gemacht wird.

Kapitel 2 Green Building: Was ist das?

92 Für den Bereich Neubauten sind insgesamt 29 Unterkriterien benannt, die von Klimaschutz und Energie (ENV1.1) über thermischen Komfort (SOC 1.1), Barrierefreiheit (SOC 2.1), dem Einsatz und der Integration von Gebäudetechnik (TEC 1.4) bis hin zu Baustelle/Bauprozess (PRO2.1) und Verkehrsanbindung (SITE1.3) reichen.

93 Auch die spätere Nutzung wird an mehreren Stellen (z. B. Vorbereitung der nachhaltigen Nutzung, Entwicklung eines energetischen Monitoringkonzepts, Lebenszyklusberechnung) berücksichtigt und spielt für sämtliche Zertifizierungen eine maßgebliche Rolle.

94 Für jedes Unterkriterium existieren dann mehr oder weniger genaue Definitionen der Zertifizierungsstellen dazu, welche tatsächlichen Leistungen, bei der DGNB als Indikatoren bezeichnet, erforderlich sind, damit das Unterkriterium als erfüllt angesehen wird. Die Unterkriterien und Indikatoren werden auch regelmäßig an den Stand der Wissenschaft und Technik und regulatorische Vorgaben angepasst. Nicht jeder Indikator, also Leistungsbestandteil eines Unterkriteriums, muss in jedem Nutzungsprofil erfüllt werden. Bei den als „variabel" bezeichneten Indikatoren besteht die Möglichkeit, diese als nicht relevant zu behandeln und im Rahmen der Antragstellung und Konformitätsprüfung nicht zu behandeln.

95 Andererseits gibt es, sich je nach angestrebten Auszeichnungsgrad unterscheidende, Indikatoren, die als Mindestanforderung bezeichnet werden und erfüllt werden müssen. Beim Unterkriterium Klimaschutz und Energie ist dies für alle Gebäude die Offenlegung der Lebenszyklusbilanz und je nach angestrebten Auszeichnungsgrad für Gebäude, die zum Zeitpunkt der Fertigstellung noch nicht für netto-treibhausgasneutralen Betrieb ausgelegt sind, die Vorlage eines „Klimaschutzplans Klimaneutraler Betrieb – Zieljahr gemäß nationaler Ziele" oder eines „Ambitionierter Klimaschutzfahrplan" klimaneutraler Betrieb.

96 Üblicherweise liegen den Green-Building Zertifizierungen Punkteverteilungen zugrunde, mit denen der Erfüllungsgrad ermittelt wird. Die Systeme sind dabei nicht starr, sondern in sich flexibel. Beim DGNB System ist es beispielsweise so, dass zwar jedes Unterkriterium mit einer Maximalpunktzahl versehen ist, die teilweise durch einfaches Ausfüllen, teilweise durch addieren oder sogar interpolieren zu ermitteln ist. Es gibt auch Unterkriterien, die überfüllt werden können (Circular Economy Boni oder Agenda 2030) und deren Übererfüllung sich dann positiv für andere (Unter-)Kriterien auswirkt. Schließlich wird den verschiedenen Kriterien und Unterkriterien unterschiedliches Gewicht bei der Ermittlung des Einzel- und Gesamterfüllungsgrades zugemessen.

D. Green-Building Zertifizierung **Kapitel 2**

So werden in der Grundstruktur des DGNB System in der Version 97
2023 die Kriterien der ökologischen, ökonomischen und soziokulturellen und funktionalen Qualität jeweils mit 25% gewichtet, die technischen Qualität und die Prozessqualität 10% und der Standortqualität 5%.

Allein innerhalb des Nutzerprofils Neubauten wird dann weiter 98
zwischen den Nutzungsprofilen Büro, Bildung, Wohnen, Hotel, Verbrauchermarkt, Shoppingcenter, Geschäftshaus, Logistik, Produktion, Versammlungsstätten und Gesundheitsbauten unterschieden, wobei regelmäßig die Hauptnutzung für die Einordnung maßgeblich ist.

Je Nutzungsart werden die Unterkriterien anders gewichtet. Beim 99
Nutzerprofil Neubau Büro reicht die Gewichtung der Unterkriterien im Kriterium ökologische Qualität von 10,4% (ENV1.1- Klimaschutz und Energie) bis 2,1% (z. B. ENV1.3 Verantwortungsbewusste Ressourcengewinnung).

Schon diese Darstellung zeigt, dass die Sache mit der Green-Buil- 100
ding Zertifizierung komplex ist. Die Zahl der verfügbaren Zertifizierungen ist zudem stetig wachsend und hat sich zu einem eigenen Wirtschaftszweig entwickelt. Da jede Zertifizierungsstelle für jede Nutzungsart und jeden Zielerreichungsgrad unterschiedliche Systemanforderungen stellt, ist es für Unternehmen, die bei der Errichtung eines Bauprojekts beteiligt sind, an dessen Ende eine Green-Building Zertifikat stehen soll, zentral zu prüfen, welche konkreten Anforderungen für die eigene Leistung im konkreten Bauprojekt gelten. Hier kann Bauunternehmen nur dringend geraten werden sich bei Zweifelsfragen frühzeitig beim Bauherrn zu melden, Fragen (auch mehrfach) zu stellen, falls notwendig Hinweise und Bedenken anzumelden und auf eine Klärung durch die Zertifizierungsstelle oder den Auditor hinzuwirken. Hier sollte sich niemand damit zufriedenfrieden geben, keine oder keine befriedigende Antwort zu erhalten. Es geht bei den Systemvorgaben schließlich um das „Bausoll" und damit um den wesentlichen Teil eines Bauprojekts.

Der Inhalt der Zertifizierung wird ständig fortentwickelt. In den 101
meisten Zertifizierungen und auch gesetzlichen Anforderungen wie dem GEG wird der Primärenergieverbrauch in Gebäuden für z. B. Server oder Produktions- und Logistikprozesse unberücksichtigt gelassen, auch wenn diese einen höheren Energieverbrauch haben können als Heizen, Kühlen, etc. Wer also erwartet, dass der gesamte Energieverbrauch im Rahmen einer Zertifizierung betrachtet wird, wird regemäßig enttäuscht. Vielmehr können in den nicht berücksichtigen Bereichen Konflikte mit dem Nachhaltigkeitsziel entstehen.

Kapitel 2 Green Building: Was ist das?

102 Die Green-Building Zertifizierungen werden von privaten Stellen erteilt, die damit – jedenfalls auch – Geld verdienen. Es handelt sich weder um staatliche Stellen noch um Beliehene. Da die Erteilung oder auch Nichterteilung der Zertifizierung für den Erfolg des Bauprojekts und – bei entsprechender vertraglicher Gestaltung – auch für die mangelfreie Leistungserbringung der baubeteiligten Unternehmen und Planer zentral ist, wird auf einen privaten externen Akteur viel Einfluss auf die (Mit-)Definition der vertraglich geschuldeten Leistungen übertragen. Es ist deshalb notwendig, sich mit den Aufgaben und Verantwortlichkeiten dieses neuen Beteiligten, der Zertifizierungsstelle, näher zu beschäftigen. Dies soll nun geschehen.

II. Neue Beteiligte: Zertifizierungsstelle

103 Es ist bereits jetzt absehbar, dass bei nachhaltigen Bauprojekten, neben neuen Bauprodukten auch neue Beteiligte einbezogen werden müssen. Dies ist neben den Auditoren oder Nachhaltigkeitskoordinator die Zertifizierungsstelle, jedenfalls wenn Projektziel der Erhalt einer Green-Building Zertifizierung ist.

104 Die Zertifizierungsstelle entscheidet am Ende über die Erteilung oder auch Nichterteilung der Green-Building Zertifizierung. Da die Erteilung der Green-Building Zertifizierung oder jedenfalls die Erfüllung der Zertifizierungsanforderungen bei grünen Verträgen regelmäßig Voraussetzung für eine mangelfreie Leistung vieler am Projekt beteiligter Unternehmen sein wird, kommt der Entscheidung der Zertifizierungsstelle und ihres Zertifizierungsausschusses für die Frage der mangelfreien Leistungserbringung und damit verbundenen Abnahmereife des Werks, der Schlussrechnungsreife und dem Verjährungsbeginn eine wichtige Rolle zu.

105 Zudem nimmt sie auch deshalb eine besondere Rolle ein, als sie auf der Baustelle selbst regelmäßig nicht zu finden sein wird. Wenn überhaupt, nimmt sie eine Kontrollfunktion ein. Anders als die staatliche Baubehörde, deren Rolle ebenfalls kontrollierend ist, handelt es sich bei der Zertifizierungsstelle aber wie gesagt um eine juristische Privatperson, die ebenfalls wirtschaftliche und ideelle Zwecke verfolgt

1. Zertifizierungsvertrag

106 Die Zertifizierungsstelle schließt, möglichst frühzeitig im Projekt, einen Vertrag mit dem Bauherrn, den sog. Zertifizierungsvertrag. Der Zertifizierungsvertrag beruht in aller Regel auf einem Muster

D. Green-Building Zertifizierung **Kapitel 2**

der Zertifizierungsstelle[50], die den Vertragsinhalt vorgibt. Der Vertrag mit z. B. der DGNB GmbH kann entweder vom Bauherrn selbst abgeschlossen werden oder mit Zustimmung des Bauherrn von einem Dritten. Regelfall ist der Vertragsschluss mit dem Bauherrn. Der Vertrag regelt insbesondere die angestrebte Green-Building Zertifizierung, den Ablauf des Zertifizierungsverfahrens, die Pflichten der Parteien, die Vergütung der Zertifizierungsleistungen, Kündigungs- und Widerrufsrechte, die Haftung der Zertifizierungsstelle, die Übertragung von Rechten und Pflichten und die Vertraulichkeit.

Die Zertifizierungsstelle wird aber sodann nicht selbst beratend und baubegleitend tätig, sondern verpflichtet den Bauherrn einen von ihr zertifizierten Auditor zu beauftragen. Nach Fertigstellung des Projekts reicht dieser die Unterlagen zur Prüfung bei der Zertifizierungsstelle ein, die dann diese Unterlagen auf Übereinstimmung mit den jeweils einschlägigen Systemvorgaben prüft und über die Verleihung des Zertifikats entscheidet, sog. Konformitätsprüfung. **107**

Auch wenn Bauunternehmen somit in aller Regel in keiner direkten vertraglichen Beziehung zur Zertifizierungsstelle stehen, ist es wichtig das ihnen diese Vertragsinhalte jedenfalls grob bewusst sind um das eigene Verhalten daran ausrichten zu können. **108**

2. Die Zertifizierungsstelle prüft nicht vor Ort und übernimmt für die Bauausführung keine Haftung

Die Beschreibung der Leistungen der Zertifizierungsstelle zeigt bereits, dass die Zertifizierungsstelle keine eigene Prüfung dahingehend vornimmt, ob die Systemvorgaben der beantragten Green-Building Zertifizierung auch tatsächlich erfüllt sind, sondern nur, ob die eingereichten Unterlagen den Systemvorgaben der beantragten Green-Building Zertifizierung entsprechen. Sie unterstellt bei ihrer Prüfung also, dass die von Bauherrn und Auditor im Rahmen der Antragstellung gemachten Eigenerklärungen korrekt sind und im Bauprojekt auch entsprechend umgesetzt wurden. Zwar darf sie sich vor offensichtlichen Falschangaben nicht verschließen, Untersuchungsbefugnisse oder gar Untersuchungspflichten hat sie aber nicht. **109**

Ziffer 2. Abs. 2 der Präambel des Zertifizierungsvertrages der DGNB, lautet deshalb auch: **110**

---

[50] Für DGNB Stand 07/2016 abrufbar https://static.dgnb.de/fileadmin/_archiv/de/dgnb_system/zertifizierung/Muster_Zertifizierungsvertrag_NBV15.pdf, zuletzt abgerufen am 12.12.2023.

Kapitel 2
Green Building: Was ist das?

111 *Ergebnis dieser Bewertung ist ein Zertifikat, das aktuell von der DGNB GmbH in den Auszeichnungsstufen „Platin", „Gold" und „Silber" verliehen wird. Das Zertifikat enthält keine Bestätigung, dass das Projekt tatsächlich im Einklang mit den vom Antragsteller zur Zertifizierung eingereichten Unterlagen realisiert worden ist und genutzt wird. Das Zertifikat ersetzt auch keine behördlichen Genehmigungen/Abnahmen. Es beruht vielmehr auf der Eigenerklärung des Antragstellers, dass das Projekt in Übereinstimmung mit den eingereichten Unterlagen errichtet worden ist und genutzt wird, was bei Bedarf mit Hilfe von vom Antragsteller Beauftragten mit ausreichender fachlicher Expertise sicherzustellen ist.*

112 *§ 10 Haftung der DGNB GmbH lautet:*
10.1 Im Falle leichter und einfacher Fahrlässigkeit ist bei der Verletzung wesentlicher Vertragspflichten die Haftung der DGNB GmbH auf den vertragstypischen, vernünftigerweise vorhersehbaren Schaden begrenzt. Im Übrigen haftet die DGNB GmbH für vorsätzlich oder grob fahrlässig herbeigeführte Schäden ihrer Erfüllungsgehilfen (z. B. Konformitätsprüfer), Organe oder gesetzlichen Vertreter.

113 *10.2 Die DGNB GmbH haftet nicht für die vom Antragsteller beauftragten DGNB Auditoren. Die DGNB Auditoren sind auch nicht als Erfüllungsgehilfen und auf sonstige Weise der DGNB GmbH zuzurechnen. Die DGNB GmbH wird jedoch dem Antragsteller Mitteilung machen, falls die (ausreichende) Zulassung des DGNB Auditors vor Abschluss des Zertifizierungsprozesses wegfallen sollte.*

114 *Die DGNB GmbH haftet auch nicht für die Übereinstimmung der tatsächlichen Realisierung des Projekts mit den bei ihr zur Prüfung eingereichten Projektunterlagen. Die DGNB GmbH vertraut insoweit vielmehr allein auf die Erklärung des Antragstellers bzw. des vom Antragsteller bevollmächtigten DGNB Auditors, wonach eine solche Übereinstimmung besteht. Insoweit wird dem Antragsteller anheimgestellt, die Übereinstimmung auf andere Weise, z. B. im Rahmen der Fachplanung bzw. Bauüberwachung, sicherstellen zu lassen.*

115 *Die DGNB GmbH haftet ferner nicht dafür, dass sie sich in bestimmter Weise qualitativ von etwaigen anderen Zertifizierungssystemen, die sich mit der Nachhaltigkeit von Immobilien beschäftigen, unterscheidet. Das verliehene DGNB Zertifikat ersetzt ferner keine baulichen und behördlichen Abnahmen, insbesondere solche nicht, die Sicherheitsaspekten dienen.*

116 *10.3 Die in Ziffer 10.1 beschriebenen Haftungsausschlüsse und Haftungsbegrenzungen gelten nicht im Falle einer Verletzung von Leben, Körper oder Gesundheit. Im Falle nicht vorhersehbarer Schäden sind Haftungsansprüche auf den Vergütungswert (vgl. Ziffer 8.1) begrenzt.*

117 Es ist somit möglich, dass eine Zertifizierung ausgesprochen wird, obwohl die Systemvoraussetzungen des erteilten Zertifikats tatsächlich nicht vorliegen. Wird der Zertifizierungsstelle die Abweichung

D. Green-Building Zertifizierung **Kapitel 2**

nachträglich bekannt, kann sie das Zertifikat widerrufen, wenn das Zertifikat bei Kenntnis der Abweichungen nicht oder jedenfalls nicht in dieser Weise erteilt worden wäre.

§ 3.1 Abs. 3 des Zertifizierungsvertrages der DGNB lautet: 118

Der DGNB GmbH steht es darüber hinaus frei, die Verleihung eines Zertifikats zu widerrufen, wenn und soweit ihr Umstände bekannt werden, wonach das Zertifikat nicht oder nicht in der konkreten Weise hätte erteilt werden dürfen. Dies gilt insbesondere, falls sich nachträglich herausstellen sollte, dass das Projekt nicht im Einklang mit den zur Konformitätsprüfung Vertrag Nr. XXX eingereichten Unterlagen erstellt worden ist bzw. genutzt wird. Der Widerruf eines Zertifikats erfolgt durch schriftliche Mitteilung gegenüber dem Antragsteller; die DGNB GmbH behält sich ferner vor, über den Widerruf auch auf ihrer Webseite oder im Wege anderer Veröffentlichungen zu informieren. Dem Antragsteller werden mit Zugang des Widerrufs jedwede im Zusammenhang mit der Verleihung des Zertifikats übertragenen Rechte entzogen.

3. Klärung der Auslegung von Systemanforderungen

Die Zertifizierungsstelle entscheidend über die Erteilung des 119 Green-Building Zertifikats. Widerspruchsmöglichkeiten, wie bei der Ablehnung einer Baugenehmigung, sind gegen die Entscheidung einer privaten Stelle nicht möglich. Vielmehr sehen die Musterverträge ein Schiedsgutachten für technische und architektonische Fragestellungen[51] und ansonsten zivilgerichtliche Verfahren am Sitz der Zertifizierungsstelle vor. Nicht alle Zertifizierungsverträge unterliegen deutschem Recht. Da wie gezeigt regelmäßig nur der Bauherr einen Vertrag mit der Zertifizierungsstelle abschließt, kann zudem auch nur er gegen Entscheidungen der Zertifizierungsstelle überhaupt gerichtliche Schritte einleiten.

Wie dargelegt bezieht sich die Konformitätsprüfung für ein 120 Green-Building Zertifikat je nach Nutzerprofil und Auszeichnungsstufe auf verschiedene Nachhaltigkeitskriterien und Unterkriterien, deren technische Bedeutung aus den veröffentlichten Unterlagen nicht immer zweifelsfrei zu ermitteln ist. Es kann daher vorkommen, dass Bauherr, Planer und ausführende Unternehmen Systemanforderungen anders interpretieren als die Zertifizierungsstelle oder jedenfalls Auslegungsspielräume bestehen. Auch hier gilt, dass möglichst frühzeitig Klarheit geschaffen werden sollte und Auslegungsspielräume jedenfalls vor dem eigentlichen Baubeginn, am besten schon in der Phase der Vertragsverhandlungen begrenzt werden sollten. Denn Auslegungs-

---

[51] § 13.3. Musterzertifizierungsvertrag DGNB.

Kapitel 2 Green Building: Was ist das?

spielräume führen zu Diskussionen und damit zu Verzögerungen und Projektmehrkosten (zunächst völlig unabhängig davon, wer diese Kosten am Ende trägt).

121 Unterschiedliche Interpretationen werden v. a. dann zu einem Problem, wenn das Bauunternehmen bei einem Pauschalpreis mit bestimmten Leistungen kalkuliert hat oder das Bauwerk schon errichtet ist. Der wohl schlimmste Fall ist, wenn die Zertifizierungsstelle im Rahmen ihrer Konformitätsprüfung auf ihrer Auslegung besteht und deshalb das beantragte Green-Building Zertifikat nicht erteilen will und Änderungen verlangt. Der vorgesehene Zeitplan und das vorgesehene Budget sind dann Makulatur, wenn es sich bei den Änderungen nicht nur um Kleinigkeiten handelt.

122 Deshalb gilt auch hier: Bauunternehmen kann nur geraten wird, Zweifelsfragen möglichst frühzeitig gegenüber dem Bauherrn anzuzeigen, um diesem die Möglichkeit zu geben über den Auditor von der Zertifizierungsstelle Klarheit zu schaffen. Die Anmeldung von Hinweisen und Bedenken nach § 4 Abs. 3 VOB/B sollte dabei möglichst dokumentiert erfolgen und so eindeutig sein, dass der Bauherr auf dieser Grundlage beurteilen kann, ob und welche Aussagen er von der Zertifizierungsstelle benötigt.[52]

4. Bewertung der Rolle der Zertifizierungsstelle

123 Die Kosten für eine Zertifizierung der DGNB können beträchtlich sein und bei größeren Projekten durchaus einen sechsstelligen Betrag ausmachen. Hier stellt sich die Frage, ob eine solche Gebühr gerechtfertigt ist, wenn gleichzeitig der wesentliche Teil der Tätigkeit im Rahmen der Zertifizierung vom Auditor erbracht wird, der gesondert zu bezahlen ist. Zudem stellt sich für jeden Bauherrn bei solchen Kosten die Frage, ob das Geld nicht besser in eine höherwertige Ausführung investiert wird, auch weil die Zertifizierung lediglich eine Momentaufnahme und die tatsächliche Nutzung nicht Teil der Prüfung ist.

124 Neben diesen inhaltlichen Punkten, ist auch zu überlegen, ob Zertifizierungen durch private Unternehmen sinnvoll sind oder diese Aufgabe auf (halb)staatliche Stellen oder Beliehene übertragen werden sollte. Das BNB hat für private Bauherrn u. a. die Bundesarchitekten- und Bundesingenieurkammer aber auch private Anbieter anerkannt.[53]

---

[52] Siehe allgemein zur Bedenkenanmeldung Kapitel 3.V.
[53] https://www.bnb-nachhaltigesbauen.de/austausch/weitere-ansprechpartner/, zuletzt abgerufen am 12.12.2023.

D. Green-Building Zertifizierung **Kapitel 2**

Angesichts der Überlastung der Baubehörden ist es ausgeschlossen ihnen diese Aufgabe zuzuweisen. Da es bei den Zertifizierungen auch nicht um die Prüfung von sicherheitsrelevanten Themen geht, ist eine Übertragung auf staatliche Stellen oder Beliehene nach meiner Einschätzung auch nicht sinnvoll. Sollten Zertifizierungsstellen ihre Position auf längere Zeit fehlerhaft ausüben, wird es zu einem Vertrauensverlust in diese Zertifizierungen kommen.

III. Neuer Beteiligter: Auditor/Nachhaltigkeitskoordinator

Ohne Beauftragung eines Auditors oder Nachhaltigkeitskoordinators wird ein Green-Building Zertifikat der DGNB oder BNB nicht erteilt. Ähnlich muss beim BREEAM-Verfahren ein sog. DE/AT/CH-Auditor[54] beauftragt werden. Die Einschaltung eines sog. Accredited Professional ist bei LEED dagegen fakultativ. Da der größte Teil der Green-Building Zertifizierungen in Deutschland somit die Einschaltung eines Auditors voraussetzen, ist es für ein Verständnis von Green Building erforderlich, die Rolle und Verantwortlichkeiten des Auditors zu verstehen. **125**

Auditoren sind Experten für das Planen und Bauen nachhaltiger Gebäude, in der Regel Architekten oder Bauingenieure mit einer Zusatzausbildung. Nach den Vorgaben der Standardverträge der meisten Zertifizierungsstellen müssen Bauherren einen von der jeweiligen Zertifizierungsstelle zertifizierten Auditor beauftragen, da nur dieser berechtigt, dass Projekt zur Konformitätsprüfung einzureichen.[55] **126**

Auditoren sind dabei nicht mit Green-Building Consultants, ESG-Professionals oder ESG-Managern zu verwechseln. Im aktuellen Markt existieren eine Vielzahl von Zusatzausbildungen und Positionsbeschreibungen, die unterschiedliche Zusatzausbildungen und Prüfungen voraussetzen. Im Zweifel ist mit der Zertifizierungsstelle vorab zu klären, dass die vorgesehene Person den Antrag zur Konformitätsprüfung auch einreichen darf. **127**

Der Auditor begleitet und dokumentiert das Projekt entsprechend der Systemvorgabe der jeweiligen Zertifizierungsstelle für die einschlägige Nutzungsart und Auszeichnungsstufe und reicht es zur Vorzertifizierung oder Zertifizierung ein. Zu Beginn soll er einen Pre- **128**

---

[54] https://breeam.de/breeam-rollen/, zuletzt abgerufen am 12.12.2023.
[55] https://www.dgnb.de/de/zertifizierung/weg-zum-dgnb-zertifikat/experten-fuer-ihr-projekt-finden, zuletzt abgerufen am 12.12.2023.

Kapitel 2 Green Building: Was ist das?

Check für das geplante Bauvorhaben erstellen, um zu prüfen, wie das Projekt im Gesamtsystem abschneidet und welche Green-Building Zertifizierung realistisch erreichbar ist. Im Anschluss werden dann die gewünschte Auszeichnungsstufe (Silber, Gold oder Platin) sowie die dazu erforderlichen Maßnahmen festgelegt. Projektbegleitend tritt der Auditor beratend auf, wenn es um die im Zertifizierungsprozess notwendigen Schritte geht.

129 Er unterstützt und begleitet die anderen Beteiligten von der Anmeldung über die Zertifizierung bis zur Verleihung des Green-Building Zertifikats[56]. Vertraglich gibt es allerdings keine Beziehungen zwischen Zertifizierungsstelle und Auditor.

130 In aller Regel ist der Auditor auch nicht bevollmächtigt, den Bauherrn im Verhältnis zu den anderen Beteiligten, insbesondere den ausführenden Unternehmen zu vertreten.[57] Seine Rolle tritt hier noch hinter diejenige des bauüberwachenden Architekten zurück, für den eine Vollmacht zur Anordnung von vergütungspflichtigen Zusatzleistungen ebenfalls in aller Regel verneint wird. Nur wenn der Bauherr dem Auditor eine Vollmacht erteilt, sei es durch Erklärung gegenüber Dritten (sog. Außenvollmacht) oder durch ausdrückliche Ermächtigung gegenüber dem Auditor (sog. Innenvollmacht), können die anderen Beteiligten davon ausgehen, dass der Auditor auch für den Bauherrn spricht. Bauunternehmen sollten hier vorsichtig sein und sich im Zweifel die Bevollmächtigung des Auditors und deren Umfang vom eigenen Auftraggeber in nachweisbarer Form bestätigen lassen. Näheres zur Vollmacht ist im Kapitel 1 Angebot und Vertragsschluss dargestellt.

1. Leistungsbild

131 Das Leistungsbild des Auditors ähnelt zwar auf dem ersten Blick demjenigen des Planers, im Detail unterscheiden sich die Pflichten aber erheblich. Da es aber – schon aufgrund der ähnlichen beruflichen Ausbildung und häufigen Doppelqualifikation (Fach-)Planer/Auditor – Überschneidungen der Leistungspflichten gibt, ist eine exakte Pflichtenzuweisung in den verschiedenen Verträgen besonders wichtig.

132 Die HOAI enthält keine Grundleistungen im Hinblick auf Zertifizierungssysteme. Anlage 10 zur HOAI, die die Grundleistungen und

---

[56] https://www.dgnb.de/de/zertifizierung/weg-zum-dgnb-zertifikat/experten-fuer-ihr-projekt-finden, zuletzt abgerufen am 12.12.2023.
[57] Dressel, Nachhaltiges Bauen – Herausforderungen in Planerverträgen, NZBau 2021, 224; Mösle/Lambertz/Altenschmidt/Ingenhoven, Rn. 1020.

D. Green-Building Zertifizierung **Kapitel 2**

Besonderen Leistungen sowie Objektlisten im Leistungsbild Gebäude und Innenräume enthält, erwähnt Zertifizierungssysteme an mehreren Stellen als Besondere Leistungen, allerdings nur zu einem sehr frühen Leistungszeitpunkt, der oftmals überhaupt nicht beauftragt wird, nämlich in der als Leistungsphase 1 bezeichneten Grundlagenermittlung und der Leistungsphase 2, der Vorplanung.

LPH 1 (Grundlagenermittlung)

– Zusammenstellen der Anforderungen aus Zertifizierungssystemen

LPH 2 (Vorplanung)

– Beachten der Anforderungen des vereinbarten Zertifizierungssystems
– Durchführen des Zertifizierungssystems
  (Ergänzen der Vorplanungsunterlagen auf Grund besonderer Anforderungen)

Als besondere Leistungen werden Zertifizierungssysteme zudem bei der Fachplanerleistungen der Bauphysik in Anlage 1 zu § 3 HOAI unter Ziffer 1.2.2 (2) erwähnt. Hier zwar auch in den späteren Leistungsphasen 4 (Entwurfsplanung) und 9 (Objektbetreuung), nicht aber in den zentralen Bereichen der Ausführungsplanung (LPH 5), Auftragsvergabe (LPH 6 und 7) und besonders der Ausführung und damit verbundenen Objektüberwachung (LPH 8). **133**

LPH 1(Grundlagenermittlung)

– Mitwirken bei Vorgaben für Zertifizierungen

LPH 4 (Genehmigungsplanung):

– Mitwirken bei Vorkontrollen in Zertifizierungsprozessen

LPH 9 (Objektbetreuung)

– Mitwirken bei Audits in Zertifizierungsprozessen.

Was Grund der Erwähnung als besondere Leistungen in den frühen Leistungsphasen in Anlage 10 und überhaupt in Anlage 1 ist, ergibt sich aus der Verordnungsbegründung nicht. Zum Teil wird vermutet, dass die HOAI den Fall regeln wollten, dass der Objektplaner gleichzeitig als Auditor beauftragt wird und die später notwendigen Leistungen zur Erlangung der Zertifizierung, ohne zusätzliche Vergütung, miterbringt.[58] **134**

Ob diese Vermutung korrekt ist, kann mangels irgendwelcher Anhaltspunkte in der Begründung zur HOAI nicht ermittelt werden. **135**

---

[58] Mösle/Lambertz/Altenschmidt/Ingenhoven, Rn. 1019.

Kapitel 2 Green Building: Was ist das?

Unstreitig entsprechen solche Überlegungen des Verordnungsgebers aber nicht dem tatsächlichen Ablauf. Gerade das Zusammenstellen der Unterlagen für die Konformitätsprüfung und deren Begleitung, die regemäßig erst am Ende der Bauphase, also der Leistungsphase 8 der Objektplanung, erfolgen, sind mit hohem Aufwand verbunden, der zusätzlich zu vergüten ist.

136 Es ist beim Auditor also nicht möglich den Leistungsinhalt aus der HOAI zu bestimmen. Der Begriff des Auditors wird in der HOAI nicht erwähnt. Auch ein einheitliches Leistungsbild existiert dort nicht, wie nicht zuletzt die Zuweisung mancher Tätigkeiten an Objektplaner und Fachplaner Bauphysik zeigen. Auch außerhalb der HOAI gibt es keine anerkannte Definition, welche Leistungen der Auditor – mit Ausnahme der Erstellung und Einreichung der Unterlagen für die Konformitätsprüfung – erbringen muss, insbesondere in welchem Umfang er überwacht, dass Leistungen geplant, ausgeschrieben, beauftragt und umgesetzt werden, die den einschlägigen Systemvorgaben entsprechen. Es handelt sich dabei um eine Rolle, die bisher – außerhalb von Verträgen – nur in den Mustern der Zertifizierungsstellen vorgesehen ist.

137 Insgesamt ist deshalb dringend zu raten, einen schriftlichen Auditorenvertrag zu erstellen und die vom Auditor zu erbringenden Leistungen möglichst konkret zu regeln, insbesondere inwieweit er auch die Prüfung von Planung und Bauausführung der anderen Beteiligten und deren Beratung schuldet. Dabei sollten jedenfalls Regelungen zu den konkret geschuldeten Leistungen, zum Fertigstellungszeitpunkt, zu Vergütung, Sicherheiten, Abnahme, Haftung und Versicherung getroffen werden. Dies setzt zwingend voraus, dass Bauherr und Auditor vor Vertragsschluss darüber sprechen und sich einigen, welche Leistungen geschuldet sind. Damit können auch das Risiko von Auseinandersetzungen während der Vertragsdurchführung und damit Streit und damit verbundene Kosten reduziert werden.

138 Ein Verweis auf die HOAI, wie sie bei anderen Architekten- und Ingenieurleistungen üblich ist, genügt hier nicht.

139 Ähnlich wie der Architekten- und Ingenieurvertrag, wird auch der Auditorenvertrag typischerweise in verschiedene Leistungsphasen unterteilt. Begonnen wird mit einem sog. „Pre-Check/ Pre-Assesment", in dem der Auditor nach Abstimmungsterminen mit den anderen Beteiligten (zu diesem Zeitpunkt insbesondere Bauherr und Objektplaner) eine Einschätzung abgibt, ob und welcher Auszeichnungsgrad bei dem geplanten Objekt erreichbar ist. Bei der DGNB ist nach dem Leistungsbild für die Auditoren somit möglich, dass dem Auditor einzelne Planungs- und/oder Bauüberwachungsleistungen anstelle

D. Green-Building Zertifizierung **Kapitel 2**

des Objekts- oder Fachplaners übertragen werden. Bei BREEAM soll der Auditor dagegen keine vom ihm erstellten Unterlagen auditieren. Eine Personenidentität von Objektplaner und Auditor ist damit nicht möglich. Nach dem Mustervertrag von BREEAM erklärt der Bauherr nämlich

dass er weder von der vorgesehenen Assessor-/Auditorganisation, noch von **140** *dem vorgesehenen Assessor/Auditor, noch von TÜV SÜD NSO BREEAM D-A-CH bezüglich des zu zertifizierenden Objektes oder bezüglich des Aufbaus eines Managementsystems Beratungsleistungen erhalten hat.*[59]

Danach beginnt die eigentliche Planung. Schon in einem frühen **141** Projektstadium kann, gegen zusätzliche Gebühren, ein sog. Vorzertifikat beantragt und erteilt werden. Es soll v. a. der besseren Vermarktbarkeit des Projekts dienen.[60]

Aufgabe des Auditors ist es, den Auftraggeber beim Zertifizie- **142** rungsprozess zu begleiten und zu unterstützen. Konkreter bedeutet dies, dass er Auftraggeber und Planer und in späteren Projektphasen auch die beauftragten Bauunternehmen bei der Planung unterstützt, damit im Ergebnis mit der Planung die angestrebte Green-Building Zertifizierung erreicht werden kann, alle notwendigen Schritte und Dokumentationen im Zertifizierungsprozess gemacht werden und Optimierungspotentiale ausgeschöpft werden, die die Perfomance und Qualität des Bauvorhabens verbessern.[61]

Neben Hinweis- und Beratungspflichten gehört es zu den Auf- **143** gaben des Auditors, eine Bewertung der Planungsleistungen vorzunehmen. Bewertet wird, ob Planungsleistungen für die angestrebte Green-Building Zertifizierung ausreichen bzw. geeignet sind und wo Änderungs- und Verbesserungsmöglichkeiten bestehen.

Außerdem kann dem Auditor die Aufgabe übertragen werden zu **144** prüfen, ob die zur Ausschreibung vorgesehenen Bauleistungen im Hinblick auf die Systemvorgaben des angestrebten Green-Building Zertifikats ausreichend sind oder mangelhaft, so dass das angestrebte Zertifikat dadurch nicht zu erreichen ist.[62] Falls erforderlich hat er darauf hinzuwirken, dass Ausschreibungen angepasst werden. In den

---

[59] Zertifizierungsvereinbarung Stand 05/2022 abrufbar unter https://breeam.de/breeam/zertifizierungssysteme/neubau/, zuletzt abgerufen am 12.12.2023.
[60] LEISTUNGSBILD DGNB AUDITOR https://www.dgnb.de/filestorages/Downloads_unprotected/dokumente/dgnb_leistungsbild_auditoren_gesamt_final.pdf, zuletzt abgerufen am 12.12.2023.
[61] Fn. 60 S. 3.
[62] Fn. 60, S. 3.

Kapitel 2 Green Building: Was ist das?

Mustern der Zertifizierungsstelle ist diese Leistung als optionale Leistung vorgesehen.[63]

145 In der Bauphase ist es seine Aufgabe den Zertifizierungsprozess zu koordinieren und Ansprechpartner für alle Beteiligten im Hinblick auf Fragen zur Zertifizierung zu sein. Ob und in welchem Umfang ihn eine Pflicht trifft zu prüfen, ob die einschlägigen Systemvorgaben auch tatsächlich umgesetzt werden, ist nicht vollständig geklärt und hängt maßgeblich von der vertraglichen Einordnung des Auditorenvertrages und den konkreten vertraglichen Vereinbarungen ab.

146 Gegen Ende oder nach Abschluss der Bauphase[64] ist es Aufgabe des Auditors die für die Prüfung durch die Zertifizierungsstelle notwendigen Unterlagen einzureichen.

147 Die Darstellung der verschiedenen Leistungsphasen der Auditorentätigkeit zeigt, dass beim Auditorenvertrag, wie bei sonstigen Planerverträgen auch, eine stufenweise Beauftragung der Leistung sinnvoll sein kann. Für den Bauherrn hat dies den großen Vorteil, dass er den Vertrag nicht mit der Folge der Vergütungspflicht nach § 648 BGB frei kündigen muss, falls er sich zu irgendeinem Zeitpunkt im Projekt z.B. aus Kostengründen, gegen eine Fortführung des Zertifizierungsprozesses entscheidet.[65]

2. Auditorenvertrag

148 Anders als für den Vertrag mit der Zertifizierungsstelle, gibt es keine veröffentlichten Musterauditorenverträge. Da es sich zudem um einen Vertragstyp handelt, für den sich weder in der Praxis noch in der Rechtsprechung belastbare übliche Regelungen herausgebildet haben, ist Sorgfalt bei der Vertragsgestaltung und überhaupt die Erstellung eines schriftlichen Vertrages besonders wichtig. Insbesondere wird die konkrete Vertragsgestaltung und deren Umsetzung darüber (mit-) entscheiden, ob der Auditorenvertrag als Architekten- und Ingenieurvertrag nach §§ 650p ff. BGB, als Dienstvertrag oder als gemischter Vertrag angesehen wird. Dies hat Auswirkungen sowohl für die Haftung des Auditors als auch für eine mögliche Einordnung als Gesamtschuldner z.B. nach § 650t BGB mit den anderen Beteiligten, insbesondere den planenden und überwachenden Architekten und Ingenieuren und den ausführenden Unternehmen. Während beim Dienstvertrag lediglich die Erbringung konkret vereinbarter Leistungen geschuldet ist, wird beim Werkvertrag oder Architekten-

---

[63] Fn. 60, S. 3.
[64] Siehe Ziffer 4.1.4 des Musterzertifizierungsvertrages der DGNB.
[65] Mösle/Lambertz/Altenschmidt/Ingenhoven, Rn. 1005.

D. Green-Building Zertifizierung Kapitel 2

und Ingenieurvertrag ein bestimmter Erfolg geschuldet. Auch die Haftungsregime von Dienstvertrag einerseits und Architekten- und Ingenieurvertrag andererseits unterscheiden sich wesentlich.

§ 650p Vertragstypische Pflichten aus Architekten- und Ingenieurverträgen 149

(1) Durch einen Architekten- oder Ingenieurvertrag wird der Unternehmer verpflichtet, die Leistungen zu erbringen, die nach dem jeweiligen Stand der Planung und Ausführung des Bauwerks oder der Außenanlage erforderlich sind, um die zwischen den Parteien vereinbarten Planungs- und Überwachungsziele zu erreichen. 150

(2) Soweit wesentliche Planungs- und Überwachungsziele noch nicht vereinbart sind, hat der Unternehmer zunächst eine Planungsgrundlage zur Ermittlung dieser Ziele zu erstellen. Er legt dem Besteller die Planungsgrundlage zusammen mit einer Kosteneinschätzung für das Vorhaben zur Zustimmung vor. 151

§ 650t Gesamtschuldnerische Haftung mit dem bauausführenden Unternehmer 152

Nimmt der Besteller den Unternehmer wegen eines Überwachungsfehlers in Anspruch, der zu einem Mangel an dem Bauwerk oder an der Außenanlage geführt hat, kann der Unternehmer die Leistung verweigern, wenn auch der ausführende Bauunternehmer für den Mangel haftet und der Besteller dem bauausführenden Unternehmer noch nicht erfolglos eine angemessene Frist zur Nacherfüllung bestimmt hat. 153

§§ 650p ff. BGB definieren nicht, wann ein Architekten- oder Ingenieurvertrag vorliegt. Der BGH[66] hat zum Honorarrecht der HOAI entschieden, dass der Begriff leistungsbezogen und nicht personenbezogen zu verstehen ist. Es kommt somit nicht darauf an, ob eine Person tätig ist, die sich, berechtigterweise, als Architekt oder Ingenieur bezeichnet oder bezeichnen darf. Entscheidend ist vielmehr, ob tatsächlich Architekten- oder Ingenieurleistungen erbracht werden. Da sich weder im Text des BGB noch in der Gesetzesbegründung Ausführungen dazu finden, wie der Begriff verstanden werden soll, wird allgemein davon ausgegangen, dass für das BGB dieselbe Auslegung wie für die HOAI gelten soll.[67] Diese Einigkeit unter Juristen 154

---

[66] BGH, Urt. v. 22.5.1997 – VII ZR 290/95, NJW 1997, 2329 = BeckRS 1997, 4449 = IBR 1997, 287 (RA Dr. Alfons Schulze-Hagen, Mannheim) = IBRRS 2000, 0548.

[67] BeckOK BGB/Voit BGB § 650p Rn. 5; BeckOK BauvertrR/Fuchs § 650p Rn. 32; OLG Celle, Urt. v. 1.4.2020 – 14 U 185/19 = NJW-RR 2020, 844 = NZBau 2020, 515 = BeckRS 2020, 6547.

Kapitel 2 — Green Building: Was ist das?

hilft praktisch allerdings nur begrenzt weiter, da weder im BGB noch in der HOAI definiert ist, was unter Architekten- und Ingenieurleistungen zu verstehen ist. Nicht jede Tätigkeit eines Architekten oder Ingenieurs fällt unter § 650p Abs. 1 BGB. Nach dem Wortlaut des § 650p BGB ist es vielmehr erforderlich, dass Leistungen erbracht werden, die ein Planungsziel oder ein Überwachungsziel für ein Bauwerk oder eine Außenanlage erreichen sollen. Bei den in der HOAI geregelten anlagendefinierten Leistungsbildern dürfte dies regelmäßig der Fall sein. Ein Leistungsbild „Auditorenleistungen" existiert aber wie gezeigt nicht. Im Leistungsbild Objektplanung Gebäude und Innenräume (Anlage 10) sind die Beachtung der Anforderungen des vereinbarten Zertifizierungssystems und deren Durchführung allerdings wie bereits ausgeführt als besondere Leistungen der LPH 1 und 2 vorgesehen. In späteren Leistungsphasen sind Zertifizierungssysteme nicht mehr erwähnt. Im Leistungsbild Bauphysik in Ziffer 1.2 der Anlage 1 zu § 3 HOAI, der weitere Fachplanungs- und Beratungsleistungen benennt, ist die Mitwirkung bei Zertifizierungen in den LPH 1, 4 und 9 als besondere Leistungen erwähnt. Allerdings sind die Aufzählungen der besonderen Leistungen nach § 3 Abs. 2 S. 2 HOAI nicht abschließend.

155 Die Erwähnung von Zertifizierungssystemen in den besonderen Leistungen der Anlagen 1 und 10 der HOAI ist bestenfalls ein Indiz für die Einordnung der Leistungen des Auditors als Architekten- und Ingenieurleistung. Die rechtliche Einordnung dürfte vielmehr, ähnlich wie bei einem „Energieberater"[68] davon abhängen, welche Leistungen der Auditor tatsächlich erbringt und vertraglich verspricht.

156 Bleibt es bei bloßen Beratungsleistungen im Vorfeld der Zertifizierung, aber ohne Auftrag zur Erlangung der Zertifizierung, mag man dies als Dienstvertrag oder entgeltliche Geschäftsbesorgung einordnen.[69] Diese Fälle dürften aber sowohl aus tatsächlicher als auch aus rechtlicher Sicht nicht diejenigen sein, die von besonderem Interesse sind.

157 Interessant sind diejenigen Fälle, in den der Auditor mit dem Ziel eingeschaltet und tätig wird, eine konkrete Green-Building Zertifizierung zu erhalten und diejenigen Tätigkeiten vorzunehmen, die erforderlich ist, damit die Zertifizierungsstelle das Zertifikat auch erteilt. Damit gehört es regelmäßig auch zu seinen Aufgaben, die Planung und Ausführung darauf zu prüfen, ob das angestrebte Green-Building

---

[68] Dazu richtig OLG Düsseldorf, Urt. v. 8.10.2021 – 22 U 66/21, NZM 2022, 667.
[69] Rn. 60 S. 10.

D. Green-Building Zertifizierung **Kapitel 2**

Zertifikat damit erreichbar ist. Wie vertieft seine Prüfung erfolgen muss und ob es sich lediglich um eine Plausibilitätsprüfung[70] handelt, wird möglicherweise für seinen Haftungsanteil eine Rolle spielen, nicht aber für die vertragliche Einordnung. Bei der Übernahme der kompletten oben genannten Leistungspflichten liegt ein (Fach-)Ingenieurvertrag im Sinne des § 650p BGB vor, da die Erreichung eines konkreten Nachhaltigkeitsstandards, und nicht nur die Erlangung des Zertifikats, Planungs- und Überwachungsziel seiner Leistung ist[71].

Sollte der Auditor darüber hinaus Leistungen übernehmen, die ty- **158** pischerweise von Fachingenieuren erbracht werden, wie das Aufstellen und Berechnen von Lebenszykluskosten[72] nach der Anlage 11.1 der HOAI, so sind diese ebenfalls als Ingenieurleistungen einzuordnen.

3. (gesamtschuldnerische) Haftung

Aus der Einordnung des Auditorenvertrages als Architekten- und **159** Ingenieurvertrag nach § 650p BGB folgt auch dessen Erfolgshaftung gegenüber seinem Auftraggeber. Insoweit dürften im Verhältnis zu anderen Architekten- und Ingenieuren auch für die Vertragsgestaltung keine Besonderheiten geltend. Dies gilt auch für die Haftungsbeschränkung auf mögliche Versicherungssummen. Ist im Auditorenvertrag vereinbart, dass die Erfüllung der Systemanforderungen einer bestimmten Zertifizierung ebenso geschuldet ist, wie die Erbringung der notwendigen Auditorenleistungen im Rahmen der Antragstellung und Konformitätsprüfung, haftet der Auditor gegenüber seinem Auftraggeber, wenn er diese Leistungen nicht erbringt. Auch er schuldet aber nicht die Zertifikatserteilung an sich, da er darauf keinen Einfluss hat.

Werden die Zertifizierungsvoraussetzungen deshalb nicht erfüllt, **160** weil tatsächlich die Systemvoraussetzungen des angestrebten Zertifikats nicht vorliegen, haftet der Auditor nach der hier vertretenen Auffassung nicht, wenn die Planung oder Ausführung ohne sein Wissen und geändert wurden und er dies im Rahmen seiner Pflichten nicht erkennen konnte.[73] Gerade bei Änderungen in der Ausführungsphase wird eine Erkennbarkeit häufig nicht vorliegen, da der Auditor regelmäßig nicht mit der Objektüberwachung beauftragt ist.

---

[70] Rn. 60 S. 11.
[71] So auch Mösle/Lambertz/Altenschmidt/Ingenhoven, Rn. 7; Dressel: Nachhaltiges Bauen – Herausforderungen in Planerverträgen.
[72] Korbion/Mantscheff/Vygen/Korbion, 9. Aufl. 2016, HOAI § 39 Rn. 42.
[73] So auch Mösle/Lambertz/Altenschmidt/Ingenhoven, Rn. 1047.

Kapitel 2 Green Building: Was ist das?

161 Für die anderen Baubeteiligten, insbesondere auch Bauunternehmen, ist dagegen primär die Frage interessant, ob auch mit dem Auditor eine gesamtschuldnerische Haftung bestehen kann.

162 §650t BGB setzt eine gesamtschuldnerische Haftung zwischen bauüberwachendem Planer und ausführendem Unternehmer voraus, die zuvor in der Rechtsprechung bereits anerkannt war. Voraussetzung der Norm ist das Zusammentreffen eines Ausführungsfehlers des Bauunternehmens mit einem Überwachungsfehler des Architekten/ Ingenieurs.

163 Aber was heißt das für den Auditor? Auch für den Fachplaner ist anerkannt, dass ein Gesamtschuldverhältnis nach §650t BGB mit dem ausführenden Unternehmen bestehen kann. Entscheidend für die Anwendbarkeit der Norm ist somit, dass der Auditor mit der Bauüberwachung beauftragt war. Dies hängt von den konkreten vertraglichen Vereinbarungen im Auditorenvertrag ab. Anders als beim Objekt- oder Fachplaner der technischen Gebäudeausrüstung, wird dem Auditor die Objektüberwachung aber nicht im Regelfall übertragen sein. Baustellenbesuche sind üblicherweise nur als optionale Positionen vorgesehen und erfolgen normalerweise zur Abklärung von Fragen anderer Beteiligter zur Green-Building Zertifizierung, nicht zur Objektüberwachung.

164 Nach der Rechtsprechung haften allerdings – unabhängig von §650t BGB – auch der planende Architekt und der Bauunternehmer dem Auftraggeber für einen von ihnen verursachten Mangel als Gesamtschuldner[74]. Dies gilt auch für den Fachplaner. Anders als z.B. der Fachplaner im Leistungsbild technische Gebäudeausrüstung ist der Auditor regelmäßig nicht mit der Entwurfs- oder Ausführungsplanung beauftragt, sondern (nur) damit, die Objektplaner und Fachplaner bei ihren Planungen in Bezug auf Systemvorgaben zu unterstützen und zu kontrollieren. Gerade für diese Systemvorgaben der angestrebten Green-Building Zertifizierung verfügt er aber über eine besondere Fachkompetenz und ist genau deshalb im Projekt als zusätzlicher Beteiligter tätig. Damit er diese Kontrollfunktion sinnvoll ausüben kann sollten Auditor und Objekt- oder Fachplaner auch nicht personenidentisch sein.[75]

---

[74] BGH, Urt. v. 7.3.2002 – VII ZR 1/00, NJW 2002, 3543 = NZBau 2002, 571 = ZfBR 2002, 767 ◊ WM 2003 Heft 1, 29 = BeckRS 2002, 6562 = IBRRS 2002, 0994.
[75] So auch Mösle/Lambertz/Altenschmidt/Ingenhoven, Rn.8.

D. Green-Building Zertifizierung **Kapitel 2**

Liegen die Planungsfehler also in den Systemvorgaben, spricht ei- 165
niges dafür, dass der Auditor insoweit Gesamtschuldner[76] ist, für die
Planung im Übrigen dagegen nicht.

4. Mitverschulden

Fehler des Auditors bei der Prüfung der Entwurfs- und Ausführungs- 166
planung können einen Mitverschuldenseinwand des Bauunternehmers
gegen den Bauherrn dagegen ebenso rechtfertigen, wie bei einem anderen (Fach-)Planer. Auditoren sind gerade aufgrund ihrer besonderen
Kenntnisse im Hinblick auf die Systemanforderungen der angestrebten
Zertifizierung beauftragt.[77] Den Auftraggeber trifft die Obliegenheit
eine mangelfreie Planung zur Verfügung zu stellen. Für ein Mitverschulden genügt eine Obliegenheitsverletzung des Auftraggebers, eine
Pflichtverletzung ist nicht erforderlich.

IV. Grüner Vertrag

Auch mit grünen Bauprojekten sind potenzielle Herausforderungen und 167
Haftungsrisiken verbunden. Eine auch bei diesen Projekten wirksamste
Strategie zur Risikominimierung und Risikovermeidung besteht darin, die Risiken vorab zu besprechen, ein gemeinsames Verständnis zu
finden und dieses gemeinsame Verständnis in den diversen Verträgen,
die zwischen den Projektbeteiligten abgeschlossen werden, zu regeln.
Dabei sollte speziell für grüne Verträge möglichst klar definiert werden, welche konkreten Nachhaltigkeitsziele mit dem Projekt erreicht
werden sollen und welcher der Projektbeteiligten welche Rollen übernehmen, Erwartungen erfüllen und Verantwortlichkeiten übernehmen
soll. Soll ein bestimmtes Green-Building Zertifikat erreicht werden?
Sollen „nur" die Systemvoraussetzungen eines bestimmten Green-Building Zertifikats erreicht werden? Oder ist Ziel die Erreichung von
Einzelzielen, wie die Verwendung bestimmter nachhaltiger Materialien
oder die Erreichung eines konkreten KfW-Standards?

Außerdem sollten mit dem Projekt aufgrund der Nachhaltigkeit 168
ggfs. verbundenen besonderen Risiken, wie Verzögerungen wegen
Nichtlieferbarkeit des neuen Bauprodukts, erhöhter Abstimmungsaufwand wegen Einbindung neuer Beteiligter und Berücksichtigung
neuer (System-)Anforderungen, Warten auf die Zertifizierung, etc
zugwiesen werden. Dabei sollten sich die Parteien von dem Prinzip

---

[76] So auch Mösle/Lambertz/Altenschmidt/Ingenhoven, Rn. 9.
[77] So auch Mösle/Lambertz/Altenschmidt/Ingenhoven, Rn. 1048.

Kapitel 2 Green Building: Was ist das?

leiten lassen, solche Risiken dem Beteiligten zuzuweisen, der am besten in der Lage ist, das konkrete Risiko zu kontrollieren und zu vermindern und die Folgen beim Eintritt dieser Risiken geregelt werden. Die Risiken sollten zudem bei der Termin- und Budgetplanung berücksichtigt werden.

169 Dabei zeigt die Erfahrung aus bisherigen grünen Bauprojekten, dass es durchaus notwendig ist, die aktuellen Standardverträge anzupassen, sei es durch Verwendung weiterer besonderer (grüner) Vertragsbedingungen, sei es durch Anpassungen an den relevanten Stellen des Vertrages.

1. Vereinbarung eines objektiven grünen Standards

170 Ein Bauvertrag, der die Errichtung eines „grünen Gebäudes" oder eines „Gebäudes, das nachhaltig errichtet und genutzt werden kann" vorsieht, ist aus juristischer Sicht unzureichend, mehrdeutig und deshalb nicht durchsetzbar, es sei denn, der Vertrag definiert an anderer Stelle, was er unten einem „grünen Gebäude" oder einem „Gebäude, das nachhaltig errichtet und genutzt werden kann" versteht.

171 Da die Einhaltung eines bestimmten Nachhaltigkeitsstandards aktuell weder die vertragliche vorausgesetzte noch die gewöhnliche Verwendung des Bauobjekts nach §§ 633 Abs. 2 S. 3 BGB (hierzu näher unter Kapitel 4, VII.4) einschränkt, ist es erforderlich eine Beschaffenheitsvereinbarung nach § 633 Abs. 2 S. 1 BGB zu treffen, damit durchsetzbare Ansprüche bestehen. Zwar kann eine Beschaffenheitsvereinbarung auch konkludent getroffen werden. Dann müssen aber aus den Umständen des Vertragsschlusses Rückschlüsse auf die konkret geschuldete Beschaffenheit möglich sein. Bei Bauverträgen wird dabei angenommen, dass regemäßig auch ohne konkrete Vereinbarung ein Mindeststandard geschuldet wird, der den anerkannten Regeln der Technik entspricht.[78] Existieren aber, wie bei Vereinbarungen zur Nachhaltigkeit regelmäßig (noch) keine allgemein anerkannten Regeln der Technik (hierzu näher unter Kapitel 4, VII.5), liegt fast immer auch keine konkludente Beschaffenheitsvereinbarung vor. Ausnahmen können sich aus der Verwendung bestimmter Begriffe ergeben, wobei Voraussetzung ist, dass diese hinreichend definiert sind.[79] Ob dies der Fall ist, entscheiden im Streitfall Richter unter Hinzuziehung von Sachverständigen mit vorab nicht vorhersehbarem Ausgang.

---

[78] MüKoBGB/Busche, § 633 Rn. 17.
[79] Kniffka/Jurgeleit, ibr-online-Kommentar Bauvertragsrecht, Stand 19.10.2023, § 648 Rdn. 58.

D. Green-Building Zertifizierung **Kapitel 2**

Auch eine Bezugnahme auf den Stand der Technik, der erreicht ist, **172** wenn die Wirksamkeit fortschrittlicher, vergleichbarer Verfahren in der Betriebspraxis zuverlässig nachgewiesen werden kann,[80] und der damit über die allgemein anerkannten Regeln der Technik hinausgeht, hilft in aller Regel nicht weiter, da dieser nur sehr schwer bis gar nicht bestimmbar ist, auch unter Einbeziehung von Sachverständigen nicht. Die Vorgaben zum Beispiel in Landesbauordnungen und dem GEG regeln Nachhaltigkeitsaspekte für einzelne Leistungen, nicht aber für ein Bauvorhaben insgesamt.

Zusammenfassend ist es deshalb in diesem Bereich dringend ge- **173** boten eine ausdrückliche Beschaffenheitsvereinbarung zu treffen und diese vertraglich zu konkretisieren. Ziel der Vereinbarung eines objektiven grünen Standards sollte es daher sein, Auslegungsspielräume so gering wie möglich zu halten und durch Austausch der Standpunkte vor Vertragsschluss mögliche unterschiedliche Interpretation frühzeitig aufzudecken und ein gemeinsames Verständnis zu finden. Da der vereinbarte objektive grüne Standard das „Bausoll" und „Leistungssoll" des Auftragnehmers (mit-)definiert, können Gespräche hierzu niemals „verlorene Zeit" oder „unnötig" sei. Denn fehlende Klarheit bedeutet auch hier Auslegungsfähigkeit und ein Ergebnis, dass jedenfalls einer Partei nicht gefällt.

Eine Definition des Begriffs der Beschaffenheit existiert, auch **174** durch die Rechtsprechung, bisher nicht. Zur Annahme einer Beschaffenheitsvereinbarung muss, ggf. durch Auslegung nach §§ 133, 157 BGB[81], ermittelt werden, dass die Parteien sich darauf geeinigt haben, dass dem Werk bestimmte, konkret ermittelbare Eigenschaften anhaften sollen. Eine konkrete Beschreibung wird als Indiz für eine Beschaffenheitsvereinbarung gewertet, wie, dass der Besteller erkennbar großen Wert auf die Einhaltung dieser Beschreibung legt.[82] Bloße Anpreisungen des Unternehmers genügen dazu regelmäßig nicht.

Deshalb genügen auch Begriffe wie energieeffizient, nachhaltig, **175** ressourcenschonend oder ähnliches mangels fehlender Konkretisierung nicht zur Annahme einer Beschaffenheitsvereinbarung. Zum ersten Begriff hat das OLG Dresden[83] entschieden, dass kein Baumangel vorliegt, wenn im Vertrag (dort über eine Parans-Solar-Tageslicht-

---

[80] Vgl. § 3 Abs. 6 BImschG.
[81] Siehe dazu Kapitel 1.A.I.5.
[82] BGH, Urt. v. 17.5.1994 – X ZR 39/93, NJW-RR 1994, 1134 = FHZivR 40 Nr. 1931 (Ls.) = IBRRS 2000, 0377.
[83] OLG Dresden, Urt. v. 9.11.2017 – 8 U 518/17, BeckRS 2017, 165059 = IBR 2020, 3144.

Kapitel 2   Green Building: Was ist das?

anlage) vereinbart ist, dass das Projekt dem Grundsatz der Zweckmäßigkeit und größtmöglichen Wirtschaftlichkeit auch hinsichtlich der späteren Unterhalts- und Betriebskosten entsprechen müsse und anschließend bestimmte Energieeffizienzen (der Auftraggeber hatte gefordert, dass die Anlage jedenfalls weniger Energie verbrauche als eine herkömmliche Anlage) nicht erreicht werden. Notwendig wäre gewesen, dass eine bestimmte Energieeffizienz oder Energieeinsparnis im Vertag vereinbart war oder jedenfalls sich aus dem Vertrag hätte ergeben müssen, dass eine konkrete Energieeffizienz ein maßgebliches Vertragsziel sei.

176   Demgegenüber genügt die Vereinbarung eines bestimmten KfW Standards für ein Gebäude, im konkreten Fall KfW 40, dafür, dass das gesamte Gebäude diesem KfW Standard entsprechen muss, auch wenn sich das Vertragsangebot aus diversen Einzelpositionen zusammensetzt, die nur teilweise auf den KfW Standard Bezug genommen haben[84]. Die KfW Bezeichnungen, wie KfW-40, 55, 70, 85 oder 100 beziehen sich nach ihrer Verwendung auf das Gesamtgebäude und nicht nur auf einzelne Gebäudebestandteile. Da die Erreichung von KfW Standards für den Erwerber eine zunehmende Bedeutung hat und sowohl für den Wiederverkaufswert als auch für mögliche Förderungen relevant ist, handele es sich um einen ausreichend klar definierten Begriff.

177   Sollen nachhaltige Einzelmaßnahmen, wie die Verwendung bestimmter Bauprodukte, zB energieeffizienter Leuchtmittel oder bestimmter Heizungen, geschuldet sein, sind diese in der Leistungsbeschreibung ausdrücklich zu nennen. Wird der Bauvertrag, wie noch üblich, erst nach Abschluss der Ausführungsplanung auf Grundlage eines detaillierter Leistungsverzeichnisses abgeschlossen, haben die beauftragten Planer bei ordnungsgemäßer Aufstellung der Leistungsverzeichnisse diese Leistungen berücksichtigt.

178   Ob der Verweis auf (Platin-, Gold-, Silber-, Bronze-) Standards konkret benannter Zertifizierungsstellen und Nutzungsarten für eine Beschaffenheitsvereinbarung ausreicht ist bisher nicht gerichtlich entschieden. Da für die Green-Building Zertifizierung nur die Erreichung bestimmter Prozentwerte, unterteilt in Mindesterfüllungsgrad für die einzelnen Kriterien (ökologische Qualität, ökonomische Qualität, soziokulturelle und funktionale Qualität, technische Qualität, Prozessqualität und Standortqualität mit jeweils einer Vielzahl von Unterkriterien) und Gesamterfüllungsgrad vorgegeben sind, kann aus der Vereinbarung eines bestimmten Standards einer konkret benannten Zertifizierungsstelle nicht ermittelt werden, welche konkreten

---

[84] OLG München, Urt. v. 19.7.2021 – 28 U 1262/21, BeckRS 2021, 43430.

D. Green-Building Zertifizierung Kapitel 2

Planungs- und Bauleistungen geschuldet werden.[85] Allerdings wird mit solchen Standards der Leistungserfolg konkret beschrieben, lediglich der Weg dorthin wird nicht exakt festgelegt.

179 Klassischerweise werden solche Leistungsbeschreibungen als funktionale Leistungsbeschreibung oder Leistungsbeschreibung mit Leistungsprogramm[86] bezeichnet.

180 Da in der Baupraxis funktionale Leistungsbeschreibungen aber üblich und anerkannt sind und ihre Zulässigkeit auch bei öffentlichen Bauvorhaben nach §7c VOB/A unter bestimmten Voraussetzungen möglich ist, sollte auch durch die Vereinbarung eines bestimmten Zertifizierungsstandards eine Beschaffenheitsvereinbarung getroffen werden können.

181 Wie bei allen funktionalen Leistungsbeschreibungen obliegt aber dann dem ausführenden Auftragnehmer ein wesentlicher Teil der Planung. Er hat die Möglichkeit besondere Kenntnisse und Erfahrungen einzubringen. Der Auftragnehmer bestimmt auch selbst, welche Leistungen er konkret erbringt. Solange der vereinbarte Werkerfolg, hier Errichtung eines Bauwerks, dass den Systemanforderungen des vereinbarten Green-Building Zertifikats der vereinbarten Leistungsstufe, erreicht wird, ist die Leistung mangelfrei. Der Auftraggeber kann also dann auch nicht verlangen, dass bestimmte Leistungen erbracht werden.

182 Ist dem Auftraggeber die Erbringung bestimmter Leistungen aus bestimmten Nachhaltigkeitskriterien besonders wichtig, z.B. besonders niedriger Betriebskosten in der Nutzungsphase, muss deren Erbringung vertraglich ausdrücklich vereinbart werden. Regelmäßig legt der Auftraggeber auf bestimmte Leistungen besonderen Wert legen. Damit er hierzu konkrete und später auch durchsetzbare Leistungsanforderungen aufstellen kann, muss der Auftraggeber sich aber bereits vertieft mit den technischen Anforderungen des Projekts befasst hat.

183 Bei Einzelgewerkvergabe und vorheriger Einschaltung eines Objektplaners, ist es nach dem aktuell noch üblichen Ablauf naheliegend, dass den ausführenden Auftragnehmern entsprechende konkrete Vorgaben im Leistungsverzeichnis gemacht werden.

184 Bei Beauftragung des Auftragnehmers auch mit den Planungsleistungen oder auf Grundlage eines frühen Planungsstandes werden detaillierte Anforderungen in Bezug auf einzelne Systemanforderungen aber eher die Ausnahme bleiben, da die Planung zum Zeitpunkt der Beauftragung in aller Regel nicht ausreichend konkretisiert ist.

---

[85] Dressel, Nachhaltiges Bauen – Herausforderungen in Planerverträgen, NZBau 2021, 224.
[86] §7c VOB/A.

Kapitel 2 Green Building: Was ist das?

185 Kommt es, bei der Vereinbarung eines angestrebten Green-Building Zertifizierungsstandards zu Änderungswünschen des Auditors, hat das ausführende Unternehmen diese mit seinem Auftraggeber abzuklären. Hier ist noch einmal zu erwähnen, dass der Auditor zur Anordnung einer Änderung in aller Regel nicht bevollmächtigt ist, insbesondere nicht, wenn daraus Zusatzvergütungsansprüche des ausführenden Unternehmens oder sonstige Folgen für den Bauablauf abgeleitet werden können.

186 Beschaffenheitsvereinbarungen zu Green-Building Zertifizierungen können im Wiederspruch mit anderen Anforderungen an das Bauwerk stehen. In aller Regel stellt die Erreichung der Green-Building Zertifizierung nicht die einzige geschuldete Beschaffenheit dar. Vielmehr werden daneben Kosten- und Terminziele als vertragliche Beschaffenheit vereinbart oder eine konkrete Qualität der geschuldeten Leistung. Wie bei anderen Zielkonflikten auch, ist es in diesem Fall die Pflicht des Auftragnehmers auf den Zielkonflikt hinzuweisen, also Bedenken anzumelden und eine Entscheidung des Auftraggebers herbeizuführen. Nicht der Auftragnehmer, sondern der Auftraggeber entscheidet, welches Ziel ihm im Konfliktfall wichtiger ist. Da das Thema Bedenkenanmeldung regelmäßig in der Bauphase selbst eine besondere Relevanz hat, wird es im Kapitel – Die Baustelle näher erläutert.

2. Qualifikationen der Beteiligten

187 Wie bei anderen Bauprojekten auch, ist der wahrscheinlich wichtigste Faktor für den Erfolg auch einen grünen Bauprojekts, dass der Auftraggeber die richtigen Partner für das Projekt beauftragt.

188 Bei grünen Bauprojekten spielt dabei die Qualifikation und Erfahrung mit grünen Projekten eine besondere Rolle.

189 Auch das Thema Kooperation, Kommunikation und Gesprächsführung spielen eine erhebliche Rolle. Dies gilt allerdings für alle Bauprojekte, weshalb sie im Kapitel – Ideen und Denkanstöße für die Unternehmensleitung näher erörtert werden.

190 Anders als bei klassischen Bauprojekten kann nicht bei jedem langjährig tätigem Fachunternehmen die Qualifikation für grüne Bauprojekte vermutet werden. Der Nachweis der Qualifikation, insbesondere durch Referenzen, aber auch einschlägige Zusatzqualifikation, sollte vor jedem Vertragsschluss erfolgen und auch überprüft werden.

191 Zudem sollte vertraglich vereinbart werden, dass die für die Auftragsausführung wichtigen Personen bei den ausführenden Unternehmen über die notwendigen Qualifikationen verfügen und auch nur durch gleich qualifizierte Personen ersetzt werden können. Dem

D. Green-Building Zertifizierung **Kapitel 2**

Auftraggeber eines grünen Bauprojekts hilft es nichts, wenn zwar das vom ihm beauftragte Unternehmen bereits grüne Bauprojekte erfolgreich umgesetzt hat, die in seinem Projekt eingesetzten Personen damit aber keine Erfahrung haben.

3. Leistungen der Baubeteiligten

Die Abgrenzung der Leistungspflichten der verschiedenen am Bau **192** Beteiligten, einschließlich des Auftraggebers, ist bereits bei klassischen Projekten schwierig und ein Hauptgrund für Auseinandersetzungen, Nachträge und Bauzeitverzögerungen. Bei grünen Projekten wird die Situation durch die Einbeziehung neuer, jedenfalls in dieser Funktion unbekannter Beteiligter (Auditor, Zertifizierungsstelle) nicht einfacher, weil es keine Rechtsprechung dazu gibt, welcher Projektbeteiligter welche Leistung zu erbringen haben und wie sich deren Leistungspflichten auf die Leistungspflichten der anderen Beteiligten auswirken.

Die Leistungspflichten und besonders deren Abgrenzung sollte **193** deshalb in den Verträgen so exakt wie möglich beschrieben werden. Dabei wird es unvermeidbar sein, dass eine vertragliche Beschreibung nicht alle denkbaren Schnittstellen erfasst. Deshalb darauf zu verzichten, ist aber der falsche Weg. Zudem zeigt die Erfahrung, dass allein eine Befassung mit den typischen Schnittstellen bei Projektbeginn dazu führt, dass die damit verbundenen Probleme geringer werden. Vertragliche Vereinbarungen zu diesen Themen, die auf vorherigen Absprachen der Beteiligten gründen und ein bei Vertragsschluss vorhandenes gemeinsames Verständnis wiedergeben, führen zu einer tatsächlichen Verbindlichkeit auch für nicht ausdrücklich geregelte Fälle.

Dabei sollte die Abgrenzung von der Prämisse ausgehen, dass die **194** Leistungspflicht bei demjenigen liegt, der tatsächlich den größten Einfluss auf ihre Erfüllung hat. Besonders für die Abgrenzung der Leistungen der verschiedenen ausführenden Gewerke auf der Baustelle, aber auch der (Fach-)planer untereinander und zum Auftraggeber wird dieses Kriterium in Verträgen häufig zu wenig berücksichtigt. Ohne ausdrückliche vertragliche Regelung führt die Rechtsprechung des Bundesgerichtshofs zur gesamtschuldnerischen Haftung, die sich nicht zuletzt auch in Regelungen wir §§ 650p BGB und § 4 Abs. 3 VOB/B wiederfindet, dazu, dass viele Beteiligte gemeinsam haften. Diese für den Auftraggeber regelmäßig günstige Situation, führt auf Unternehmerseite dazu, dass diese für Mängel und Insolvenzrisiken anderer Unternehmen verantwortlich sind, auch wenn sie, wie sehr häufig, keinen Einfluss auf die Auswahl dieser anderen Unternehmen hatten.

Kapitel 3
Der Einkauf

A. Die Normen

Im Zusammenhang mit den für den Einkauf relevanten Normen ist **195** zunächst noch einmal darauf hinzuweisen, dass Kauf- und Werkverträge zwei völlig unterschiedliche juristische Werkzeuge bieten.[87] Der Ablauf bestimmt den Inhalt: Beim Kaufvertrag ist die Erfüllungsphase sehr kurz und besteht aus der Bestellung und der Lieferung/Übergabe. Und schon beginnt die Zeit der Mangelhaftung. Der Schwerpunkt der Beziehung liegt nicht auf einer längerfristigen, persönlichen Zusammenarbeit, sondern auf dem Erhalt eines möglichst mangelfreien Gegenstands. Auch streitige Diskussionen zwischen den Kaufvertragsparteien sind daher schwerpunktmäßig im Bereich der Mangelhaftungsphase zu lokalisieren, vom Moment des Erwerbs aus gesehen also in der Zukunft.

Beim Werkvertrag dagegen arbeiten die Vertragsparteien wochen-, **196** monate- oder sogar jahrelang zusammen, bis die Abnahme erfolgt und damit die Mangelhaftungsphase beginnt. Sie sind in der Erfüllungsphase in hohem Maße aufeinander angewiesen, Kooperation und Partnerschaftlichkeit sind wesentliche Eckpfeiler ihres beiderseitigen wirtschaftlichen Erfolgs. Hinzu kommt, dass bei einem Bauprojekt in der Regel mehrere Beteiligte eine Rolle spielen (Auftraggeber, Auftragnehmer, Planer, Projektsteuerer etc).[88] Das macht es nochmal komplizierter als beim Kaufvertrag, an dem unmittelbar und mittelbar oft nur zwei Parteien, nämlich Käufer und Verkäufer, beteiligt sind. Die einschlägigen BGB-Normen verdeutlichen, worum es geht und worauf es ankommt:

---

[87] Vgl. dazu BeckOK BGB/Voit BGB §631 Rn. 2; Stoltefuß, Rn. 109 ff.
[88] S. Stoltefuß, Rn. 111.

Kapitel 3 Der Einkauf

I. Abgrenzung Kaufvertrag / Werkvertrag

1. § 631 BGB Vertragstypische Pflichten beim Werkvertrag

197 (1) Durch den Werkvertrag wird der Unternehmer zur Herstellung des versprochenen Werkes, der Besteller zur Entrichtung der vereinbarten Vergütung verpflichtet.

198 (2) Gegenstand des Werkvertrags kann sowohl die Herstellung oder Veränderung einer Sache als auch ein anderer durch Arbeit oder Dienstleistung herbeizuführender Erfolg sein.

199 Der Werkvertrag bezieht sich also auf die „Herstellung" eines Werks; sein Schwerpunkt liegt nicht auf der mit dem Warenumsatz verbundenen Übertragung von Eigentum und Besitz, sondern auf der Herstellung eines den Vorgaben des geschlossenen Vertrags entsprechenden, funktionstauglichen Werks.[89]

2. § 650a BGB Bauvertrag

200 (1) Ein Bauvertrag ist ein Vertrag über die Herstellung, die Wiederherstellung, die Beseitigung oder den Umbau eines Bauwerks, einer Außenanlage oder eines Teils davon. Für den Bauvertrag gelten ergänzend die folgenden Vorschriften dieses Kapitels.

201 (2) Ein Vertrag über die Instandhaltung eines Bauwerks ist ein Bauvertrag, wenn das Werk für die Konstruktion, den Bestand oder den bestimmungsgemäßen Gebrauch von wesentlicher Bedeutung ist.

202 Der Bauvertrag ist ebenfalls ein Werkvertrag, sozusagen eine seiner „Unterkategorien". Für ihn gelten also die speziell vom Gesetzgeber konzipierten Regeln der §§ 650a BGB ff., aber auch, ergänzend und soweit die Bestimmungen zum Bauvertrag nicht greifen, die allgemeinen Vorschriften des Werkvertragsrechts, §§ 631 ff. BGB. Dies betrifft beispielsweise die Regelungen zu Abschlagszahlungen, § 632a BGB, Sach- und Rechtsmängel sowie die Rechte des Bestellers bei Mängeln, §§ 633 und 634 BGB, die Abnahme, § 640 BGB, und die Fälligkeit der Vergütung, § 641 BGB. Die Spezialregeln der §§ 650a BGB ff. dagegen greifen Themen auf, die bis zur Reform des Bauvertragsrechts[90] zwar teilweise und ähnlich in der VOB/B enthalten waren, nicht aber im Werkvertragsrecht des BGB. Da die VOB/B nur dann Anwendung findet, wenn ihre Geltung zwischen den Vertragsparteien wirksam vereinbart wurde, waren im Falle ihrer fehlenden

---

[89] BeckOK BGB/Faust BGB § 433 Rn. 17 mit Hinweis auf BGH, Urt. v. 30.8.2018 – VII ZR 243/17, NJW 2018, 3380 Rn. 25 f. = NZBau 2018, 666 = ZfBR 2018, 777.

[90] Das „neue" Bauvertragsrecht gilt seit dem 01.01.2018.

A. Die Normen **Kapitel 3**

Vereinbarung Themen wie Anordnungsrechte des Bestellers, § 650b BGB[91] und die darauf beruhende Vergütungsanpassung, § 650c BGB, nicht explizit geregelt.[92]

3. § 433 BGB Vertragstypische Pflichten beim Kaufvertrag

(1) Durch den Kaufvertrag wird der Verkäufer einer Sache verpflichtet, dem Käufer die Sache zu übergeben und das Eigentum an der Sache zu verschaffen. Der Verkäufer hat dem Käufer die Sache frei von Sach- und Rechtsmängeln zu verschaffen. 203

(2) Der Käufer ist verpflichtet, dem Verkäufer den vereinbarten Kaufpreis zu zahlen und die gekaufte Sache abzunehmen. 204

Es geht dabei also um eine Sache, zu deren Übergabe und Eigentumsverschaffung der Verkäufer verpflichtet ist. Für den Material- bzw. Nachunternehmereinkauf ist nun entscheidend, dass die Regeln für beide Rechtsverhältnisse in wesentlichen Punkten voneinander abweichen. Für den Einkauf ist dabei zum Beispiel interessant, dass der Werkunternehmer im Falle von Mängeln das Recht hat, das mangelhafte Werk nachzubessern und es nicht unbedingt durch ein neues Werk ersetzen zu müssen, § 635 Abs. 1 BGB. Im Kaufvertragsrecht dagegen hat der Käufer die Wahl, ob er Beseitigung des Mangels oder Lieferung einer mangelfreien Sache verlangt, § 439 BGB. Je nach Gewerk, für das der Kaufgegenstand benötigt wird, kann das extrem wichtig sein, ob es nun um den Kauf von Kupferkabeln, Rohrleitungen oder IT-Equipment geht. Beispiele für weitere Unterschiede hinsichtlich der Kaufvertragsregeln betreffen das Sicherungsbedürfnis des Auftragnehmers beim Werkvertrag (zB durch Eintragung einer Sicherungshypothek, § 650e BGB, oder durch das Verlangen nach Sicherheitsleistung, § 650f BGB) und unterschiedliche Verjährungsregeln. Über solche Unterschiede müssen sich sowohl der Einkauf als auch das Projektteam bewusst sein, wenn sie souverän mit den unterschiedlichen Vertragsformen umgehen wollen. Zum Beispiel kann die Kenntnis unterschiedlicher Verjährungsdauern beim Kaufgegenstand (wird der gekaufte Gegenstand nicht entsprechend seiner üblichen Verwendungsweise für ein Bauwerk verwendet, verjähren Mängelansprüche im Regelfall in nur zwei Jahren, § 438 Abs. 1 Nr. 3 BGB!) und im Werkvertrag (egal, ob nach BGB, VOB/B oder Vertrag: im Regelfall deutlich länger!) den Einkauf in die Lage versetzen, zumindest zu versuchen, die „Lücke" in 205

---

[91] Zum darin enthaltenen institutionalisierten Konfliktmanagement Stoltefuß, Rn. 275 ff.
[92] Eine instruktive Darstellung der Bauverträge im weiteren Sinne findet sich bei Kleine-Möller/Merl/Glöckner/Krug, § 1 Rn. 3.

Kapitel 3 Der Einkauf

der Verjährungsdauer zwischen Materialeinkauf und Werkvertragshaftung durch vertragliche Vereinbarungen im Kaufvertrag zu verkleinern oder jedenfalls im Bewusstsein der Problematik zu agieren.

206 Zur Abrundung: Ein auf längere Zeit angelegter Wartungsvertrag ist in der Regel als Werkvertrag zu qualifizieren[93], während ein Projektsteuerungsvertrag je nach Ausgestaltung Dienst- oder Werkvertrag sein kann[94].

II. § 377 HBG: Die Pflicht zur unverzüglichen Untersuchung und Rüge

207 Die Regelung des § 377 HGB ist für den Einkauf (wenn die Ware beispielsweise direkt an das Unternehmen geliefert wird) und die Bau- bzw. Projektleitung (wenn die Ware direkt auf die Baustelle geliefert wird) von größter Bedeutung in der Praxis. Sie lautet:

208 (1) Ist der Kauf für beide Teile ein Handelsgeschäft, so hat der Käufer die Ware unverzüglich nach der Ablieferung durch den Verkäufer, soweit dies nach ordnungsmäßigem Geschäftsgange tunlich ist, zu untersuchen und, wenn sich ein Mangel zeigt, dem Verkäufer unverzüglich Anzeige zu machen.

209 (2) Unterlässt der Käufer die Anzeige, so gilt die Ware als genehmigt, es sei denn, dass es sich um einen Mangel handelt, der bei der Untersuchung nicht erkennbar war.

210 (3) Zeigt sich später ein solcher Mangel, so muss die Anzeige unverzüglich nach der Entdeckung gemacht werden; anderenfalls gilt die Ware auch in Ansehung dieses Mangels als genehmigt.

211 (4) Zur Erhaltung der Rechte des Käufers genügt die rechtzeitige Absendung der Anzeige.

212 (5) Hat der Verkäufer den Mangel arglistig verschwiegen, so kann er sich auf diese Vorschriften nicht berufen.

213 Mängel im Sinne des § 377 HGB sind zunächst sog. „offene" Mängel; dazu gehören

– dem Käufer bekannte Mängel

– erkennbare Mängel, die sogar ohne Untersuchung der Ware erkannt werden können oder von einem sorgfältigen Kaufmann hätten erkannt werden können und

---

[93] BeckOK BGB/Voit BGB § 631 Rn. 44 mit Hinweis auf BGH, Urt. v. 4.3.2010 – III ZR 79/09, NJW 2010, 1449 (1451) = IBRRS 2010, 1079 = BeckRS 2010, 7495.
[94] BeckOK BGB/Voit BGB § 631 Rn. 38.

A. Die Normen **Kapitel 3**

– Mängel, die mittels einer im ordnungsgemäßen Geschäftsgang tunlichen Untersuchung nach Ablieferung entdeckt werden oder hätten entdeckt werden können.[95]

Wer § 377 HGB ignoriert, verliert (zumindest im Regelfall) seine **214** Rechte. Liegt ein beidseitiges Handelsgeschäft vor (das ist der Fall, wenn beide Vertragsparteien Kaufleute sind; das wiederum ist gemäß § 1 Abs. 1und 2 HGB zu bejahen, wenn beide Seiten ein Handelsgewerbe betreiben[96]), ist § 377 HGB unbedingt zu beachten. Angelieferte Ware ist unverzüglich zu untersuchen, festgestellte Mängel sind unverzüglich zu rügen. Erfahrungsgemäß ist der Umgang damit in der Praxis durch vielfältige Unzulänglichkeiten geprägt. Ist § 377 HGB überhaupt bekannt – was häufig nicht der Fall ist -, bleibt es oft beim „guten Vorsatz", ihn zu beachten. Das liegt nicht am Unwillen und erst recht nicht an der Unfähigkeit der Beteiligten, insbesondere der Einkaufsverantwortlichen oder der Bau- bzw. Projektleiter, sondern daran, dass das Thema der Pflicht zur unverzüglichen Untersuchung und gegebenenfalls Rüge allzu oft im Alltagsstress untergeht.

Hier hilft die verbindliche Definition eines Prozesses, also insbe- **215** sondere die Festlegung, wer (möglichst namentlich) für die Entgegennahme der Ware zuständig ist und wie dann das weitere Procedere abzulaufen hat. So wird es von Ware zu Ware unterschiedlich sein, wer fachlich am besten zur Untersuchung in der Lage ist und ob eine Person dafür überhaupt ausreichend ist. Außerdem ist je nach Branche und Gewerk festzulegen, wie die Untersuchung überhaupt zu erfolgen hat. Dies gilt allerdings nur, wenn der Prozess an dieser Stelle wirklich verallgemeinert werden kann. Grundsätzlich bestimmen sich die Anforderungen an die Untersuchung nämlich im jeweiligen Einzelfall. Gemäß der Rechtsprechung ist dabei zu prüfen, welche Maßnahmen zumutbar sind.[97] Muss die Ware komplett ausgepackt werden? Oder genügen ausnahmsweise Stichproben? Hier sollte man es sich als Käufer auf keinen Fall zu einfach machen. Entscheidend ist nicht, welche subjektiven Fähigkeiten und Kenntnisse der Käufer hat, sondern die objektive Sachlage bestimmt. Es hat eine Interessensabwägung zwischen Käufer und Verkäufer stattzufinden; der Verkäufer hat das Interesse, sich nicht längere Zeit nach der Ablieferung nur schwer feststellbaren Gewährleistungsrechten ausgesetzt zu sehen,

---

[95] So Koller/Kindler/Drüen/Roth/Huber HGB § 377 Rn. 8.
[96] Vgl. dazu und zu weiteren Einzelheiten zum § 377 HGB Stoltefuß, Rn. 114 ff.
[97] BGH, Urt. v. 24.2.2016 – VIII ZR 38/15, NJW 2016, 2645 = ZfBR 2016, 564 = IBRRS 2016, 0858.

während aus Käufersicht die Anforderungen an eine ordnungsgemäße Untersuchung nicht überspannt werden dürfen.[98] Zu fragen ist, was von einem branchentypischen und eben nicht von diesem speziellen Käufer zu erwarten ist.[99]

216 Das Ergebnis der Untersuchung[100] sollte dokumentiert werden. Für den Fall, dass ein Mangel festgestellt wird, ist im Prozess festzulegen, wer dann für die – ebenfalls unverzügliche! – Rüge und das Controlling der Antwort des Verkäufers zuständig ist.

217 Wie auch immer der Prozess im Einzelnen ausgestaltet ist, schon seine bloße Existenz und Verbindlichkeit wird dazu beitragen, das Thema dauerhaft im Bewusstsein der Verantwortlichen zu verankern und hilft damit zugleich, Unsicherheiten zu vermeiden.

218 Zu beachten ist insbesondere auch die Bestimmung in § 377 Abs. 3 HGB. Die Pflicht zur unverzüglichen Rüge gilt auch dann, wenn sich ein Mangel „später" „zeigt". Der Prozess darf sich also nicht auf den Zeitpunkt der Anlieferung beschränken, sondern regelt im Idealfall auch, was durch wen zu erfolgen hat, wenn die Anlieferung längst beendet ist und die Ware in den Bauablauf integriert wurde. Der Käufer muss die Ware zwar nicht fortlaufend untersuchen; entsteht aber ein Verdacht der Mangelhaftigkeit, ist diesem mit einer angemessenen Untersuchung nachzugehen.[101]

219 Wichtig: Ein „Mangel" im Sinne von § 377 Abs. 3 HGB kann nur zu bejahen sein, wenn er (bzw seine Ursache) schon bei Ablieferung/ Übergabe vorgelegen hat! Hier sind die gleichen Überlegungen wie bei der Frage, was denn eigentlich ein Gewährleistungsmangel ist, anzustellen. Die Übergabe beim Kaufvertrag entspricht der Abnahme beim Werkvertrag: Die Erfüllungsphase ist beendet, die Gewährleistungsphase beginnt, mit dem Unterschied, dass die Erfüllungsphase beim Kaufvertrag eben im Regelfall sehr kurz ist, beim Werkvertrag jedoch buchstäblich Jahre dauern kann, jedoch mit der Gemeinsamkeit, dass Mängel in beiden Fällen ja nicht erst während der Gewährleistungsphase entstehen können. Die Ware ist übergeben, das Werk ist abgenommen. Abgesehen von der Gewährleistungsverpflichtung hat der Werkunternehmer/der Verkäufer nichts mehr mit der Sache/ der Werkleistung zu tun, er kann nicht mehr kontrollieren oder beeinflussen, was damit geschieht. Also **muss** der Mangel schon bei

---

[98] So BGH, Urt. v. 24.2.2016 – VIII ZR 38/15, NJW 2016, 2645, Fn. 51.
[99] Vgl. Koller/Kindler/Drüen/Roth/Huber HGB § 377 Rn. 8a.
[100] Zu Einzelheiten der Untersuchung instruktiv Koller/Kindler/Drüen/ Roth/Huber HGB § 377 Rn. 8b.
[101] Koller/Kindler/Drüen/Roth/Huber HGB § 377 Rn. 9.

A. Die Normen

Abnahme/Übergabe angelegt gewesen sein. Ein späteres „Entstehen" reicht nicht. Der Wortlaut des § 13 Abs. 5 Nr. 1 VOB/B bringt es für die Werkleistung auf den Punkt: Der Mangel entsteht nicht, sondern er „tritt während der Verjährungsfrist hervor".

Der oben beschriebene, interne Prozess sollte auch berücksichtigen, dass Untersuchung und Rüge „unverzüglich" zu erfolgen haben und der Käufer insoweit die Beweislast trägt. Auch und gerade in diesem Zusammenhang gilt, dass man die in der Praxis in allen möglichen Zusammenhängen immer wieder auftauchende Frist von „14 Tagen" vergessen sollte. Ist die angemessene Frist bei Mängelrügen zumindest einzelfallabhängig, wird der Handlungsdruck durch das Erfordernis der Unverzüglichkeit nochmals deutlich erhöht. Die in 121 BGB insoweit enthaltene Definition lautet: „Ohne schuldhaftes Zögern": Sind damit dann alle Unsicherheiten geklärt? Natürlich nicht. Abschließende Rechtssicherheit für alle jemals auftretenden Fälle und Varianten kann von der Rechtsprechung nicht erwartet werden; vielleicht sind ein bis zwei Tage in Ordnung[102], aber man sollte versuchen, „unverzüglich" im Sinne von „sofort" zu verstehen und sich nicht mit möglicherweise nicht wirklich stichhaltigen Argumenten auf eine Diskussion mit dem Gericht einlassen, ob drei Tage nicht vielleicht auch noch ausreichen. Oder fünf. Zehn Tage reichen jedenfalls nicht.[103] Der Prozess sollte sicherstellen, dass Zuständigkeiten und Ressourcen so klar und ausreichend sind, dass – natürlich je nach Uhrzeit – möglichst noch am selben Tag untersucht bzw. gerügt werden kann.

Kapitel 3

220

III. Die Bürgenhaftung

1. § 14 AEntG Haftung des Auftraggebers

Ein Unternehmer, der einen anderen Unternehmer mit der Erbringung von Werk- oder Dienstleistungen beauftragt, haftet für die Verpflichtungen dieses Unternehmers, eines Nachunternehmers oder eines von dem Unternehmer oder einem Nachunternehmer beauftragten Verleihers zur Zahlung des Mindestentgelts an Arbeitnehmer oder Arbeitnehmerinnen oder zur Zahlung von Beiträgen an eine gemeinsame Einrichtung der Tarifvertragsparteien nach § 8 wie ein Bürge, der auf die Einrede der Vorausklage verzichtet hat. Das Min-

221

---

[102] Vgl. dazu OLG Koblenz, Urt. v. 24.6.2004 – 2 U 39/04, NJW-RR 2004, 1553 = BeckRS 2004, 6448.

[103] Koller/Kindler/Drüen/Roth/Huber HGB § 377 Rn. 16 mit Hinweis auf OLG Köln, OLGR 2004, 193.

Kapitel 3   Der Einkauf

destentgelt im Sinne des Satzes 1 umfasst nur den Betrag, der nach Abzug der Steuern und der Beiträge zur Sozialversicherung und zur Arbeitsförderung oder entsprechender Aufwendungen zur sozialen Sicherung an Arbeitnehmer oder Arbeitnehmerinnen auszuzahlen ist (Nettoentgelt).

2. § 13 MiLoG Haftung des Auftraggebers

222 § 14 des Arbeitnehmer-Entsendegesetzes findet entsprechende Anwendung.

3. § 28e SGB IV Zahlungspflicht, Vorschuss (Auszug)

223 (1) Den Gesamtsozialversicherungsbeitrag hat der Arbeitgeber und in den Fällen der nach § 7f Abs. 1 S. 1 Nr. 2 auf die Deutsche Rentenversicherung Bund übertragenen Wertguthaben die Deutsche Rentenversicherung Bund zu zahlen. Die Zahlung des vom Beschäftigten zu tragenden Teils des Gesamtsozialversicherungsbeitrags gilt als aus dem Vermögen des Beschäftigten erbracht. Ist ein Träger der Kranken- oder Rentenversicherung oder die Bundesagentur für Arbeit der Arbeitgeber, gilt der jeweils für diesen Leistungsträger oder, wenn eine Krankenkasse der Arbeitgeber ist, auch der für die Pflegekasse bestimmte Anteil am Gesamtsozialversicherungsbeitrag als gezahlt; dies gilt für die Beiträge zur Rentenversicherung auch im Verhältnis der Träger der Rentenversicherung untereinander.

224 (2) Für die Erfüllung der Zahlungspflicht des Arbeitgebers haftet bei einem wirksamen Vertrag der Entleiher wie ein selbstschuldnerischer Bürge, soweit ihm Arbeitnehmer gegen Vergütung zur Arbeitsleistung überlassen worden sind. Er kann die Zahlung verweigern, solange die Einzugsstelle den Arbeitgeber nicht gemahnt hat und die Mahnfrist nicht abgelaufen ist. Zahlt der Verleiher das vereinbarte Arbeitsentgelt oder Teile des Arbeitsentgelts an den Leiharbeitnehmer, obwohl der Vertrag nach § 9 Abs. 1 Nr. 1 bis 1b des Arbeitnehmerüberlassungsgesetzes unwirksam ist, so hat er auch den hierauf entfallenden Gesamtsozialversicherungsbeitrag an die Einzugsstelle zu zahlen. Hinsichtlich der Zahlungspflicht nach Satz 3 gilt der Verleiher neben dem Entleiher als Arbeitgeber; beide haften insoweit als Gesamtschuldner.

225 (3a) Ein Unternehmer des Baugewerbes, der einen anderen Unternehmer mit der Erbringung von Bauleistungen im Sinne des § 101 Abs. 2 des Dritten Buches beauftragt, haftet für die Erfüllung der Zahlungspflicht dieses Unternehmers oder eines von diesem Unternehmer beauftragten Verleihers wie ein selbstschuldnerischer Bürge. S. 1 gilt entsprechend für die vom Nachunternehmer gegenüber ausländischen

A. Die Normen **Kapitel 3**

Sozialversicherungsträgern abzuführenden Beiträge. Abs. 2 S. 2 gilt entsprechend.

(3b) Die Haftung nach Absatz 3a entfällt, wenn der Unternehmer 226 nachweist, dass er ohne eigenes Verschulden davon ausgehen konnte, dass der Nachunternehmer oder ein von ihm beauftragter Verleiher seine Zahlungspflicht erfüllt. Ein Verschulden des Unternehmers ist ausgeschlossen, soweit und solange er Fachkunde, Zuverlässigkeit und Leistungsfähigkeit des Nachunternehmers oder des von diesem beauftragten Verleihers durch eine Präqualifikation nachweist, die die Eignungsvoraussetzungen nach § 6a der Vergabe- und Vertragsordnung für Bauleistungen Teil A in der Fassung der Bekanntmachung vom 31. Januar 2019 (BAnz. AT 19.2.2019 B2) erfüllt.

(3c) Ein Unternehmer, der Bauleistungen im Auftrag eines anderen 227 Unternehmers erbringt, ist verpflichtet, auf Verlangen der Einzugsstelle Firma und Anschrift dieses Unternehmers mitzuteilen. Kann der Auskunftsanspruch nach Satz 1 nicht durchgesetzt werden, hat ein Unternehmer, der einen Gesamtauftrag für die Erbringung von Bauleistungen für ein Bauwerk erhält, der Einzugsstelle auf Verlangen Firma und Anschrift aller Unternehmer, die von ihm mit der Erbringung von Bauleistungen beauftragt wurden, zu benennen.

(3d) Absatz 3a gilt ab einem geschätzten Gesamtwert aller für ein 228 Bauwerk in Auftrag gegebenen Bauleistungen von 275 000 Euro, wobei für Schätzungen die Vergabeverordnung vom 12. April 2016 (BGBl. I S. 624) in der jeweils geltenden Fassung gilt.

(3e) Die Haftung des Unternehmers nach Abs. 3a erstreckt sich 229 in Abweichung von der dort getroffenen Regelung auf das von dem Nachunternehmer beauftragte nächste Unternehmen, wenn die Beauftragung des unmittelbaren Nachunternehmers bei verständiger Würdigung der Gesamtumstände als ein Rechtsgeschäft anzusehen ist, dessen Ziel vor allem die Auflösung der Haftung nach Absatz 3a ist. Maßgeblich für die Würdigung ist die Verkehrsanschauung im Baubereich. Ein Rechtsgeschäft im Sinne dieser Vorschrift, das als Umgehungstatbestand anzusehen ist, ist in der Regel anzunehmen,

a) wenn der unmittelbare Nachunternehmer weder selbst eigene Bauleistungen noch planerische oder kaufmännische Leistungen erbringt oder

b) wenn der unmittelbare Nachunternehmer weder technisches noch planerisches oder kaufmännisches Fachpersonal in nennenswertem Umfang beschäftigt oder

c) wenn der unmittelbare Nachunternehmer in einem gesellschaftsrechtlichen Abhängigkeitsverhältnis zum Hauptunternehmer steht.

Kapitel 3 Der Einkauf

230 Besonderer Prüfung bedürfen die Umstände des Einzelfalles vor allem in den Fällen, in denen der unmittelbare Nachunternehmer seinen handelsrechtlichen Sitz außerhalb des Europäischen Wirtschaftsraums hat.

231 (3f) Der Unternehmer kann den Nachweis nach Abs. 3b S. 2 anstelle der Präqualifikation auch für den Zeitraum des Auftragsverhältnisses durch Vorlage von lückenlosen Unbedenklichkeitsbescheinigungen der zuständigen Einzugsstellen für den Nachunternehmer oder den von diesem beauftragten Verleiher erbringen. Die Unbedenklichkeitsbescheinigung enthält Angaben über die ordnungsgemäße Zahlung der Sozialversicherungsbeiträge und die Zahl der gemeldeten Beschäftigten.

232 Das Thema Bürgenhaftung ist wichtig. Wirtschaftlich wichtig. Bürgenhaftung bedeutet, dass ein Unternehmer, der einen anderen Unternehmer mit der Erbringung von Werk- oder Dienstleistungen beauftragt, sowohl für die Verpflichtungen dieses Nachunternehmers als auch der von diesem wiederum eingesetzten Nachunternehmer sowie der vom Unternehmer oder einem Nachunternehmer beauftragten Verleiher für den Mindestlohn und die Beiträge an eine gemeinsame Einrichtung haftet, und zwar eben wie ein Bürge, der auf die Einrede der Vorausklage verzichtet hat.[104] Letzteres bezieht sich auf eine in § 771 BGB enthaltene Regelung; danach kann ein Bürge die Befriedigung des Gläubigers verweigern, solange nicht der Gläubiger eine Zwangsvollstreckung gegen den Hauptschuldner ohne Erfolg versucht hat. Diese in den allgemeinen BGB-Regeln zur Bürgschaft enthaltene Bestimmung soll also den Bürgen schützen: Der Gläubiger kann erst dann den Bürgen in Anspruch nehmen, wenn er zuvor ergebnislos gegen den Hauptschuldner vorgegangen ist, so dass man von der „Einrede der Vorausklage" spricht. Nur: Genau diese Sicherung gilt im Zusammenhang mit der Bürgenhaftung des Auftraggebers **nicht**. Dieser wird so behandelt, als hätte er auf dieses Sicherungsmittel verzichtet! Auch dies zeigt, wie gefährlich die Regeln zur Bürgenhaftung für den Auftraggeber sein können.

233 Das Prinzip, das den Normen zur Bürgenhaftung zugrunde liegt, hat das BAG in seinem Urt. v. 16.10.2019[105], bei dem es zentral um die Frage ging, ob auch ein bloßer Bauherr, der den Bauauftrag an einen Generalunternehmer gibt, von der Bürgenhaftung erfasst wird, im Zusammenhang mit § 14 AEntG klar beschrieben: „...Erfasst wird nur der Unternehmer, der sich zur Erbringung einer Werk- oder Dienst-

---

[104] Dazu BeckOK ArbR/Greiner MiLoG § 13 Rn. 1.
[105] BAG, Urt. v. 16.10.2019 – 5 AZR 241/18, NZA 2020, 112.

A. Die Normen **Kapitel 3**

leistung verpflichtet hat und diese nicht mit eigenen Arbeitskräften erledigt, sondern sich zur Erfüllung seiner Verpflichtung eines oder mehrerer Subunternehmer bedient. Gibt er auf diese Weise die Beachtung der zwingenden Mindestarbeitsbedingungen aus der Hand, ist es gerechtfertigt, ihm die Haftung für die Erfüllung der Mindestlohnansprüche der auch in seinem Interesse auf der Baustelle eingesetzten Arbeitnehmer aufzuerlegen…"

Bei der Beauftragung von Nachunternehmern gilt also: Trau, schau, 234 wem. Der § 14 AEntG enthält eine verschuldensunabhängige, gesamtschuldnerische Haftung auf das Nettoentgelt, das den Arbeitnehmern nach dem AEntG zu zahlen ist, sowie die Sozialkassenbeiträge.[106] Wurden Beiträge an gemeinsame Einrichtungen nicht gezahlt, wurde Mindestlohn nicht gezahlt, haftet der Auftraggeber des Nachunternehmers. Die Durchgriffshaftung erfasst das Nettoentgelt; Nettoentgelt im Sinne des § 14 S. 2 AEntG ist der Betrag, den der Arbeitnehmer für die tatsächlich erbrachte Arbeitsleistung verlangen kann, wobei bei Arbeitnehmern, die ausländischem Sozialversicherungsrecht unterliegen, die Anteile zur ausländischen Sozialversicherung, nicht fiktive Beiträge zur deutschen Sozialversicherung zu berücksichtigen sind.[107]

Die Haftung der §§ 13 MiLoG, 14 AEntG erstreckt sich auf die ge- 235 samte Nachunternehmerkette einschließlich der von einem Nachunternehmer entliehenen Arbeitskräfte.[108]

Nun könnte man sich natürlich fragen, warum es – über die sorg- 236 fältige Auswahl des Nachunternehmers als solche hinaus – Sache des Einkaufs sein soll, wenn der Fall der Bürgenhaftung eintritt. Nun, man muss die Nachunternehmerbeauftragung ja auch managen. Ist im Nachunternehmervertrag im Sinne des „trau, schau, wem" zum Beispiel vereinbart, dass der Nachunternehmer Mindestlohnbescheinigungen, Arbeitnehmererklärungen zum AEntG, einen Handelsregisterauszug, die A1-Bescheinigung, die Freistellungsbescheinigung nach dem Einkommensteuergesetz, die Beitragserfüllungsbescheinigung der Berufsgenossenschaft, den Nachweis über die Teilnahme am Sozialkassenverfahren der Bauwirtschaft, den Nachweis über die Gewerbeanmeldung, den Nachweis über die Eintragung in die Handwerksrolle, den Nachweis über die Haftpflichtversicherung usw. usw. vorlegen muss und das Ganze dann sinnvollerweise auch noch in regelmäßigen,

---

[106] Vgl. dazu BeckOK ArbR/Gussen AEntG § 14 Rn. 1.
[107] BAG, Urt. v. 17.8.2011 – 5 AZR 490/10, BeckRS 2011, 79056 = NZA 2012, 563; BeckOK ArbR/Gussen AEntG § 14 Rn. 10 mit weiteren Hinweisen, welche Ansprüche erfasst werden.
[108] BeckOK ArbR/Greiner MiLoG § 13 Rn. 8.

Kapitel 3 Der Einkauf

im Idealfall klar definierten zeitlichen Abständen in aktualisierter Form nachgewiesen werden muss, dann muss das ja irgendjemand kontrollieren. Das ist in vielen Fällen der Einkauf. Diesem kommt also in vielen Fällen eine „Wächterfunktion" zu, die wie gesagt von erheblicher wirtschaftlicher Bedeutung ist. Die Auswahl und Kontrolle des Nachunternehmers ist durch die Vorschriften zur Bürgenhaftung, die oben auszugsweise genannt sind, noch wichtiger geworden. Auch insoweit geht es vorliegend nicht um eine Darstellung bzw. Diskussion der vielfältigen, damit zusammenhängenden juristischen Einzelheiten, sondern um eine Schärfung des Bewusstseins für die Bedeutung einer effektiven Nachunternehmerkontrolle und die erheblichen Gefahren der Bürgenhaftung. Bezogen auf den Mindestlohn zugegebenermaßen etwas verkürzend formuliert: Zahlt der Nachunternehmer seinen Arbeitnehmerinnen und Arbeitnehmern keinen Mindestlohn, zahlt ihn eben sein Auftraggeber.

237 Obwohl das BAG Ansätze zur Haftungsreduzierung vertritt[109], sollte die Verhinderung des Eintritts der Bürgenhaftung ein relevanter Schwerpunkt der Tätigkeit der Einkaufsabteilung bzw des Nachunternehmermanagements sein.

238 Ähnliches gilt für den Regelungsbereich des § 28e SGB IV, der hinsichtlich der „Generalunternehmerhaftung" zum Inhalt hat, wie und unter welchen Voraussetzungen ein Unternehmer des Baugewerbes gegenüber der Einzugsstelle für die Erfüllung der Zahlungspflichten durch einen Subunternehmer bzw. Verleiher haftet. Die Norm enthält Modifikationen zu den oben erwähnten §§ 14 AEntG, 13 MiLoG[110], die aber nichts an der grundsätzlichen Wertung ändern, wenn man die mehr als ärgerliche Situation vermeiden will, dass das eigene Unternehmen sämtliche Verpflichtungen hinsichtlich seiner Arbeitnehmerinnen und Arbeitnehmer erfüllt und es trotzdem für seitens anderer Unternehmen nicht erfüllte Verpflichtungen haftet und ggf. ganz erhebliche Beträge für nicht gezahlten Mindestlohn etc. zahlen muss. Dabei steht die Höhe der zu leistenden Zahlungen in Korrelation zum eigenen Nachunternehmermanagement. Es reicht eben nicht aus, die im Einzelfall benötigten Erklärungen und Bescheinigungen im Nachunternehmervertrag bzw. im Verhandlungsprotokoll aufzulisten;

---

[109] Vgl. zB BAG, Urt. v. 16.10.2019 – 5 AZR 241/18, NZA 2020,112; vertiefend zur Einengung des Anwendungsbereichs der §§ 14 AentG, 13 MiLoG BeckOK ArbR/Greiner MiLoG § 13 Rn. 8 mwN zur Rechtsprechung des BAG.

[110] Zu den Einzelheiten vgl. die instruktive und übersichtliche Darstellung bei Knickrehm/Kreikebohm/Waltermann/Roßbach SGB IV § 28e Rn. 13 ff.

ihre vollständige und aktuelle Vorlage muss auch effektiv kontrolliert und nachverfolgt werden. Je engmaschiger und konsequenter die Kontrollen, desto geringer die Gefahr, dass man beispielsweise im Moment der Insolvenz des Nachunternehmers plötzlich von einer erheblichen Zahlungsverpflichtung überrascht wird. Hier können auch ggf. selbsterstellte IT-Tools helfen, die mit einem Ampelsystem aus Grün, Gelb und Rot den Stand hinsichtlich der jeweils benötigten Dokumente erfassen.

B. Die Verträge

Die Einkaufsabteilung eines Unternehmens ist, wenn sie neben dem Materialeinkauf auch für den Nachunternehmereinkauf zuständig ist, mit einer Vielzahl möglicher Vertragskonstellationen konfrontiert. Kaufverträge sind, wie oben dargelegt, beispielsweise vom Bereich des Werkvertragsrechts abzugrenzen. Beide Bereiche weisen zudem Varianten mit verschiedenen Systemen (insbesondere: kaufrechtliche und werkvertragliche Rahmenverträge, einheitliche Vertragsurkunde, Verhandlungsprotokoll mit anschließender gesonderter Beauftragung, Auftragsbestätigung, Rahmenvertrag) auf. Das ist anspruchsvoll, im Zusammenspiel der Systeme aber auch sehr interessant. Wer in diesem für den Erfolg eines Bauprojekts extrem wichtigen Bereich kompetent und informiert ist, kann einen ganz entscheidenden Anteil am Unternehmenserfolg für sich verbuchen. **239**

I. Einheitlicher Nachunternehmervertrag, Verhandlungsprotokoll mit gesonderter Beauftragung

Ein Nachunternehmer kann zunächst – natürlich – mittels eines ganz normalen Werkvertrags verpflichtet werden. „Ganz normal" meint dabei eine einheitliche Vertragsurkunde, die von beiden Parteien unterzeichnet wird. Weitere Willenserklärungen sind für den Vertragsschluss nicht mehr notwendig, der Vertrag ist geschlossen. Zu regeln sind insbesondere die Vertragsgrundlagen (Soll die VOB/B gelten? Dann muss ihre Geltung vereinbart und sie wirksam in den Vertrag mit einbezogen werden!) mit dem Leistungssoll, einer geprüften und von beiden Seiten nachvollzogenen Regelung der Rangfolge für den Fall von Widersprüchen und Lücken, die Vergütung nebst Zahlungsbedingungen, die Vertragstermine, Sicherheitsleistungen etc. **240**

# Kapitel 3 Der Einkauf

241 Theoretisch eine Binsenweisheit und völlig einleuchtend, in der Praxis aber leider keineswegs selbstverständlich ist die Notwendigkeit, dass der Nachunternehmervertrag an den „Hauptvertrag", also den Vertrag zwischen dem Auftraggeber des Nachunternehmers und seinem eigenen Auftraggeber, angepasst sein muss. Ist doch logisch, könnte man sagen, was denn sonst? Trotzdem gibt es in der Praxis insoweit oft Probleme, was aber meistens nicht an der Unfähigkeit der Protagonisten, sondern an der Komplexität des Vorgangs liegt. Beispiele:

– Das Leistungssoll des Nachunternehmers muss (soweit es weitergegeben wird) dem des Hauptvertrags entsprechen.

– Die Vertragsfristen im Nachunternehmervertrag sollten etwas „Luft" zur Prüfung des vom Nachunternehmer erbrachten Leistungsumfangs und der Mangelfreiheit seiner Leistungen lassen, damit möglichst noch nachgesteuert werden kann, bevor die Vertragsfristen im Hauptvertrag ablaufen. Dies gilt für Leistungsbeginn und Fertigstellung, aber auch für Zwischenfristen.

– Die Gewährleistungsfristen sollten mit dem Hauptvertrag identisch oder sogar länger sein, damit keine „Lücken" in der Gewährleistung entstehen. Entsprechendes gilt für im Hauptvertrag vereinbarte Begehungen vor Abnahme.

– Ist im Hauptvertrag die VOB/B vereinbart, sollte dies auch im Nachunternehmervertrag erfolgen (unabhängig von der Frage, ob dies nicht grundsätzlich ratsam wäre).

– Sind im Hauptvertrag Allgemeine Geschäftsbedingungen des (Haupt-)Auftraggebers vereinbart, sollte geprüft werden, inwieweit deren Inhalte auch an den Nachunternehmer weitergegeben werden.

– Im Hauptvertrag vereinbarte Besonderheiten, auch Abweichungen von der VOB/B (Modifikationen zu Nachtragssituationen, zur Geltendmachung von Ansprüchen, zu Mängel vor und nach Abnahme, zu Kündigungsgründen etc.), sollten an den Nachunternehmer weitergegeben werden.

242 Eine interessante Alternative zum Abschluss eines Werkvertrags in einer einheitlichen Vertragsurkunde ist die Verwendung eines Verhandlungsprotokolls. Der Inhalt kann mit dem des einheitlichen Werkvertrags identisch sein, allerdings mit einer wesentlichen Abweichung. Es kann nämlich vereinbart werden, dass das Verhandlungsprotokoll gerade noch nicht den Vertragsschluss bewirkt, sondern sich der Auftragnehmer innerhalb eines zu definierenden Zeitraums an sein Ange-

B. Die Verträge **Kapitel 3**

bot gemäß Verhandlungsprotokoll gebunden hält und der Vertrag erst durch gesonderte Beauftragung des Auftraggebers zustande kommt. Auf diese Weise ist der Auftraggeber, der möglicherweise gerade mit mehreren potenziellen Nachunternehmern verhandelt, flexibler und hat noch während eines gewissen Zeitraums die Möglichkeit, das für ihn beste Angebot anzunehmen. Sehr wichtig ist dabei – wie auch bei einer „Auftragsbestätigung" –, dass die Annahme, also die Beauftragung, kurz und eindeutig ist und nicht Änderungen zum Verhandlungsprotokoll enthält. Dann nämlich besteht die Gefahr, dass letztlich nicht klar ist, ob überhaupt ein Vertrag zustande gekommen ist. Ein „Dreizeiler", wonach „...hiermit der Auftrag gemäß Verhandlungsprotokoll vom ... erteilt wird...", ist da deutlich ungefährlicher.

Noch eine Ergänzung: Der Einkauf sollte sich immer der Tatsache 243 bewusst sein, dass es sich bei mehrfach benutzten, für eine Vielzahl von Fällen im eigenen Unternehmen vorformulierten Werkverträgen, Kaufverträgen, Verhandlungsprotokollen etc. um Allgemeine Geschäftsbedingungen im Sinne der §§ 305 ff. BGB handelt, wenn sie dem Nachunternehmer, wie dies meistens der Fall ist, einseitig „gestellt", also vorgegeben werden. Dann kann man nicht vereinbaren, „was man will", sondern das Gesetz und die Rechtsprechung ziehen der Wirksamkeit von solchen Allgemeinen Geschäftsbedingungen zurecht enge Grenzen, weil derjenige, gegenüber dem solche Bedingungen genutzt werden, eine erhöhte Schutzbedürftigkeit aufweist. Es kann also ratsam sein, juristische Hilfe in Anspruch zu nehmen, um die Verwendung unwirksamer Klauseln zu vermeiden.

II. Rahmenvertrag

Der Abschluss eines Rahmenvertrags ist sinnvoll, wenn die benötigten 244 Rahmenbedingungen zum Zeitpunkt seines Abschlusses tatsächlich bereits so konkret bekannt sind, dass der Vertragsschluss sinnvoll ist. Dies gilt beispielsweise für die Konkretisierung des Bausolls beim Nachunternehmervertrag und des Leistungssolls beim Kaufvertrag. Sinnlos wäre es, wenn man in einem Rahmenvertrag vereinbaren würde, – vereinfacht und plakativ formuliert – „irgendwann irgendetwas" abzurufen. Der Abschluss eines Rahmenvertrages ist für den Nichtjuristen oft verführerisch. Echte oder nur vermeintliche Vorteile wie der, dass man nur ein einziges Mal den Aufwand der Vertragskonzeption und -verhandlung betreiben und danach nur noch „abrufen" muss, stehen erheblichen Problemen in der Bauwirklichkeit gegenüber. Im Materialeinkauf erscheint das Handling eines Rahmenvertrags

Kapitel 3

Der Einkauf

in der Praxis oft komplikationsloser als im Bereich des Nachunternehmerwerkvertrags. Will man den Lieferanten längerfristig für die Lieferung bestimmter Produkte binden und hat man im Einzelfall zudem die Möglichkeit, eine gewisse Preissicherheit zu vereinbaren, kann ein Rahmenvertrag natürlich eine gute Alternative zur Einzelbestellung sein. Die Kalkulation ist für einen längeren Zeitraum tragfähig, es kann in einen automatisierten Abrufprozess eingetreten werden. Dabei, in noch stärkerem Maße aber beim Nachunternehmer-Werkvertrag, ist die Definition eines solchen Abrufprozesses von entscheidender Bedeutung. Der Rahmenvertrag sollte so gestaltet sein, dass die Einzelabrufe wirklich kurz und unmissverständlich formuliert werden können. Muss beim Einzelabruf umfangreich geprüft und vielleicht sogar verhandelt werde, ist das Ziel des Nachunternehmervertrags verfehlt. Der Mechanismus des Einzelabrufs sollte bereits bei Abschluss des Rahmenvertrags definiert und verbindlich vereinbart werden. Beispielsweise könnte ein einheitliches Abrufformular bereits zur Anlage des Rahmenvertrags gemacht werden. Sofern IT-Tools benutzt werden, ist auf die Speicherbarkeit und Dokumentierbarkeit des Einzelabrufs zu achten. Aufgrund der Natur des Rahmenvertrags als Langzeitvertrag kann zudem die Situation auftreten, dass der Auftraggeber aufgrund verbesserter technischer Möglichkeiten oder einfach aufgrund von Wechseln in seiner IT-Architektur während der Vertragslaufzeit Änderungen im Abrufverfahren wünscht. Auch dabei sollte dann darauf geachtet werden, die bisherigen Abrufe (nicht nur der letzte, die Gewährleistung kann lang sein) für beide Seiten zu archivieren und die neue Art des Abrufs erneut zu definieren und im Wege eines Nachtrags zum Rahmenvertrag zu vereinbaren.

245 Der auf dem Rahmenvertrag beruhende Nachunternehmer-Werkvertrag (der durch den „Einzelabruf" oder „die Bestellung" zustande kommt) kann -wie derjenige des Auftraggebers des Nachunternehmers mit seinem eigenen Auftraggeber- Pauschal- oder Einheitspreisvertrag sein. Es besteht die Möglichkeit, das im Rahmenvertrag noch offenzuhalten und erst im Einzelvertrag zu vereinbaren.

246 Die Parteien des Rahmenvertrags sollten zudem zwei Themen bedenken und festlegen:

247 1. Soll der Auftragnehmer einen Anspruch auf einen oder mehrere Einzelabrufe haben?

248 2. Soll der Auftragnehmer verpflichtet sein, Einzelabrufe anzunehmen? Ein einseitiger Abruf auf Grundlage eines Rahmenvertrages kann natürlich nur dann funktionieren, wenn der Rahmenvertrag bereits alles relevanten Punkte einschließlich des Leistungssolls, das dann im Einzelabruf teilweise „aktiviert" wird, enthält. Dabei muss sich der

B. Die Verträge **Kapitel 3**

Auftragnehmer über die Folgen im Klaren sein, wenn er „nicht nein sagen darf". Hat er genügend Kapazitäten? Hat er über die Laufzeit des Rahmenvertrags ggfls. genügend eigene Nachunternehmer, auch für den Extremfall, dass einer von ihnen Insolvenz anmeldet? Bei einem möglichen einseitigen Leistungsabruf durch den Auftraggeber sollten auch die zu beachtenden Abruf- und Leistungsfristen im Rahmenvertrag geregelt sein. Ein einseitiger Abruf am 23.12 um 17.00 Uhr könnte ungünstig für den Auftragnehmer enden.

Kapitel 4
Die Baustelle

A. Die Normen

I. § 1 Abs. 1 S. 1 VOB/B Die Bedeutung des Vertrags

(1) Die auszuführende Leistung wird nach Art und Umfang durch den Vertrag bestimmt.

Dem ist eigentlich nichts hinzuzufügen. Der Vertrag ist die zentrale **249** Grundlage des Bauprojekts.[111] Die Zeit der Vertragsverhandlung ist für beide Parteien Chance und Risiko zugleich. Chance, weil sich hier wesentliche Weichenstellungen zugunsten des eigenen Unternehmens verwirklichen lassen. Zwar immer mehr oder weniger, aber jedenfalls ergeben sich hier Möglichkeiten, die man unbedingt nutzen sollte. Sie kommen nämlich nicht wieder. Natürlich ist es theoretisch möglich, auch im Nachhinein, also während des Projektverlaufs, Änderungen oder Ergänzungen des Vertragsinhalts zu vereinbaren; theoretisch ja, praktisch nur sehr eingeschränkt. In der Praxis beschränken sich solche Änderungen häufig auf Themen wie die Anpassung von Vertragsfristen oder Nachtragsvereinbarungen. Sie beziehen sich also gerade nicht auf den ursprünglichen, keinen Änderungen unterworfenen Vertragsinhalt, sondern reagieren lediglich auf sich während der Projektrealisation ergebende Entwicklungen. In der Tat hat diese Regelung für den Bauvertrag allergrößte Bedeutung; in der Tat wird sie oft viel zu stiefmütterlich behandelt.[112]

Die Bedeutung wird noch dadurch verstärkt, dass durch die Ver- **250** weisung auf den Vertrag im allerersten Satz der VOB/B nicht nur die Vereinbarungen zwischen den Parteien in Bezug genommen werden, sondern auf diese Weise auch an die gesetzlichen Regelungen im BGB, insbesondere die §§ 631 ff., angeknüpft wird.[113]

---

[111] Vgl. dazu näher Stoltefuß, Rn. 4 ff.
[112] So BeckOK VOB/B/Jansen § 1 Rn. 3.
[113] BeckOK VOB/B/Jansen § 1 Rn. 3.

Kapitel 4
Die Baustelle

251 Natürlich handelt es sich bei § 1 Abs. 1 S. 1 VOB/B um eine eigentlich nicht regelungsbedürftige Selbstverständlichkeit[114]. Andererseits zeigt die Bauwirklichkeit, dass man die Bedeutung des Vertrags für die zu erbringende Leistung nicht oft genug betonen kann. Wenn die VOB/B angewendet wird, obwohl ihre Geltung gar nicht wirksam vereinbart wurde, wenn beim Umfang des Bausolls eher nach Gefühl anstelle nach den vertraglichen Regelungen vorgegangen und wenn unverbindlichen Bauzeitenplänen fälschlicherweise ein höherer Stellenwert beigemessen wird als den ausdrücklich (im Vertrag) vereinbarten Vertragsfristen, wird deutlich, wie wichtig die ständige Erinnerung und Mahnung durch § 1 Abs. 1 S. 1 VOB/B ist. Die auszuführende Leistung wird nach Art und Umfang durch den Vertrag bestimmt.

II. § 4 VOB/B insbes. Koordination
Pflicht zum Schutz der Leistung, Mängel vor Abnahme

(1) Nr. 1 Der Auftraggeber hat für die Aufrechterhaltung der allgemeinen Ordnung auf der Baustelle zu sorgen und das Zusammenwirken der verschiedenen Unternehmer zu regeln. Er hat die erforderlichen öffentlich-rechtlichen Genehmigungen und Erlaubnisse- z.B. nach dem Baurecht, dem Straßenverkehrsrecht, dem Wasserrecht, dem Gewerberecht – herbeizuführen.

252 Die VOB/B benutzt hier den Begriff „Zusammenwirken der verschiedenen Unternehmer" anstelle eines in der Praxis deutlich populäreren Ausdrucks, nämlich den der „Koordinationspflicht des Auftraggebers". Gemeint ist dasselbe. Dennoch wird das Thema Koordination in der Praxis häufig gar nicht mit dieser Regelung der VOB/B in Verbindung gebracht, sondern – ähnlich wie beim „Schutz der eigenen Leistung", dazu nachfolgend mehr – mehr allgemein und losgelöst von konkreten Regelungen verstanden. Ein Schlagwort verselbstständigt sich, ist Gegenstand häufig sehr ähnlicher Diskussionen, entwickelt eigene (und oft falsche) Inhalte und verdrängt auf diese Weise die doch eigentlich klare Regelung der VOB/B, hier eben § 4 Abs. 1. VOB/B.

253 Sofern die Koordinationspflicht nicht wirksam vertraglich auf den Auftragnehmer übertragen wurde, liegt es im Verantwortungsbereich des Auftraggebers, das Zusammenwirken der verschiedenen Unternehmer auf der Baustelle zu koordinieren, wohlgemerkt: das Zusammenwirken **seiner** Vertragspartner, also der von ihm selbst

---
[114] So Kapellmann/Messerschmidt/von Rintelen VOB/B § 1, Rn. 2.

A. Die Normen **Kapitel 4**

beauftragten Unternehmer, nicht das der Nachunternehmer des Auftragnehmers.[115] Der Auftraggeber hat dabei sicherzustellen, dass der Auftragnehmer bei Ausführung seiner Tätigkeit nicht durch andere für den Auftraggeber tätige Unternehmen behindert oder gestört werden.[116] Dabei muss man sich vor Augen führen, dass ein zentrales Werkzeug, mit dem der Auftraggeber diese Pflicht erfüllen kann, der Bauzeitenplan ist. Dieser Zusammenhang geht in der Praxis häufig unter. Die Koordinationspflicht wird dann als eine Art allgemeines Rechtsinstitut verstanden, während der Bauzeitenplan ausschließlich dem Thema Fristen zugeordnet wird. Der ausdrückliche Hinweis in § 5 Abs. 1 S. 2 VOB/B („In einem Bauzeitenplan enthaltene Einzelfristen gelten nur dann als Vertragsfristen, wenn dies im Vertrag ausdrücklich vereinbart ist.") hat seinen guten Grund in genau dieser Tatsache. Häufig gehen die Vertragsparteien ganz selbstverständlich davon aus, dass „Fristen eben Fristen" und logischerweise verbindlich sind. Aber: Fristen sind eben nicht immer verbindlich. Sie können auch, wie eben im Bauzeitenplan, das Projekt steuern und managen. Und hier schließt sich der Kreis: Der Bauzeitenplan, in der Praxis häufig falsch als selbstverständlich verbindlich verstanden, ist nicht primär als Fristen-, sondern als Koordinationsthema zu begreifen. Der BGH[117] formuliert es wie folgt: „Bei einem Großbauvorhaben der vorliegenden Art ist ein Bauzeitenplan für eine ordnungsgemäße Ablaufplanung unerlässlich."

Der Bauzeitenplan ist wichtig. Sehr wichtig. Seine Gestaltung ist **254** unbedingt ernst zu nehmen. Auch dann, wenn er keine verbindlichen Fristen enthält, kann er ein Projekt proaktiv und im wirtschaftlichen Interesse aller Beteiligten gestalten, ob als Balkendiagramm, Balkenplan, Ablaufplan oder in welcher Form auch immer. Der Bauzeitenplan managt das Bauprojekt. Und nochmals: Wenn Bauzeitenpläne konzipiert, abgestimmt, aktualisiert werden, dient dies vorrangig der Erfüllung der auftraggeberseitigen Koordinationsverpflichtung[118], nicht dem Fristenmanagement zwischen Auftraggeber und Auftragnehmer.

> (5) Der Auftragnehmer hat die von ihm ausgeführten Leistungen und die ihm für die Ausführung übergebenen Gegenstände bis zur Abnahme vor Beschädigung und Diebstahl zu schützen. Auf Verlangen des Auf-

---

[115] Darauf weist Kapellmann/Messerschmidt/Merkens VOB/B § 4, Rn. 7 hin.
[116] Kapellmann/Messerschmidt/Merkens VOB/B § 4, Rn. 8.
[117] BGH, Urt. v. 27.6.1985 – VII ZR 23/84, NJW 1985, 2475, 2476 = BeckRS 1985, 4022.
[118] Kapellmann/Messerschmidt/Merkens VOB/B § 4, Rn. 8.

Kapitel 4   Die Baustelle

traggebers hat er sie vor Winterschäden und Grundwasser zu schützen, ferner Schnee und Eis zu beseitigen. Obliegt ihm die Verpflichtung nach S. 2 nicht schon nach dem Vertrag, so regelt sich die Vergütung nach § 2 Abs. 6.

255 Ähnlich wie im Falle der Koordinationsverpflichtung des Auftraggebers verhält es sich mit der Pflicht des Auftragnehmers zum Schutz der eigenen Leistung, § 4 Abs. 5 VOB/B. Eine gedankliche Verortung in der VOB/B findet häufig nicht statt. Anders als im Fall des § 4 Abs. 1 VOB/B erfolgt allerdings, wenn auch beschränkt auf das Thema Winterschäden, nicht selten eine vertragliche Regelung, Stichwort „Winterbaubeheizung". Die Schutzpflicht des Auftragnehmers geht aber eben viel weiter. Der Auftragnehmer hat seine Leistung – und die ihm zur Leistungserbringung übergebenen Gegenstände! – eben nicht nur im Winter, sondern allgemein zu schützen, und zwar ausdrücklich auch vor Beschädigung und Diebstahl, und zwar ohne besondere Aufforderung durch den Auftraggeber. Der Schutz vor Grundwasser und „Winterschäden" hat auf Verlangen des Auftraggebers zu erfolgen, ebenso die Beseitigung von Schnee und Eis. Für die Praxis ist es also wichtig, das Schlagwort „Schutz der eigenen Leistung" deutlich danach zu unterscheiden, ob die Pflicht immer oder nur auf Verlangen besteht. Dabei ist im System der Nachunternehmerkette logisch, dass diese Schutzpflichten im Verhältnis zum Auftraggeber auch für die Leistungen der Nachunternehmer des Auftragnehmers gelten. Die Schutzpflicht dauert bis zur Abnahme; auch Teilabnahmen können ein Ende der Erhaltungspflicht begründen[119], wobei es nach zutreffender, aber umstrittener Auffassung[120] nicht darauf ankommen kann, ob die noch auszuführende Leistung in einer räumlichen Beziehung zu der teilabgenommenen Leistung steht oder nicht.

256 Entgegen einer in der Baupraxis verbreiteten Auffassung gibt es keinen Katalog bestimmter Maßnahmen für bestimmte Gefährdungssituationen. Wenn eine Bautür aus Holz im Einzelfall nicht ausreicht, an einer Gangdecke verlaufende Kupferkabel vor Diebstahl zu schützen, müssen andere, effektivere Maßnahmen ergriffen werden. Das kann bis zur Organisation einer nächtlichen Bewachung gehen.[121] Hier liegt es in der Verantwortung des Auftragnehmers, eigenverantwortlich und im Einzelfall zu entscheiden, was notwendig und ausreichend ist. Diese Entscheidung ist oft sehr schwierig. Diskussionen im Nachhinein darüber, ob Maßnahmen ausgereicht haben oder nicht, sind sehr ärgerlich.

---

[119] BeckOK VOB/B/Fuchs VOB/B § 4 Abs. 5 Rn. 3.
[120] Kapellmann/Messerschmidt/Merkens VOB/B § 4, Rn. 131 mwN.
[121] Vgl. auch Kapellmann/Messerschmidt/Merkens VOB/B § 4, Rn. 135.

A. Die Normen **Kapitel 4**

Im Zweifel sollte der Auftragnehmer auch im Zusammenhang mit der Pflichterfüllung gemäß § 4 Abs. 5 VOB/B zu einem „Sicherheitszuschlag" an Sicherungsmaßnahmen bereit sein, nach dem Motto: „Besser zu viel als zu wenig".

> (7) Leistungen, die schon während der Ausführung als mangelhaft oder vertragswidrig erkannt werden, hat der Auftragnehmer auf eigene Kosten durch mangelfreie zu ersetzen. Hat der Auftragnehmer den Mangel oder die Vertragswidrigkeit zu vertreten, so hat er auch den daraus entstehenden Schaden zu ersetzen. Kommt der Auftrag-nehmer der Pflicht zur Beseitigung des Mangels nicht nach, so kann ihm der Auftraggeber eine angemessene Frist zur Beseitigung des Mangels setzen und erklären, dass er nach fruchtlosem Ablauf der Frist den Vertrag kündigen werde (§ 8 Abs. 3).

257 Diese Regelung ist nicht nur hochinteressant, sondern auch extrem praxisrelevant. Zur Orientierung, wann der § 4 Abs. 7 VOB/B anzuwenden ist:

– Die Geltung der VOB/B für das Vertragsverhältnis wurde zwischen den Parteien wirksam vereinbart, die VOB/B wurde wirksam in den Vertrag einbezogen und

– die Abnahme ist noch nicht erfolgt.

258 Das sind die beiden Grundvoraussetzungen. Natürlich müssen auch die weiteren Voraussetzungen der Norm vorliegen, insbesondere ein Mangel.[122]

Das Wichtigste dabei und in der Realität immer wieder ignoriert ist die Tatsache, dass ohne die in der Norm angesprochene Kündigung keine Ersatzvornahme möglich ist! § 8 Abs. 3 VOB/B, auf den in § 4 Abs. 7 VOB/B ausdrücklich Bezug genommen wird, lautet nämlich:

259 > (3) 1. Der Auftraggeber kann den Vertrag kündigen, wenn in den Fällen des § 4 Absätze 7 und 8 Nr. 1 und des § 5 Abs. 4 die gesetzte Frist fruchtlos abgelaufen ist. Die Kündigung kann auf einen in sich abgeschlossenen Teil der vertraglichen Leistung beschränkt werden.

260 > 2. Nach der Kündigung ist der Auftraggeber berechtigt, den noch nicht vollendeten Teil der Leistung zu Lasten des Auftragnehmers durch einen Dritten ausführen zu lassen, doch bleiben seine Ansprüche auf Ersatz des etwa entstehenden weiteren Schadens bestehen. Er ist auch berechtigt, auf die weitere Ausführung zu verzichten und Schadensersatz wegen Nichterfüllung zu verlangen, wenn die Ausführung aus den Gründen, die zur Kündigung geführt haben, für ihn kein Interesse mehr hat.

---

[122] Zum Mangelbegriff vgl. Stoltefuß, Rn. 436 ff.

Kapitel 4 Die Baustelle

261 3. Für die Weiterführung der Arbeiten kann der Auftraggeber Geräte, Gerüste, auf der Baustelle vorhandene andere Einrichtungen und angelieferte Stoffe und Bauteile gegen angemessene Vergütung in Anspruch nehmen.

262 4. Der Auftraggeber hat dem Auftragnehmer eine Aufstellung über die entstandenen Mehrkosten und über seine anderen Ansprüche spätestens binnen 12 Werktagen nach Abrechnung mit dem Dritten zuzusenden.

263 Also: Wenn das Programm des § 4 Abs. 7 VOB/B vom Auftraggeber korrekt und vollständig abgewickelt wurde, er also

– zur Mangelbeseitigung aufgefordert hat, wobei der Mangel im Sinne der Symptomtheorie[123] so konkret wie möglich zu beschreiben ist

– eine angemessene Frist gesetzt hat, wobei die Frist **im Einzelfall** angemessen sein muss, um genau **diesen** konkreten Mangel zu beseitigen und daher keineswegs immer „14 Tage" sein sollte

– klar und deutlich angedroht hat, den Vertrag nach fruchtlosem Ablauf der Frist zu kündigen, wobei „klar und deutlich" bedeutet, dass der Auftraggeber eine unmissverständliche Formulierung wählen sollte, also nicht (sinngemäß), dass der Auftragnehmer mit der Kündigung „rechnen" muss, die Kündigung „vorbehalten bleibt" etc.[124]

kann der Vertrag gekündigt werden. Er **muss** gekündigt werden, wenn der Auftraggeber eine Ersatzvornahme zulasten des Auftragnehmers durchführen (lassen) möchte, denn erst nach der Kündigung, so § 8 Abs. 3 Nr. 2 S. 1 VOB/B, ist der Auftraggeber dazu berechtigt.[125] Der § 8 Abs. 3 VOB/B zeigt auch im weiteren Text, wie wichtig ein korrektes Verhalten des Auftraggebers hier ist: Neben der Möglichkeit zur für den Auftragnehmer kostenpflichtigen Ersatzvornahme kann er

---

[123] Dazu zB BGH, Urt. v. 5.6.2014 – VII ZR 276/13, ZfBR 2014, 674 = NJW-RR 2014, 1204 = BeckRS 2014, 13723; Kapellmann/Langen/Berger, Rn. 324; Stoltefuß, Rn. 446 ff.

[124] Näher Kapellmann/Messerschmidt/Merkens VOB/B § 4, Rn. 191; Stoltefuß, Rn. 481.

[125] Bolz, IBR 2015, 245, formuliert es in der Besprechung des Urteils des OLG Düsseldorf vom 25.11.2014 – 21 U 172/12, im Rahmen seines Praxishinweises wie folgt: „Was in der Praxis allerdings häufig übersehen wird, ist der Umstand, dass es § 4 Nr. 7 VOB/B iVm § 8 Nr. 3 VOB/B nicht ermöglicht, die Kündigung auf den mangelhaften Teil der Leistung zu beschränken. Der AG kann den **Vertrag nur komplett kündigen** oder die Kündigung **auf einen in sich abgeschlossenen Teil der Leistung beschränken** (§ 8 Nr. 3 Abs. 1 Satz 2)."

A. Die Normen **Kapitel 4**

- Schadensersatz hinsichtlich eventueller weiter Schäden verlangen
- auf die weitere Ausführung verzichten und Schadensersatz wegen Nichterfüllung verlangen, wenn die weitere Ausführung der Leistungen aus den Gründen, die zur Kündigung geführt haben, für ihn nicht mehr von Interesse ist
- für die Weiterführung der Arbeiten Geräte etc. in Anspruch nehmen (gegen angemessene Vergütung).

Anders ausgedrückt: Nach berechtigter Kündigung hält die VOB/B „das volle Programm" für den Auftraggeber bereit. **264**

Aber Achtung: Auf Grundlage der aktuellen BGH-Rechtsprechung[126] ist § 4 Nr. 7 S. 3 VOB/B (2002) ebenso wie die darauf rückbezogene Norm des § 8 Nr. 2 Abs. 1 S. 1, 1. Var. VOB/B (2002) dann, wenn die VOB/B nicht „als Ganzes", also nicht ohne Änderungen (zu diesem Themenkomplex vgl. oben Kapitel 1 B I), vereinbart ist, unwirksam! Das Urteil bezieht sich auf die VOB/B in der Fassung 2002, dürfte aber auch für die aktuelle Fassung der VOB/B gelten. Der BGH vertritt dabei die Auffassung, dass die Regelungen zur Kündigung des Vertrags bei Nichtbeseitigung von Mängeln vor Abnahme den Auftragnehmer unangemessen benachteiligen und daher unwirksam sind. Obwohl in diesem Handbuch theoretische Urteilsbesprechungen und hochjuristische Inhalte von Entscheidungsbegründungen möglichst vermieden werden sollen, sind an dieser Stelle aufgrund der Bedeutung des Urteils dennoch einige vertiefte Überlegungen angebracht. Wie oben dargelegt, ist in dem Fall, dass die VOB/B nicht „als Ganzes" vereinbart ist, auch im B2B-Bereich eine AGB-rechtliche Inhaltskontrolle der VOB/B-Normen durchzuführen, wie sie im vorliegenden Fall durchgeführt wurde. Zum Hintergrund: Die Regelung, wonach der Bauvertrag unter den Voraussetzungen des § 4 Abs. 7 VOB/B iVm § 8 Abs. 3 VOB/B war in der Baupraxis auch und insbesondere deswegen umstritten, weil es auf dieser Basis **notwendig** ist, den gesamten Bauvertrag zu kündigen, um eine Ersatzvornahme zulasten des Auftragnehmers zur Beseitigung eines einzigen, ggfls. minimalen Mangels durchführen zu können. Ein Albtraum für den Nachunternehmereinkauf: Sollen Ersatzvornahmen durchgeführt werden, muss der Vertrag mit dem Auftragnehmer gekündigt werden. Das gilt dann natürlich auch für den Nachfolger des gekündigten Auftragnehmers. Und für dessen Nachfolger. Und für… Genau. Da fragt sich der Einkauf bzw. das Nachunternehmermanagement natürlich: Wie viele Firmen soll **265**

---

[126] BGH, Urt. v. 19.1.2023 -VII ZR 34/20, NZBau 2023, 301 = NJW 2023, 1356 = ZfBR 2023, 343 = IBR 2023, 2240.

Kapitel 4 Die Baustelle

ich eigentlich noch als Auftragnehmer organisieren, wenn ihr (die Geschäftsführung, die Projektleitung, wer immer im Einzelfall zur Kündigung bevollmächtigt ist) ständig alle Auftragnehmer kündigt? Die Rechtsprechung hat die Notwendigkeit dieser Vorgehensweise wiederholt und deutlich bestätigt.[127] Dass ein solcher Rechtsrahmen von den Unternehmen kritisiert wird, ist nachvollziehbar.

266 Die Begründung des BGH für die Unwirksamkeit der Regelungen jedoch ist eine andere: Er bemängelt nicht, dass für die Ersatzvornahme gekündigt werden **muss**, sondern **darf,** und verknüpft dies mit Erwägungen zur Kündigung aus wichtigem Grund. Dies wird in den Urteilgründen deutlich, wenn es dort heißt:

267 *„Die Sanktion der Kündigung aus wichtigem Grund kann danach einschränkungslos in jedem denkbaren Fall festgestellter Vertragswidrigkeit oder Mangelhaftigkeit ausgesprochen werden. Diese Möglichkeit besteht losgelöst davon, welches Gewicht der Vertragswidrigkeit oder dem Mangel im Hinblick auf die Fortsetzung des Vertragsverhältnisses zukommt. § 4 Nr. 7 S. 3 VOB/B (2002) differenziert nicht nach der Ursache, der Art, dem Umfang, der Schwere oder den Auswirkungen der Vertragswidrigkeit oder des Mangels, sodass selbst unwesentliche Mängel, die den Auftraggeber nach § 640 I 2 BGB nicht zur Verweigerung der Abnahme berechtigten würden, zur Kündigung aus wichtigem Grund führen können."*

268 Der BGH greift in seiner Begründung also nicht die (berechtigten) Bedenken der Auftraggeberseite auf, sondern sieht bei Anwendung der Norm eine unangemessene Benachteiligung des Auftragnehmers. Beides ist nachvollziehbar. Fakt ist aber jedenfalls: Ist die VOB/B nicht „als Ganzes", also ohne Änderungen, vereinbart und damit das Interessen- und Regelungsgleichgewicht der VOB/B gestört, sind die Normen zur Kündigung und Ersatzvornahme vor Abnahme unwirksam.

269 Eine Ergänzung dazu: Das Urteil zeigt einmal mehr, wie wichtig eine klare, zweifelsfreie Abnahmesituation ist. Liegt die Abnahme vor oder nicht? Insoweit sollte unbedingt Klarheit herrschen.

III. § 5 VOB/B Ausführungsfristen

270 (1) Die Ausführung ist nach den verbindlichen Fristen (Vertragsfristen) zu beginnen, angemessen zu fördern und zu vollenden. In einem Bauzeitenplan enthaltene Einzelfristen gelten nur dann als Vertragsfristen, wenn dies im Vertrag ausdrücklich vereinbart ist.

---

[127] Vgl. zB BGH, Urt. v. 2.10.1997 – VII ZR 44-97, NJW 1998, 235 = IBR 1998, 12 = BauR 1997, 1027.

A. Die Normen   **Kapitel 4**

(2) Ist für den Beginn der Ausführung keine Frist vereinbart, so   271
hat der Auftraggeber dem Auftragnehmer auf Verlangen Auskunft
über den voraussichtlichen Beginn zu erteilen. Der Auftragnehmer
hat innerhalb von 12 Werktagen nach Aufforderung zu beginnen. Der
Beginn der Ausführung ist dem Auftraggeber anzuzeigen.

(3) Wenn Arbeitskräfte, Geräte, Gerüste, Stoffe oder Bauteile so   272
unzureichend sind, dass die Ausführungsfristen offenbar nicht eingehalten werden können, muss der Auftragnehmer auf Verlangen
unverzüglich Abhilfe schaffen.

(4) Verzögert der Auftragnehmer den Beginn der Ausführung,   273
gerät er mit der Vollendung in Verzug, oder kommt er der in Absatz 3
erwähnten Verpflichtung nicht nach, so kann der Auftraggeber bei
Aufrechterhaltung des Vertrages Schadensersatz nach § 6 Abs. 6 verlangen oder dem Auftragnehmer eine angemessene Frist zur Vertragser-
füllung setzen und erklären, dass er nach fruchtlosem Ablauf der Frist
den Vertrag kündigen werde (§ 8 Abs. 3).

1. Verbindliche und unverbindliche Fristen

Das Thema der verbindlichen Fristen für den Auftragnehmer im   274
Bauprojekt bleibt, wie der Widerwillen gegen Behinderungsanzeigen
gemäß § 6 VOB/B oder die Frage, was eigentlich ein Gewährleistungsmangel ist und wie man damit umgehen sollte, (leider) ewig
jung. Damit ist nicht gemeint, dass Fristen immer wieder und aus
den unterschiedlichsten Gründen nicht eingehalten werden können;
dieser Befund ist häufig „vorprogrammiert" durch eine unklare Vertragsgestaltung oder Defizite sowohl auf Auftraggeber- wie auf Auftragnehmerseite. Bauumstände wechseln, unvorhergesehene Ereignisse
beeinflussen die Faktoren, die zur Einhaltung von Fristen notwendig
sind, usw. Darum soll es hier aufgrund der Vielzahl der möglichen
Verspätungsgründe und ihrer Einzelfallbezogenheit nicht gehen. Vorliegend geht es um die immer wieder Unsicherheit verbreitende Frage,
welche Fristen verbindlich sind. Und welche nicht.

Zunächst: Die Vertragsparteien bestimmen, welche Fristen ver-   275
bindlich sein sollen. „Verbindlich" in diesem Sinne bedeutet, dass
die Überschreitung der Fristen Rechtsfolgen haben kann, also zum
Beispiel Verzug, die Verpflichtung zur Leistung von Schadensersatz
aufgrund des Verzugs, die Verpflichtung zur Zahlung einer Vertrags-
strafe, falls diese vereinbart wurde. So weit, so klar.

Auch der Wortlaut des § 5 Abs. 1 VOB/B ist insoweit eindeutig. Die   276
Rede ist von „… verbindlichen Fristen (Vertragsfristen) …". In der
Praxis ist häufig das Phänomen anzutreffen, dass, wie absolut sinnvoll,

Kapitel 4

im Vertrag verbindliche Fristen ausdrücklich als „Vertragsfristen" benannt werden, insbesondere also Fristen für den Ausführungsbeginn, die Fertigstellung und ggf. Zwischenfristen, dann aber im Bauablauf in den unterschiedlichsten Zusammenhängen immer wieder neue „Fristen" auftauchen, ob in E-Mails, Bauzeitenplänen, Baubesprechungen, Kündigungsandrohungen usw. Apropos Bauzeitenpläne: Hier geht der VOB/B-Text erstaunlich tief ins Detail und stellt klar, dass in einem Bauzeitenplan enthaltene Einzelfristen **nur dann** als Vertragsfristen gelten, wenn dies im Vertrag **ausdrücklich vereinbart** ist. Die VOB/B reagiert hier gewissermaßen auf ein falsches Verständnis in der Praxis, indem sie einen besonders häufig aufkommenden Irrtum aufgreift. Ob dies dazu beigetragen hat, den Irrtum bzw. das falsche Verständnis in der Praxis in den Griff zu bekommen, mag dahingestellt sein, aber wie soll die VOB/B an dieser Stelle denn eigentlich noch klarer werden?

277 Was sind also die Gründe für die ständigen Unsicherheiten und Auseinandersetzungen in der Baupraxis? Hier ist zunächst einmal Verständnis für die Vertragsparteien angebracht. Das allgemeine Verständnis des Begriffs „Frist" impliziert ihre selbstverständliche Verbindlichkeit. Was wäre sonst ihr Sinn?

278 Dem Nichtjuristen ist es also nicht vorzuwerfen, wenn er mit dem Begriff „Frist" zugleich ihre selbstverständliche Verbindlichkeit verbindet. Im Gegenteil, dies ist absolut nachvollziehbar. Der Nichtjurist muss sich jedoch von dieser Vorstellung verabschieden und wohl oder übel damit umgehen, dass die VOB/B einen anderen Weg geht und bei „Fristen" eine Differenzierung hinsichtlich ihrer Verbindlichkeit vornimmt: **Es gibt verbindliche und unverbindliche Fristen.** Führt man sich das als Baubeteiligter immer wieder vor Augen, ist ein wesentlicher Schritt hin zu einem rationaleren Bauablauf getan, weil dann klar ist, dass man gerade nicht immer und automatisch davon ausgehen kann, dass jede Frist verbindlich ist.

279 Nur Vertragsfristen sind verbindlich. Baubeginn und Fertigstellung sind immer Vertragsfristen, weil sie für den Ablauf und Erfolg des Projekts von überragender Bedeutung sind.[128] Die Parteien bestimmen, welche Frist Vertragsfrist und damit verbindlich ist. Im Bauablauf ist es schädlich, wenn hinsichtlich der Verbindlichkeit von Fristen Unsicherheit herrscht (oder noch nicht einmal Unsicherheit, weil der Auftraggeber dominant auftritt und der Auftragnehmer automatisch und kritiklos davon ausgeht, dass jede Frist, die ihm gesetzt wird,

---

[128] Vgl. dazu Stoltefuß, Rn. 51; Kapellmann/Messerschmidt/Sacher VOB/B § 5 Rn. 31.

A. Die Normen

verbindlich ist). Wenn dann auch noch versucht werden muss, diese Unsicherheit durch Auslegung, Interpretation, Wertungen usw. zu beseitigen, wird es noch unsicherer (und wächst die Gefahr der Eskalation noch mehr).

Eine Lösung dieses Problems könnte darin liegen, im Vertrag oder im Rahmen von nachträglichen Vereinbarungen eine klare Sprache zu wählen und sich auf klare Bezeichnungen zu einigen. Ist eine „Vertragsfrist" verbindlich, könnte beispielsweise eine „Kontrollfrist" unverbindlich sein. Dabei ist die Wahl der Bezeichnung zweitrangig; entscheidend ist nur, dass die Unterscheidung klar ist und die Parteien sich einig sind. Je mehr Klarheit dabei geschaffen wird, umso besser für beide Parteien. Sie und vor allem die Projektteams auf beiden Seiten sind es, die mit dem Vertragstext leben und ihn umsetzen müssen. Die im Vertrag gewählte Bezeichnung sollte dann im Projektverlauf, vor allem auch, wenn neue Fristen vereinbart werden, beibehalten werden, ob „Vertragsfrist", „verbindliche Vertragsfrist", „unverbindliche Kontrollfrist" etc. 280

2. Die Regelung von Fristen in Allgemeinen Geschäftsbedingungen

Bei all dem ist eine individualvertragliche Regelung nicht unbedingt erforderlich, auch eine Definition von verbindlichen Vertragsfristen in Allgemeinen Geschäftsbedingungen ist möglich. 281

Dies betrifft auch die in der Praxis häufig vorkommende Klausel in Allgemeinen Geschäftsbedingungen, wonach im Bauzeitenplan enthaltene Einzelfristen zugleich verbindliche Vertragsfristen sein sollen[129]. 282

Eine weitere in der Praxis häufig anzutreffende Klausel in Bauverträgen bestimmt, dass der Auftraggeber einseitig festlegen kann, welche Fristen verbindlich sind. Unabhängig davon, dass nach wohl herrschender Auffassung eine solche Regelung sogar in Allgemeinen Geschäftsbedingungen wirksam vereinbart werden kann[130], ist aufgrund der möglichen Folgen einer solchen Klausel in der Baupraxis sehr fraglich, ob entsprechend verfahren werden sollte, denn: Streitige Diskussionen sind vorprogrammiert, und zwar auch dann, wenn die Grenzen der Zumutbarkeit eingehalten und die einseitige Fristbestimmung durch den Auftraggeber „eigentlich" angemessen ist. Die im Bauprojekt zu beachten Fristen sind ohnehin schon An- 283

---

[129] BGH, Urt. v. 14.1.1999 – VII 73-98, NJW 1999, 1108 ff. = BeckRS 1999, 30042231; vgl. auch die Entscheidungsbesprechungen in IBR 1999, 155 und IBR 1999, 157.

[130] Kapellmann/Messerschmidt/Sacher VOB/B §5 Rn. 35 mwN.

Kapitel 4   Die Baustelle

lass für vielfältige Auseinandersetzungen, ihre Nichteinhaltung kann durch unterschiedlichste Ursachen auf beiden Vertragsseiten entstehen. Wenn dann auch noch eine der Parteien einseitig bestimmen darf, was gilt, vergrößert sich das Streitpotenzial bei diesem ohnehin sensiblen Thema nochmals.

284   Fazit: Die Einräumung eines einseitigen Fristbestimmungsrechts des Auftraggebers ist innerhalb der Grenzen der Zumutbarkeit nach wohl herrschender Auffassung selbst in Allgemeinen Geschäftsbedingungen möglich. Nach hier vertretener Auffassung ist von der Vereinbarung einer solchen Klausel jedoch abzuraten.

3. Der Zusammenhang zwischen § 5 Abs. 4, § 6 Abs. 6 und § 8 Abs. 3 VOB/B

285 Viele Wege führen nach Rom, mehrere zu § 8 Abs. 3 VOB/B. In Kapitel 4, II. wurde dargelegt, wie (und auf Grundlage der aktuellen Rechtsprechung: ob überhaupt) der Auftraggeber im VOB/B-Bereich bei Mängeln vor Abnahme vorgehen kann, um nach Kündigung des Vertrags gemäß § 8 Abs. 3 VOB/B eine Ersatzvornahme zulasten des Auftragnehmers durchführen zu können. § 4 Abs. 7 VOB/B führt, wenn seine Voraussetzungen erfüllt werden, zu § 8 Abs. 3 VOB/B, also zur Möglichkeit, den Vertrag zu kündigen, eine Ersatzvornahme zulasten des Auftragnehmers durchzuführen und gegebenenfalls Schadensersatz geltend zu machen. Außer im Bereich der Mängel vor Abnahme eröffnet auch § 5 Abs. 4 VOB/B, und zwar bei Verzug bzw. den in § 5 Abs. 4 VOB/B angesprochenen Konstellationen, den Weg zu den Rechten gemäß § 8 Abs. 3 VOB/B.

286   Die VOB/B stellt in vielen Fällen und für die verschiedensten, im Rahmen der Abwicklung eines Bauprojekts immer wieder auftretenden Situationen ein praktikables, für den Nichtjuristen verständliches Instrumentarium zur Verfügung. Aus Sicht des Nichtjuristen – und um ihn geht es hier, für ihn ist dieses Buch geschrieben – sind Normen wie beispielsweise § 1 VOB/B zum Art und zum Umfang der Leistung, § 2 Abs. 3 VOB/B für Mengenabweichungen im Einheitspreisvertrag, § 6 VOB/B zum Thema Behinderungsanzeige und selbst § 13 Abs. 4 und 5 VOB/B, der die Verjährungsfristen für Gewährleistungsmängel, die Wartungsbedürftigkeit einzelner Leistungen und die Verpflichtung des Auftragnehmers zur Mängelbeseitigung nach Abnahme regelt, gut verständlich und praktikabel. Das äußert sich darin, dass sie (sieht man vom oft falschen grundsätzlichen Verständnis der Behinderungsanzeige ab, was aber nichts mit der Formulierung der Norm zu tun hat) in vielen Fällen im Bewusstsein des Nichtjuristen

A. Die Normen **Kapitel 4**

präsent sind und angewendet werden. Dies gilt unabhängig davon, dass selbstverständlich Rechtsprechung und Literatur (und nicht zuletzt die den Nichtjuristen beratenden Rechtsanwältinnen und Rechtsanwälte!) wertvolle, unabdingbare Hilfestellungen für die Anwendung der Normen geben müssen und geben. Aber jedenfalls ist der Zugang des Nichtjuristen zu den Normen grundsätzlich vorhanden. Das ist im Baurecht von größter Bedeutung, weil dabei der Nichtjurist juristisch handeln muss, eine Besonderheit des Baurechts, die in keinem, anderen Rechtsbereich so ausgeprägt ist. In vielen anderen Rechtsgebieten ist klar, dass der Nichtjurist juristische Hilfe in Anspruch nehmen muss, um Rechte durchzusetzen, Formalien zu erfüllen, Pflichten ausreichend nachzukommen etc. Die Hilfe kommt dann von Gerichten, Rechtsanwältinnen und Rechtsanwälten, Notarinnen und Notaren, Rechtspflegerinnen und Rechtspflegern. Und so weiter. Im Baurecht dagegen müssen, zum Beispiel, hier stellvertretend für viele andere Baubeteiligte genannt, Bauleiter und Projektleiter juristisch korrekt handeln. Eine seltsame, für die Beteiligten stressige Ausgangslage. Legt man diesen Befund zugrunde, wird deutlich, wie wichtig ein klarer, möglichst unmissverständlicher Wortlaut der Normen ist. Dem wird die VOB/B wie dargelegt an vielen Stellen durchaus gerecht.

Bei § 5 Abs. 4 VOB/B ist das leider anders, was sicherlich an dem 287 verschachtelten Aufbau und der Abhängigkeit der darin genannten Rechte des Auftraggebers vom Vorliegen weiterer Voraussetzungen liegt, außerdem daran, dass es sowohl auf der Situationsseite im ersten Teil des Absatzes als auch bei den Möglichkeiten des Auftraggebers, wie sie im zweiten Teil des Absatzes genannt sind, jeweils mehrere Varianten gibt. Auf der Situationsseite: Verzögerung des Beginns der Ausführung, Verzug mit der Vollendung und Nichterfüllung der in Absatz 3 erwähnten Verpflichtung. Auf der Rechteseite: Verlangen von Schadensersatz bei Aufrechterhaltung des Vertrags oder Fristsetzung plus Kündigungsandrohung, nachfolgend dann Kündigung des Vertrags gemäß § 8 Abs. 3 VOB/B. Das sind viele Inhalte und viele Formalien.

Auch die Analyse des § 5 Abs. 3 VOB/B, auf den der folgende 288 Absatz der Norm wie dargelegt Bezug nimmt, erweist die Unsicherheiten, die sein Wortlaut beim Nichtjuristen verursachen kann, vor allem in Kombination mit § 5 Abs. 4 VOB/B. „Arbeitskräfte, Geräte, Gerüste, Stoffe oder Bauteile" ist noch nachvollziehbar, bei Ausführungsfristen, die „offenbar nicht eingehalten werden können", wird es schon deutlich schwieriger. Wann kann eine Frist „offenbar" nicht eigehalten werden. Will sich der Baubeteiligte nicht auf unsichere, subjektive Erwägungen einlassen, ist er direkt auf die Auslegungshilfe

Kapitel 4   Die Baustelle

von Juristen angewiesen, was vor dem Hintergrund des geschilderten besonderen Praxisbezugs des Baurechts zunächst einmal schlecht ist.

289   Also noch einmal: Was ist mit dem Begriff „offenbar" denn hier nun gemeint? Dieses Merkmal wird in der Literatur beispielsweise bejaht, wenn „der Fortgang der Bauherstellung im Verhältnis zur verstrichenen Zeit in einem so groben Missverhältnis steht, dass nach allgemein anerkannter Erfahrung mit an Sicherheit grenzender Wahrscheinlichkeit die Erfüllung der vertraglich geschuldeten Bauleistungen bis zum Ausführungsfristende nicht mehr zu erwarten ist"[131]. Diese notwendigerweise verallgemeinernde Formulierung verdeutlicht bereits das Problem der Norm. Aufgrund der Vielzahl denkbarer Situationen bleibt Rechtsprechung und Literatur nur die Möglichkeit, so allgemein zu formulieren; die Festlegung bestimmter Fristen bzw. Zeiträume zur Ausfüllung des Begriffs „offenbar" scheidet erkennbar aus. Wenn das aber so ist, wird zugleich deutlich, dass sich der Kreis hier schließt: Trotz juristischer Interpretationsversuche ist der nicht juristisch beratene Nichtjurist doch wieder bei unsicheren, subjektiven Erwägungen angekommen. Dass dies Unsicherheit bei der Anwendung der Norm durch den Nichtjuristen verursacht, ist logisch. Die Unsicherheit wird dadurch weiter verstärkt, dass, auf Grundlage eines wertenden und damit subjektiven Ansatzes, verschiedene Sichtweisen vorprogrammiert sind, die von der Überschreitung der Ausführungsfristen mit an Sicherheit grenzender Wahrscheinlichkeit über die ernsthafte Befürchtung der Fristüberschreitung bis zu ernsthaften Zweifeln an der Einhaltung der Frist reichen.[132] Führt man sich dann noch vor Augen, dass bloße Vermutungen in diesem Zusammenhang nicht ausreichen sollen, sondern sich der Auftraggeber „anhand von Tatsachen Gewissheit verschaffen"[133] soll, dass die Fertigstellung innerhalb der Vertragsfrist mit „an Sicherheit grenzender Wahrscheinlichkeit"[134] nicht erwartet(!) werden kann, wird deutlich, warum Nichtjuristen in der Praxis von dieser Norm häufig lieber „die Finger lassen": Was nicht gut ist, weil die geregelten Verzugssituationen logischerweise in der Praxis sehr wichtig sind und immer wieder vorkommen. Und was dann auch keine Hilfe für den Nichtjuristen ist, der nun wirklich gar

---

[131] So BeckOK VOB/B/Preussner VOB/B § 5 Abs. 3 Rn. 9 mit Hinweis auf BGH, Urt. v. 4.5.2000 – VII ZR 53/99, NJW 2000, 2988 = NZBau 2000, 375 = IBRRS 2000, 0830 = BeckRS 2000, 5463.

[132] Zu den verschiedenen Ansätzen Kapellmann/Messerschmidt/Sacher VOB/B § 5 Rn. 171. mwN.

[133] BeckOK VOB/B/Preussner VOB/B § 5 Abs. 3 Rn. 10.

[134] Siehe Fn. 85.

A. Die Normen **Kapitel 4**

nichts davon hat, wenn er Normen ohne umfangreiche Hilfe von Dritten gar nicht anwenden kann. Gerade baurechtliche Normen müssen dazu dienen, dem Nichtjuristen in der Praxis Orientierung zu geben, nicht dazu, Juristen zu ernähren. Noch einmal zur Verdeutlichung: Natürlich müssen Normen der VOB/B von der Rechtsprechung und der Literatur ausgefüllt, interpretiert und konkretisiert werden; gerade im Baurecht kommt es dabei aber darauf an, die unmittelbare Anwendbarkeit der Normen durch den Nichtjuristen zu ermöglichen und ihn nur in möglichst geringem Umfang gewissermaßen zu zwingen, juristische Hilfe in Anspruch zu nehmen und so Zeit, Geld und Aufwand investieren zu müssen. Es bedeutet einen eklatanten Widerspruch, wenn einerseits Nichtjuristen gezwungen sind, im alltäglichen Geschäft juristische Normen korrekt anzuwenden, diese Normen aber so konzipiert sind, dass sie nur mit Hilfe von Juristen verstanden und richtig angewendet werden können.

Vor diesem unbefriedigenden Hintergrund nochmals der Versuch, dem Nichtjuristen Hilfestellung zu bieten: 290

Bei der gemäß § 5 Abs. 3 VOB/B zu treffenden Bewertung, ob 291 Ausführungsfristen offenbar nicht eingehalten werden können, kommt man letztlich um eine subjektive Einzelfallbewertung nicht herum, ob man das nun „von Tatsachen Gewissheit verschaffen" nennt oder nicht. Für die zu treffende Entscheidung ist also zunächst zu prüfen, welche Ausführungsfristen überhaupt zu beachten sind bzw., noch eine Stufe früher, ob es überhaupt wirksam vereinbarte, verbindliche Vertragsfristen gibt, vgl. die Ausführungen oben zu III. 1. Je länger die nächste verbindliche Ausführungsfrist in der Zukunft liegt, umso schwieriger dürfte der Vorwurf an den Auftragnehmer werden, dass er die Frist nicht einhalten wird, und das auch noch „offenbar". Führt man sich dann noch vor Augen, dass ein Werkvertrag durch eine große Organisations- und Management-Kompetenz des Auftragnehmers gekennzeichnet ist (im Rahmen der vertraglichen Vereinbarungen zu Bausoll, Preis, Fristen etc. bestimmt der Auftragnehmer in Abgrenzung zur Arbeitnehmerüberlassung, wie und in welcher Reihenfolge etc. er diese Vorgaben erfüllen will; schließlich haftet er für seine Leistungen ja auch während der Gewährleistungsphase), wird deutlich, warum die Regelung des § 5 Abs. 3 VOB/B in der Praxis selten bzw. nur mit Widerwillen Anwendung findet: Sie ist einerseits abstrakt, andererseits einzelfallbezogen und häufig nur schwer erfolgreich durchzusetzen.

Damit wird der Anwendungsbereich des § 5 Abs. 4 VOB/B direkt, 292 jedenfalls in vielen Fällen, um ein Drittel dezimiert. Eine der drei „Eintrittskarten" für diese Norm nämlich besteht ja darin, dass der Auftragnehmer „der in Absatz 3 erwähnten Verpflichtung" nicht

Kapitel 4 Die Baustelle

nachgekommen ist. Das ist deswegen so bedauerlich, weil es ja gerade diese Alternative des § 5 Abs. 4 VOB/B ist, die dem Auftraggeber während der Projektphase, und zwar durchgehend und gegebenenfalls wiederholt, ein Mittel an die Hand geben soll, Druck auf den Auftragnehmer auszuüben, wenn dieser zu wenig Arbeitskräfte etc. auf der Baustelle hat.

293 Die beiden anderen „Eintrittskarten" beschränken sich dagegen auf den Anfang („Verzögert der Auftragnehmer den Beginn der Ausführung ...") und das Ende („... gerät er mit der Vollendung in Verzug ...") des Projekts, wobei man zur Variante Verzug mit der Vollendung noch ergänzen könnte, dass es dann in vielen Fällen ohnehin zu spät für ein steuerndes, Schaden vermeidendes Eingreifen des Auftraggebers ist. Der Vollständigkeit hinzuzufügen ist allerdings, dass die Auslegung, wonach diese Alternative nur die Ausführungsfrist im Sinne der Fertigstellungsfrist erfasst, umstritten ist. Die Gegenansicht[135] zählt zu den verbindlichen Ausführungsfristen auch Zwischenfristen, wenn diese als Vertragsfristen gekennzeichnet sind. Diese Auslegung widerspricht nach hier vertretener Auffassung allerdings dem klaren Wortlaut des § 5 Abs. 4 VOB/B, der ausdrücklich von der „Vollendung" spricht, genauer: „... gerät er mit der Vollendung in Verzug".[136]

294 Zugleich macht der Wortlaut der Norm deutlich, dass hier eben Verzug des Auftragnehmers vorliegen muss, was keineswegs selbstverständlich ist, wie die Alternative des „verzögerten Beginns der Ausführung" zeigt, die gerade nicht von Verzug spricht. Der Wortlaut des § 5 Abs. 4 VOB/B verdeutlicht, dass für die Bejahung dieses Merkmals kein Verzug vorliegen muss. Das wiederum bedeutet in der Konsequenz, dass damit auch kein Verschulden des Auftragnehmers gegeben sein muss![137]

IV. § 6 VOB/B Behinderung

295 (1) Glaubt sich der Auftragnehmer in der ordnungsgemäßen Ausführung der Leistung behindert, so hat er es dem Auftraggeber unver-

---

[135] ZB Beck VOB/B/Althaus VOB/B § 5 Abs. 4 Rn. 24.

[136] Differenzierend Kapellmann/Messerschmidt/Sacher, § 5 VOB/B Rn. 228 f.; wie hier NWJS/Gartz VOB/B § 5 Rn. 26, ergänzt um den zutreffenden Hinweis, dass die Nichteinhaltung von (unverbindlichen oder verbindlichen) Einzelfristen regelmäßig auch eine unzureichende Förderung der Ausführung im Sinne von § 5 Abs. 3 VOB/B darstellt und so der Weg zu § 5 Abs. 4 VOB/B geebnet werden kann.

[137] Beck VOB/B/Althaus VOB/B § 5 Abs. 4 Rn. 22.

züglich schriftlich anzuzeigen. Unterlässt er die Anzeige, so hat er nur dann Anspruch auf Berücksichtigung der hindernden Umstände, wenn dem Auftraggeber offenkundig die Tatsache und deren hindernde Wirkung bekannt waren.

(2) Ausführungsfristen werden verlängert, soweit die Behinderung verursacht ist:

a) durch einen Umstand aus dem Risikobereich des Auftraggebers,
b) durch Streik oder eine von der Berufsvertretung der Arbeitgeber angeordnete Aussperrung im Betrieb des Auftragnehmers oder in einem unmittelbar für ihn arbeitenden Betrieb,
c) durch höhere Gewalt oder andere für den Auftragnehmer unabwendbare Umstände.

2. Witterungseinflüsse während der Ausführungszeit, mit denen bei Abgabe des Angebots normalerweise gerechnet werden musste, gelten nicht als Behinderung.

(3) Der Auftragnehmer hat alles zu tun, was ihm billigerweise zugemutet werden kann, um die Weiterführung der Arbeiten zu er möglichen. Sobald die hindernden Umstände wegfallen, hat er ohne weiteres und unverzüglich die Arbeiten wieder aufzunehmen und den Auftraggeber davon zu benachrichtigen.

(4) Die Fristverlängerung wird berechnet nach der Dauer der Behinderung mit einem Zuschlag für die Wiederaufnahme der Arbeiten und die etwaige Verschiebung in eine ungünstigere Jahreszeit.

(5) Wird die Ausführung für voraussichtlich längere Dauer unterbrochen, ohne dass die Leistung dauernd unmöglich wird, so sind die ausgeführten Leistungen nach den Vertragspreisen abzurechnen und außerdem die Kosten zu vergüten, die dem Auftragnehmer bereits entstanden und in den Vertragspreisen des nicht ausgeführten Teils der Leistung enthalten sind.

(6) Sind die hindernden Umstände von einem Vertragsteil zu vertreten, so hat der andere Teil Anspruch auf Ersatz des nachweislich entstandenen Schadens, des entgangenen Gewinns aber nur bei Vorsatz oder grober Fahrlässigkeit. Im Übrigen bleibt der Anspruch des Auftragnehmers auf angemessene Entschädigung nach §642 BGB unberührt, sofern die Anzeige nach Absatz 1 Satz 1 erfolgt oder wenn Offenkundigkeit nach Abs. 1 S. 2 gegeben ist.

(7) Dauert eine Unterbrechung länger als 3 Monate, so kann jeder Teil nach Ablauf dieser Zeit den Vertrag schriftlich kündigen. Die Abrechnung regelt sich nach den Absätzen 5 und 6; wenn der Auftragnehmer die Unterbrechung nicht zu vertreten hat, sind auch die

Kapitel 4   Die Baustelle

Kosten der Baustellenräumung zu vergüten, soweit sie nicht in der Vergütung für die bereits ausgeführten Leistungen enthalten sind.

303 Beginnen wir mit einigen mehr oder weniger fiktiven, aber nichtsdestotrotz sehr realistischen Zitaten von Erwiderungen auf die schlichte Feststellung, dass eine ordnungsgemäße Behinderungsanzeige im Interesse beider Vertragsparteien liegt und die Projektsituation eine Behinderungsanzeige erfordert:

304 „Da sollten wir besser noch mit warten."

305 „Vielleicht wäre es besser, jetzt noch nicht so schwere Geschütze aufzufahren."

306 „Das gibt Stress."

307 „Wenn ihr Stress wollt, kein Problem, könnt ihr haben."

308 „Wenn ich das als Planer an den AG weitergebe, kann ich für nichts mehr garantieren."

309 „Man muss ja nicht gleich so formell werden."

310 „Sind wir wirklich schon so weit gekommen, dass wir uns Behinderungsanzeigen um die Ohren hauen müssen?"

311 Und so weiter. Obige Formulierungen haben eins gemeinsam: Sie sind ausnahmslos falsch. Eindeutig, uneingeschränkt falsch.

312 Würde man für deutsche Bauprojekte eine Rangliste falscher Vorgehensweisen und eines in vielen Fällen grundlegend falschen Verständnisses aufstellen, würde der Umgang mit der Behinderungsanzeige sicher an erster Stelle stehen, dicht gefolgt vom falschen Verständnis davon, was eigentlich ein Gewährleistungsmangel ist, sowie vom Umgang mit Fristen, die keine Vertragsfristen sind. Zu den beiden zuletzt genannten Themen an anderer Stelle mehr. Zum Thema Behinderungsanzeige an dieser Stelle[138] nur folgende Hinweise:

313 Eine Behinderungsanzeige ist etwas **Positives**. Sie ist Ausdruck der Kooperation und Zusammenarbeit der Vertragsparteien Auftraggeber und Auftragnehmer.[139] Sie ist **wichtig**, und zwar sowohl für den Auftraggeber als auch für den Auftragnehmer.

314 Warum für den Auftraggeber? Er wird informiert. Über den aktuellen Stand, über ein Problem, das sich bei seinem Bauvorhaben ergeben hat. Wenn er von dem Problem keine Kenntnis hat, kann er es auch nicht lösen. Hat der Auftragnehmer einen Anspruch auf Zurverfügungstellung der Ausführungsplanung und ist diese unvollständig, mangelhaft oder nicht vorhanden, muss der Auftraggeber das wissen. Sonst kann er nicht dafür sorgen, dass das Planungsproblem

---

[138] Ausführlich zu den einzelnen Voraussetzungen des §6 Abs. 1 VOB/B und zur Psychologie der Behinderungsanzeige Stoltefuß, Rn. 383 ff.

[139] Dazu Stoltefuß, IBR 2016, 1006 ff.

A. Die Normen **Kapitel 4**

gelöst wird. Fehlen bauseitige Vorleistungen, ohne die der Auftragnehmer sein Leistungsprogramm nicht fortsetzen kann, muss der Auftraggeber auch das Wissen, um möglichst schnell Abhilfe schaffen zu können.

Exakt aus dieser Situation resultiert der Wortlaut des § 6 Abs. 1 **315** VOB/B. Bereits dann, wenn der Auftragnehmer sich lediglich behindert **glaubt**, greift die Pflicht zur Behinderungsanzeige. Die VOB/B will die Behinderungssituation also in einem möglichst frühen Stadium erfassen und managen, nicht erst, wenn „es soweit ist". Und ja: es greift die Pflicht zur Behinderungsanzeige, der Auftragnehmer **hat** den Auftraggeber zu informieren. Er kann es nicht nur, er sollte es auch nicht nur, sondern er **muss** es. Und zwar **unverzüglich**, weil es dem Auftraggeber beim besten Willen nicht weiterhilft, wenn er erfährt, dass es in seinem Projekt vor vier Monaten ein Problem gegeben hat. Dann ist es zu spät. Der Auftraggeber muss unverzüglich reagieren können und, wenn möglich und jedenfalls so schnell wie möglich, Abhilfe schaffen. Damit sein Projekt weiterläuft. Und damit aufgrund der Behinderung keine wirtschaftlichen Verluste entstehen.

Zu informieren ist der Auftraggeber, nicht ein Dritter. Nicht der **316** Planer. Nicht der Architekt. Nicht der Projektsteuerer. Nicht irgendjemand sonst, sondern der Auftraggeber. Solche Dritte können nur dann Adressat einer Behinderungsanzeige sein, wenn sie vom Auftraggeber ordnungsgemäß dazu bevollmächtigt wurden. Das wiederum ist in der Baupraxis die absolute Ausnahme, deshalb soll eine solche Bevollmächtigung an dieser Stelle nicht weiter erörtert werden. Nur so viel: Niemand ist qua Berufsbezeichnung oder -tätigkeit „automatisch" bevollmächtigt.[140] Klären ist King. Wenn unklar ist, wer was in welchem Umfang darf, muss das geklärt und nicht verschleppt werden. Fazit: Die Behinderungsanzeige kann für den Auftraggeber nicht nur wichtig, sondern sogar von entscheidender Bedeutung sein. Entscheidend für den wirtschaftlichen Erfolg seines Projekts. Dabei ist die Rede von den Interessen des Auftraggebers. Ausschließlich um ihn geht es im Zusammenhang mit einer Behinderungsanzeige, nicht um Dritte mit eigenen, teilweise von den Interessen des Auftraggebers abweichenden Eigeninteressen.

Warum für den Auftragnehmer? Ein Blick in § 6 Abs. 2 VOB/B **317** hilft weiter. Ausführungsfristen werden nur verlängert, wenn eine ordnungsgemäße Behinderungsanzeige gestellt wurde (oder bei Offenkundigkeit der hindernden Tatsache **und** ihrer hindernden Wir-

---

[140] Zur Diskussion um die Existenz und den Umfang einer Vollmacht des Architekten vgl. Stoltefuß, Rn. 246 ff.

Kapitel 4 — Die Baustelle

kung, § 6 Abs. 1 S. 2 VOB/B, ein Ausnahmetatbestand, der von der Rechtsprechung zu Recht nur in absolut seltenen Ausnahmefällen bejaht wird und daher hier ebenfalls unkommentiert bleibt; auf Offenkundigkeit sollte sich der Auftragnehmer nie verlassen). Das sollte sich der Auftragnehmer unbedingt vor Augen führen: Wenn er die absurde Situation, dass er die Verzögerung nicht zu vertreten hat und seine Vertragsfristen trotzdem mit allen Konsequenzen weiterlaufen, vermeiden will, sollte er eine Behinderungsanzeige stellen! Argumentations- bzw. Rechtfertigungsansätze aus der Praxis, wonach Fristen nicht gelten, weil der Auftraggeber „es nicht hinkriegt", Fristen „sowieso alle nicht mehr gelten, weil alles durcheinander ist" oder weil „alle wissen, dass die Fristen nicht zu halten sind", sollte man auf Auftragnehmerseite möglichst vergessen. Also: Die Regelung des § 6 Abs. 2 VOB/B ist für das Fristenmanagement von überragender Bedeutung.

318 Außerdem ist aus Auftragnehmersicht § 6 Abs. 6 VOB/B zu beachten. Auch Schadensersatz aufgrund der auftraggeberseitig zu verortenden Behinderung gibt es nur im Fall einer ordnungsgemäßen Behinderungsanzeige (oder bei Offenkundigkeit, s. o.). Wenn der Auftragnehmer aufgrund der Behinderung also beispielsweise einen Container oder eine Lagerfläche drei Monate länger anmieten muss und er die Mehrkosten ersetzt haben möchte, sollte er seine völlig unbegründeten und auf einem falschen Verständnis beruhenden Hemmungen überwinden und den Auftraggeber über die Behinderung informieren. Das hilft wie gesagt beiden Seiten. Beide Seiten sollten im Übrigen auch § 6 Abs. 3 S. 1 VOB/B beachten, wonach der Auftragnehmer alles zu tun hat, was ihm billigerweise zugemutet werden kann, um die Weiterführung der Arbeiten zu ermöglichen. Der Auftragnehmer darf also „die Hände nicht in den Schoß legen", sondern ist in der Verantwortung, das Projekt bestmöglich fortzuführen.

319 All dies ist positiv und dient den Vertragsparteien und dem Projekt. Der Druck, der teilweise in der Praxis auf den Auftragnehmer ausgeübt wird („Kriegserklärung", „Das Ende der Zusammenarbeit", „Dann gibt es eben keine Partnerschaft mehr, kein Problem" und so weiter und so fort), stammt in den allermeisten Fällen nicht vom Auftraggeber selbst, sondern von ihm beauftragten Drittbeteiligten, die eigene Interessen tangiert sehen. Das bedeutet: Der Auftraggeber sollte bei diesem Thema wachsam, der Auftragnehmer stark sein.

A. Die Normen

V. §§ 4 Abs. 3, 13 Abs. 3 VOB/B Bedenkenanmeldung

> (3) Hat der Auftragnehmer Bedenken gegen die vorgesehene Art der Ausführung (auch wegen der Sicherung gegen Unfallgefahren), gegen die Güte der vom Auftraggeber gelieferten Stoffe oder Bauteile oder gegen die Leistungen anderer Unternehmer, so hat er sie dem Auftraggeber unverzüglich – möglichst schon vor Beginn der Arbeiten – schriftlich mitzuteilen; der Auftraggeber bleibt jedoch für seine Angaben, Anordnungen oder Lieferungen verantwortlich.

> (3) Ist ein Mangel zurückzuführen auf die Leistungsbeschreibung oder auf Anordnungen des Auftraggebers, auf die von diesem gelieferten oder vorgeschriebenen Stoffe oder Bauteile oder die Beschaffenheit der Vorleistung eines anderen Unternehmers, haftet der Auftragnehmer, es sei denn, er hat die ihm nach § 4 Absatz 3 obliegende Mitteilung gemacht.

Zunächst: Es gibt verschiedene Arten von Bedenkenanmeldungen, wobei der Begriff in der Praxis nicht einheitlich benutzt wird. 320

Teilweise wird die Regelung des § 3 Abs. 3 VOB/B, wonach der Auftragnehmer die für die Ausführung maßgeblichen Unterlagen auf Unstimmigkeiten zu prüfen und den Auftraggeber auf entdeckte oder vermutete Mängel hinzuweisen hat, in die Kategorie der „Bedenken" eingeordnet, was nicht dem Wortlaut der Norm entspricht, inhaltlich aber nicht falsch ist: der Auftragnehmer hat „Bedenken" hinsichtlich der Qualität der Unterlagen. (Auch diese Regelung ist im Übrigen Ausdruck des Kooperationsprinzips und verdeutlicht die Notwendigkeit der Kommunikation zwischen den Vertragsparteien.) Dabei ist zu beachten, dass die entsprechende Pflicht des Auftragnehmers häufig im Vertrag konkretisiert bzw. ausgeweitet wird, und zwar sowohl in zeitlicher wie auch in inhaltlicher Hinsicht, womit sich die Regel bestätigt: In Zweifelsfällen immer zuerst in den Vertrag und erst dann in die VOB/B schauen (wenn ihre Geltung wirksam vereinbart wurde). 321

Die zweite Variante der Bedenkenanmeldung findet sich in § 4 Abs. 1 Nr. 4 VOB/B: Danach hat der Auftragnehmer Bedenken anzumelden, wenn er Anordnungen des Auftraggebers für unberechtigt oder unzweckmäßig hält. 322

Auch hier gilt, wie bei der Behinderungsanzeige, dass der Hinweis gegenüber dem Auftraggeber nicht nach Wahl des Auftragnehmers erfolgen kann, sondern seine Pflicht ist, er „hat" die Bedenken anzumelden. Bereits an anderer Stelle[141] wurde darauf hingewiesen, dass die Zurückhaltung der Praxis bei der Anwendung dieser Norm auch darauf beruhen dürfte, dass Begriffe wie „unberechtigt" und „unzweckmäßig" eine subjektive Einzelfallbewertung des Auftragnehmers

---

[141] Stoltefuß, Rn. 415.

Kapitel 4 Die Baustelle

erfordern und die ohnehin (zu Unrecht!) bestehende Zurückhaltung in der Kommunikation zum Auftraggeber dadurch noch verstärkt wird. Ist die Anordnung- wirklich unzweckmäßig? Sollte man wirklich „jetzt schon" zu so einer „formellen" Maßnahme greifen? Ja! Noch einmal: Der Auftragnehmer ist zur Bedenkenanmeldung verpflichtet! Außerdem müssen Unzweckmäßigkeit und fehlende Berechtigung nicht nachweisbar vorliegen; es genügt, wenn der Auftragnehmer die Anordnung dafür „hält". Das erleichtert es doch, die Pflicht zu erfüllen. Die VOB/B gibt dem Auftragnehmer hier gewissermaßen einen Vertrauensvorschuss: seine fachliche Expertise und die unbedingte Notwendigkeit, das Bauvorhaben kommunikativ, sich gegenseitig informierend und partnerschaftlich durchzuführen, führen in Kombination dazu, dass es sich hier um ein wichtiges Instrument zur Projektsteuerung handelt, und das bedeutet: Ebenso wie die Pflicht zur Behinderungsanzeige, die oben beschriebene Pflicht des Auftragnehmers, den Auftraggeber auf Mängel der Unterlagen hinzuweisen, und die Pflicht zur Bedenkenanmeldung gemäß § 4 Abs. 3 VOB/B (dazu unten mehr) ist auch diese Bedenkenanmeldung etwas Positives und wesentlicher Ausdruck der Kommunikation und Partnerschaftlichkeit. Jede Zurückhaltung ist auch deswegen völlig fehl am Platz.[142]

323 Nun aber zu § 4 Abs. 3 VOB/B, bzw. zu § 4 Abs. 3 VOB/B in Verbindung mit § 13 Abs. 3 VOB/B. Auch § 4 Abs. 3 VOB/B ist sehr wichtig für die Praxis und die effektive Abwicklung des Bauvorhabens. Ganten[143] bezeichnet die Regelung als „zentrale Vorschrift zur Regelung externer baulicher Leistungsrisiken". Wieso „extern"? Weil es hier aus Sicht des Auftragnehmers um Einflüsse geht, die er nicht selbst beherrschen kann, weil sie „von außen" kommen. Es geht hier eben nicht um eigene störende Faktoren wie fehlende Kapazitäten oder mangelhaftes Projektmanagement, sondern um das „bauliche Umfeld"[144]. Umso wichtiger ist es und umso mehr liegt es natürlich im ureigensten Interesse des Auftragnehmers, dass er den Auftraggeber auf solche Faktoren (schriftlich und unverzüglich!) hinweist und versucht, sie im Interesse seines Projektergebnisses zu beeinflussen. Schweigen ist hier nicht Gold, sondern höchst gefährlich.

324 Welche Bedenken, insbesondere gegen die „Art der Ausführung", geltend machen muss, hängt zunächst von der vertraglichen Gestaltung ab. Die im Vertrag möglicherweise enthaltenen Verantwortungsverteilungen, zum Beispiel Prüf- und Hinweispflichten, sind zu

---

[142] Zu weiteren Einzelheiten vgl. Stoltefuß, Rn. 416 ff.
[143] Beck VOB/B/Ganten VOB/B § 4 Abs. 3 Rn. 1.
[144] So Beck VOB/B/Ganten VOB/B § 4 Abs. 3 Rn. 2.

A. Die Normen **Kapitel 4**

prüfen, bevor der (ansonsten unter Umständen verfrühte und damit falsche) Weg zur VOB/B gewählt wird.

Enthält der Vertrag nichts Abweichendes, können Bedenken gegen 325 die Art der Ausführung beispielsweise Aspekte im Zusammenhang mit der Planung, der Leistungsbeschreibung, mit vom Auftraggeber festgelegten Materialien, aber auch mit der Genehmigungsfähigkeit seines Gewerks stehen.[145]

In der Praxis wichtig ist auch die Pflicht, Bedenken gegen die 326 Leistungen anderer Unternehmer geltend zu machen. Auch dabei wird deutlich, dass die VOB/B (und die dazu ergangene Rechtsprechung) das Projekt umfassend betrachtet und die einzelnen Rollen eben nicht nur isoliert für jeden Baubeteiligten bewertet. Hier stellt sich natürlich die Frage nach den Grenzen dieser Pflicht des Auftragnehmers. Schließlich hat er ja schon mit der eigenen Leistung genug zu tun und kann sich nicht noch um die Leistungen aller anderen Unternehmer kümmern. Das muss er aber auch nicht; die Pflicht bezieht sich nur auf die Situation, dass seine eigene Leistung in engem Zusammenhang mit der Vorarbeit eines anderen Werkunternehmers auszuführen ist[146]. Das ist aufgrund des Zusammenhangs der verschiedenen Aktivitäten folgerichtig, zumutbar und auch bedeutsam für den Auftraggeber, für den es inakzeptabel wäre, wenn die von ihm beauftragten Fachfirmen ihm zwar in sich jeweils stimmige, aber nicht zueinander passende Puzzleteile liefern würden.

Nun zu § 13 Abs. 3 VOB/B, der in der Praxis leider oft übersehen 327 wird. § 13 VOB/B erfasst die Zeit nach Abnahme, also die Gewährleistungsfrist. Dort ist, auf den ersten Blick erstaunlicherweise, geregelt, dass der Auftragnehmer haftet, wenn ein Mangel auf die in § 4 Abs. 3 VOB/B geregelten Situationen, also Anordnungen des Auftraggebers etc., zurückzuführen ist. Dann kommt die Einschränkung: „…es sei denn, er hat die ihm nach § 4 Abs. 3 obliegende Mitteilung gemacht." Das bedeutet: Der Auftragnehmer haftet für den auf „externen" Ursachen beruhenden Mangel, also obwohl der Mangel doch gar nicht auf eigenen, beherrschbaren Ursachen im Bereich des Auftragnehmers beruht, sondern eine „fremde" Ursache hat. Es sei denn, er hat während der Projektphase die entsprechenden Bedenken gegenüber dem Auftraggeber mitgeteilt, und zwar schriftlich und unverzüglich. Was der Auftragnehmer im Bestreitensfall beweisen muss.

---

[145] Dazu und zu weiteren Aspekten des § 4 Abs. 3 VOB/B instruktiv Kapellmann/Messerschmidt/Merkens VOB/B § 4 Rn. 81 ff.
[146] So Kapellmann/Messerschmidt/Merkens VOB/B § 4 Rn. 93.

Kapitel 4 Die Baustelle

328 Die in der Praxis häufig gestellte Frage: „Und was ist, wenn der Auftraggeber nicht auf meine Bedenkenanzeige reagiert?" kann so beantwortet werden, dass das keine Rolle spielt. Nach erfolgter, ordnungsgemäßer Bedenkenanzeige ist es Sache des Auftraggebers, wie er mit den Hinweisen des Auftragnehmers umgeht. Dieser hat seine Pflicht erfüllt und ist gemäß § 13 Abs. 3 VOB/B nicht mehr haftbar.

VI. §§ 640 BGB, 12 VOB/B Abnahme

§ 640 BGB

329 (1) Der Besteller ist verpflichtet, das vertragsmäßig hergestellte Werk abzunehmen, sofern nicht nach der Beschaffenheit des Werkes die Abnahme ausgeschlossen ist. Wegen unwesentlicher Mängel kann die Abnahme nicht verweigert werden.

330 (2) Als abgenommen gilt ein Werk auch, wenn der Unternehmer dem Besteller nach Fertigstellung des Werks eine angemessene Frist zur Abnahme gesetzt hat und der Besteller die Abnahme nicht innerhalb dieser Frist unter Angabe mindestens eines Mangels verweigert hat. Ist der Besteller ein Verbraucher, so treten die Rechtsfolgen des Satzes 1 nur dann ein, wenn der Unternehmer den Besteller zusammen mit der Aufforderung zur Abnahme auf die Folgen einer nicht erklärten oder ohne Angabe von Mängeln verweigerten Abnahme hingewiesen hat; der Hinweis muss in Textform erfolgen.

331 (3) Nimmt der Besteller ein mangelhaftes Werk gemäß Abs. 1 S. 1 ab, obschon er den Mangel kennt, so stehen ihm die in § 634 Nr. 1 bis 3 bezeichneten Rechte nur zu, wenn er sich seine Rechte wegen des Mangels bei der Abnahme vorbehält.

§ 12 VOB/B

332 (1) Verlangt der Auftragnehmer nach der Fertigstellung – gegebenenfalls auch vor Ablauf der vereinbarten Ausführungsfrist – die Abnahme der Leistung, so hat sie der Auftraggeber binnen 12 Werktagen durchzuführen; eine andere Frist kann vereinbart werden.

333 (2) Auf Verlangen sind in sich abgeschlossene Teile der Leistung besonders abzunehmen.

334 (3) Wegen wesentlicher Mängel kann die Abnahme bis zur Beseiti-gung verweigert werden.

335 (4) 1. Eine förmliche Abnahme hat stattzufinden, wenn eine Vertrags-partei es verlangt. Jede Partei kann auf ihre Kosten einen Sachverständigen zuziehen. Der Befund ist in gemeinsamer Verhandlung schriftlich niederzulegen. In die Niederschrift sind etwaige Vorbehalte wegen bekannter Mängel und wegen Vertragsstrafen aufzunehmen,

A. Die Normen **Kapitel 4**

ebenso etwaige Einwendungen des Auftragnehmers. Jede Partei erhält eine Ausfertigung.

2. Die förmliche Abnahme kann in Abwesenheit des Auftragnehmers stattfinden, wenn der Termin vereinbart war oder der Auftraggeber mit genügender Frist dazu eingeladen hatte. Das Ergebnis der Abnahme ist dem Auftragnehmer alsbald mitzuteilen.

(5) Wird keine Abnahme verlangt, so gilt die Leistung als abgenommen mit Ablauf von 12 Werktagen nach schriftlicher Mitteilung über die Fertigstellung der Leistung.

2. Wird keine Abnahme verlangt und hat der Auftraggeber die Leistung oder einen Teil der Leistung in Benutzung genommen, so gilt die Abnahme nach Ablauf von 6 Werktagen nach Beginn der Benutzung als erfolgt, wenn nichts anderes vereinbart ist. Die Benutzung von Teilen einer baulichen Anlage zur Weiterführung der Arbeiten gilt nicht als Abnahme.

3. Vorbehalte wegen bekannter Mängel oder wegen Vertragsstrafen hat der Auftraggeber spätestens zu den in den Nummern 1 und 2 bezeichneten Zeitpunkten geltend zu machen.

(6) Mit der Abnahme geht die Gefahr auf den Auftraggeber über, soweit er sie nicht schon nach § 7 trägt.

Die Normen zur Abnahme zeigen, dass insbesondere die Regeln der VOB/B darauf ausgerichtet sind, möglichst viele Situationen zu erfassen, also beispielsweise, ob

- der Auftragnehmer die Abnahme verlangt
- es um angeschlossene Teile der Leistung geht
- eine förmliche Abnahme verlangt wird
- die Leistung in Benutzung genommen wird oder nicht
- usw.

Die Regelungsdichte zum Thema Abnahme ist also relativ hoch. Der Text der Vorschriften ist nicht kompliziert, die Rechtsprechung liefert umfangreiche Hilfestellungen. Die Kommentierung und Erläuterung von Einzelheiten soll, der Intention dieses Handbuchs folgend, anderen Publikationen, insbesondere den einschlägigen Kommentaren, vorbehalten bleiben. Unabhängig von all diesen Einzelheiten geht es vorliegend um ein anderes Thema, und zwar um ein Thema von in der Baupraxis überragender Bedeutung: das Bewusstsein der Beteiligten, wie wichtig die Abnahme ist, für den Auftragnehmer, für den Auftraggeber und für die Wirtschaftlichkeit des Projekts auf allen Seiten. Im Rahmen eines Bauprojekts ist die Abnahme die wichtigste Zäsur. Die Erfüllungsphase ist beendet. Die Gewährleistungsphase beginnt.

Kapitel 4
Die Baustelle

Der Auftragnehmer verlässt direkt oder jedenfalls im engen zeitlichen Zusammenhang die Baustelle, er kann also nicht mehr kontrollieren bzw. beeinflussen, was dort geschieht (was im Übrigen von entscheidender Bedeutung für die Frage ist, was eigentlich unter einem Gewährleistungsmangel zu verstehen ist.). Er hat sein Werk übergeben. Führt man sich dann noch die Wirkungen der Abnahme vor Augen, insbesondere die vier „Klassiker", also

- den Beginn der Gewährleistungsfrist
- die Umkehr der Beweislast
- den Gefahrübergang
- die Erfüllung einer wichtigen Fälligkeitsvoraussetzung für die Schlussrechnung[147]

wird nochmals klarer, dass der Abnahmezeitpunkt im Grunde der wichtigste Zeitpunkt im gesamten Projekt ist.

343 Diesem Befund trägt die Bauwirklichkeit zu wenig Rechnung. Auch wenn natürlich argumentiert werden kann, dass es „wichtige von der Rechtsprechung formulierte Ausnahmetatbestände gibt, nach denen die Abnahmewirkungen auch dann eintreten, wenn eine Abnahme nicht vorliegt"[148], gilt trotzdem: Die große Bedeutung der Abnahme wird verkannt.[149] Natürlich stellen insbesondere die VOB/B und die Rechtsprechung Hilfskonstruktionen für den Fall zur Verfügung, dass eine klare Abnahme fehlt bzw. nicht beweisbar ist, um die Abnahmewirkungen bejahen zu können, aber: Was ist besser, ein gemeinsames, von beidem Seiten unterzeichnetes Abnahmeprotokoll mit einem Kreuzchen in der Rubrik „Die Abnahme wird erteilt" oder allgemeines Rätselraten zu, beispielhaft und auszugsweise und kurz gefasst, zu Themen wie den folgenden:

1. Wurde die Werkleistung in Benutzung genommen, § 12 Abs. 5 Nr. 2 VOB/B?

344 Voraussetzung dafür, dass die Inbenutzungnahme der Werkleistung überhaupt relevant wird, ist zunächst, dass **keine** Abnahme verlangt wurde. Kann das bejaht werden, stellt sich die Frage, wann der Auftraggeber die Werkleistung überhaupt in diesem Sinne „in Benutzung nimmt".

---

[147] Zu den Einzelheiten vgl. Stoltefuß, Rn. 74 ff.
[148] So Kniffka/Koeble/Jurgeleit/Sacher-Jurgeleit, Teil 3, Rn. 2.
[149] So ebenfalls Kniffka/Koeble/Jurgeleit/Sacher-Jurgeleit, Teil 3, Rn. 2.

A. Die Normen **Kapitel 4**

Notwendig ist zunächst eine gewisse „Freiwilligkeit". Liegt eine 345
Zwangslage des Auftraggebers vor, liegt also keine Freiwilligkeit vor,
Beispiel: Ein Wohnhaus wird bezogen bzw. muss bezogen werden,
weil das bisher genutzte Haus aufgrund einer Kündigung geräumt
werden muss[150] Die Abnahmeerklärung ist eine Willenserklärung
mit dem Inhalt der Entgegennahme der Werkleistung als „in Ordnung", also als abnahmereif. Dazu passt es gerade nicht, wenn die
Werkleistung aus anderen, „unfreiwilligen" Motiven entgegengenommen wird.

Außerdem muss die Leistung zumindest im Wesentlichen fertig- 346
gestellt sein. Eine Inbenutzungnahme kann aus den verschiedensten
Motiven und auf unterschiedliche Art und Weise erfolgen; in ein
solches Verhalten eine Abnahmeerklärung „hineinzulesen", wenn
die Werkleistung noch nicht einmal das Stadium der „wesentlichen
Fertigstellung" erreicht hat oder schwerwiegende Mängel aufweist),
passt ebenfalls nicht zusammen.[151]

Beispielsweise auch dann, wenn der Auftraggeber vor Beginn der 347
Nutzung wesentliche Mängel gerügt oder darauf hingewiesen hat,
dass die Leistung nicht abnahmefähig sei oder diese nur probeweise in
Gebrauch genommen hat, scheidet eine konkludente Abnahme aus.[152]

Es kommt also immer darauf an, ob das Verhalten des Auftraggebers 348
eine „Billigung" der Leistung des Auftragnehmers enthält oder nicht.

2. Ist eine schriftliche Mitteilung über die Fertigstellung der Leistung erfolgt?

Zunächst: Hierbei ist also Schriftform erforderlich. Mündliche Erklä- 349
rungen reichen nicht.

In der Praxis stellt sich zudem immer wieder die Frage, ob eine Mit- 350
teilung tatsächlich die Voraussetzungen des § 12 Abs. 5 Nr. 1 VOB/B
erfüllt. Ergibt sich daraus im Einzelfall wirklich, dass die Leistungen
fertiggestellt sind?[153]

Ist die Erklärung dem Auftraggeber zugegangen? Die Beweislast 351
trägt der Auftragnehmer, Unklarheiten gehen also zu seinen Lasten.

---

[150] Vgl. Kapellmann/Messerschmidt/Havers VOB/B § 12 Rn. 34 mit Verweis auf u. a. BGH, Urt. v. 12.6.1975 – VII ZR 55/73, NJW 1975, 1701.
[151] Kapellmann/Messerschmidt/Havers VOB/B § 12 Rn. 36 mwN und instruktiv näher zu weiteren Aspekten, die bei der Abnahme durch Inbenutzungnahme von Bedeutung sein können.
[152] NWJS/Abu Saris VOB/B § 12 Rn. 34 mit Rechtsprechungsnachweisen.
[153] Dazu Kapellmann/Messerschmidt/Havers VOB/B § 12 Rn. 266.

Kapitel 4 Die Baustelle

352 Und auch insoweit gilt: Ansprechpartner und Adressat der Erklärung ist der **Auftraggeber**, nicht irgendein Dritter, kein Planer, kein Architekt, kein Projektsteuerer, kein Bauüberwacher, keine Stadt oder Gemeinde beim Glasfaserausbau. Ein Dritter ist nur dann zur Entgegennahme berechtigt und eine Fertigstellungsmitteilung an ihn kann nur dann entsprechende Rechtswirkungen haben, wenn er vom Auftraggeber ordnungsgemäß bevollmächtigt wurde. Dabei sollte der Auftragnehmer – wie bei der Behinderungsanzeige, der Bedenkenanmeldung, der Mehrkostenankündigung, der Berechtigung zum Unterzeichnen von Stundenzetteln, der Bausolländerung usw., um nur einige Themen zu nennen – nicht auf eine mündliche Aussage („Na klar bin ich dazu berechtigt, was glauben Sie denn? Wollen wir jetzt formal werden oder wie?") verlassen, sondern um Vorlage der vom Auftraggeber ausgestellten Vollmacht bitten, damit deren Umfang geprüft werden kann. Eine solche Bitte ist kein sinnloser Formalismus, sondern eine Selbstverständlichkeit und im Rahmen gemeinsamer Projektabwicklung völlig normal.

353 Inbenutzungnahme und Fertigstellungsmitteilung sind zwei von der VOB/B zur Verfügung gestellte Mechanismen, die, wenn die Voraussetzungen tatsächlich vollständig bejaht werden können, dazu führen, dass die Leistung als abgenommen bzw. die Abnahme als erfolgt gilt. Obige wie gesagt lediglich beispielhafte Ausführungen sollen darlegen, mit wie vielen Unsicherheiten diese Wege zu den Abnahmewirkungen verbunden sind. Solche Unsicherheiten können zudem im Einzelfall einen hohen finanziellen, zeitlichen und persönlichen Aufwand verursachen.

354 Und Achtung: Im Zusammenhang mit Abnahmefiktionen, konkludenten Abnahmen etc. ist immer zu beachten, dass solche Formen der Abnahme im Vertrag häufig ausdrücklich ausgeschlossen werden. Auch in Allgemeinen Geschäftsbedingungen ist ein Ausschluss der Abnahmefiktion des § 12 Abs. 5 VOB/B möglich.[154] Positiv formuliert: Der Vertrag sieht häufig vor, dass die Abnahme förmlich zu erfolgen hat. Dann sind nach zutreffender Auffassung[155] sämtliche anderen Arten und Formen der Abnahme ausgeschlossen.

355 Fazit: Die Durchführung einer förmlichen Abnahme wird der Bedeutung der Abnahme für das Bauprojekt eindeutig eher gerecht als konkludente oder fiktive Abnahmen.

---

[154] Dazu BGH, Urt. v. 27.2.1996 – X ZR 3/94, NJW 1996, 1749 = IBRRS 2000, 0479 = BeckRS 1996, 2308.
[155] Beck VOB/B/Bröker VOB/B § 12 Abs. 4 Rn. 8; str.

A. Die Normen **Kapitel 4**

Grundlegende Vorschrift für die Durchführung der förmlichen 356
Abnahme ist der oben zitierte § 12 Abs. 4 VOB/B.

Entscheidend ist also zunächst das Verlangen einer „Vertragspartei", 357
was bereits deutlich macht, dass nicht nur der Auftragnehmer, sondern
beide Parteien das „Verlangen stellen" können, und zwar, hier ist der
Wortlaut des § 12 Abs. 4 VOB/B klar, da keine Schriftlichkeit gefordert wird, sowohl schriftlich als auch mündlich.

Nächster Schritt ist dann im Regelfall die Durchführung des Ab- 358
nahmetermins, und zwar, sehr wichtig, gemeinsam, was sich auch aus
dem Wortlaut der Norm selbst ergibt: Der „Befund" ist in „gemeinsamer Verhandlung" schriftlich niederzulegen, und gemäß § 13 Abs. 4
Nr. 2 VOB/B kann die förmliche Abnahme, wenn die dort normierten
Voraussetzungen vorliegen, in Abwesenheit des Auftragnehmers stattfinden, was im Umkehrschluss darauf hinweist, dass Regelfall eben
die gemeinsame Durchführung des Abnahmetermins ist. Auch dies
entspricht der Bedeutung der Abnahme: Die Parteien (die bevollmächtigten Parteivertreter) sind anwesend, sie können kommunizieren, sie
können Streitpunkte diskutieren und im besten Fall klären, was bei
konkludenten oder fiktiven Abnahmen eben nicht möglich ist.

Sehr wichtig ist, dass die Niederschrift, also das Abnahmeprotokoll, 359
eindeutig formuliert ist. Der Idealfall ist ein sehr kurzes, klares Protokoll, für das es im Grunde nur zwei Hauptvarianten gibt:

– Die Abnahme wird erteilt, gegebenenfalls vorliegende unwesentliche Mängel werden nebst Beseitigungsfrist im Protokoll selbst oder in einer Anlage festgehalten.

– Die Abnahme wird nicht erteilt, wesentliche Mängel und/oder fehlende wesentliche Restleistungen werden zwecks Dokumentation ebenfalls im Protokoll oder einer Anlage festgehalten.

Komplizierte Formulierungen, die den zukünftigen, mit Bedingungen 360
versehenen Zeitpunkt der Abnahme oder einzelne Abnahmewirkungen regeln sollen („wird wirksam, wenn", „erlangt Gültigkeit durch",
„... wobei der Gefahrübergang erst dann erfolgt, wenn ..." usw.)
sollten, wenn möglich, vermieden werden.[156]

Bei all dem und wie gesagt unabhängig von der Vielzahl weiterer 361
Themen, die BGB und VOB/B und die dazu ergangene, umfangreiche
Rechtsprechung regeln, sollte eins im Mittelpunkt stehen: Die Abnahme sollte **durchgeführt** werden, und, wie schon angesprochen, ganz
bewusst, gemeinsam und dokumentiert, auch gegenüber Nachunternehmern, auch bei geringen Auftragssummen. Beide Parteien benöti-

---

[156] Zu weiteren Aspekten der Abnahme Stoltefuß, Rn. 65 ff.

Kapitel 4 Die Baustelle

gen Klarheit über den Eintritt der Abnahmewirkungen. Nichts führt zu größerer Unklarheit, als wenn die Projektleitung das Projekt nach Fertigstellung (eigener oder der des Nachunternehmers) einfach „im Sande verlaufen lässt".

362 Unabhängig von diesen Erwägungen stellt sich in der Praxis immer wieder folgende Frage:

3. Was ist eigentlich ein wesentlicher Mangel, der die Abnahmereife hindert?

363 Auch diese Frage wird in der Praxis häufig eher gefühlsmäßig und zu schnell beantwortet, zudem interessengerichtet: Fragt man den Auftraggeber, ist völlig logisch, dass der in Frage stehende, streitige Mangel „wesentlich" ist, der Auftragnehmer wiederum wird dies ebenso oft mit Vehemenz zurückweisen. Das mag zum einen an der Komplexität des Mangelbegriffs (hierzu näher unter VII.1.a)) liegen, der für den Nichtjuristen kaum händelbar ist. Zum anderen liegt auf der Hand, dass eine griffige, abschließende Definition der „Wesentlichkeit" aufgrund der Vielzahl möglicher Situationen schlicht ausgeschlossen ist. Rechtsprechung und Literatur haben daher anhand der Analyse von Einzelfällen Kriterien zur Abgrenzung von „wesentlich" zu „unwesentlich" erarbeitet.

364 Hierbei spielen Erwägungen eine Rolle, die uns bereits in unterschiedlichsten Zusammenhängen begegnet sind, und die alle um ein wiederkehrendes Kriterium drehen: die Interessen der Parteien. Schließlich sind sie es ja, die individuell bei einem konkreten Bauvorhaben zusammenarbeiten und im Sinne der Kooperationsrechtsprechung voneinander abhängig sind. Eine instruktive Formulierung dazu enthalten die Entscheidungsgründe eines BGH-Urteils aus dem Jahre 1981[157], wenn es dort zur Fassung des § 12 Nr. 3 VOB/B heißt:

365 *„Die Bestimmung soll einen angemessenen Ausgleich der widerstreitenden Interessen der Vertragsparteien bewirken. Der Auftraggeber ist an möglichst vollständiger vertragsgerechter Erfüllung der geschuldeten Leistung vor Zahlung des Werklohns interessiert. Dem Auftragnehmer ist daran gelegen, möglichst bald die mit der Abnahme verbundenen Rechtsfolgen herbeizuführen, insbesondere die Fälligkeit der restlichen Vergütung, den Übergang der Gefahr, die Umkehrung der Beweislast für Mängel und den Beginn der Verjährung für Gewährleistungsansprüche. Wenn nun § 12 Nr. 3 VOB/B (1973) die Abnahmeverweigerung daran knüpft, dass der vorher noch zu beseitigende*

---

[157] BGH, Urt. v. 26.2.1981 – VII ZR 287/79, NJW 1981, 1448 = BeckRS 1981, 215.

A. Die Normen **Kapitel 4**

Mangel wesentlich sein muß, so wird damit letztlich auf den Gesichtspunkt der Zumutbarkeit abgehoben."

Das bringt es auf den Punkt. Es geht um die Abwägung der bei- 366
derseitigen Interessen.

Kriterien der Wesentlichkeit sind also unter anderem beispielsweise: 367

– Der Grad der Einschränkung der Funktionalität[158]
– die Höhe der Mängelbeseitigungskosten[159]
– die Anzahl der Mängel[160]

aber auch:

– der Umfang und das Gewicht optischer Beeinträchtigung[161]!

Die Aussage: „Das ist bloß ein rein optischer Mangel" muss also nicht in 368
allen Fällen für die Abnahmereife der Leistung sprechen. Auch das OLG
München[162] benannt als Abgrenzungskriterium ausdrücklich auch „das
Maß der – möglicherweise auch nur optischen – Beeinträchtigung".

Resümierend bleibt festzuhalten, dass die Frage, ob ein wesentlicher 369
oder unwesentlicher Mangel vorliegt, nicht schematisch beantwortet
werden kann. Der Einzelfall ist entscheidend, und dabei vor allem:
die Parteiinteressen.

Eine Ergänzung: Ist ein „wesentlicher Mangel" im Sinne des § 12 370
Abs. 3 VOB/B eigentlich dasselbe wie ein „nicht unwesentlicher Mangel" in § 640 BGB? Das mag nun arg wortklauberisch klingen, ist
aber nicht von der Hand zu weisen, denn Fakt bleibt, dass es sich
um unterschiedliche Formulierungen handelt. Und tatsächlich gehen
die Meinungen zu diesem Thema auseinander! Während die eine
Auffassung[163] eine Abstufung erkennt und nicht wesentliche Mängel
unterhalb von wesentlichen Mängeln verortet, geht die wohl herrschende Meinung[164] zurecht davon aus, dass der Gesetzgeber die von

---

[158] Kapellmann/Messerschmidt/Havers VOB/B § 12 Rn. 217 spricht von dem Maß der Gebrauchsbeeinträchtigung.
[159] Kapellmann/Messerschmidt/Havers VOB/B § 12 Rn. 217 mwN.
[160] Messerschmidt/Voit I, VI. Rn. 48.
[161] aaO Fn. 114.
[162] Urt. v. 15.1.2008 – 13 U 4378/07, BeckRS 2008, 19343 Rn. 32.
[163] ZB Peters NZBau 2000, 169 (171): „Unabhängig von der weiteren Frage, wer die Mängel einerseits, ihre Unwesentlichkeit andererseits darzutun und zu beweisen hat, muss man den quantitativen Unterschied zwischen BGB und VOB/B sehen: Wesentliche Mängel dürften „schlimmer" sein als nicht unwesentliche; dann könnte der Besteller weiterhin nach der VOB/B seltener die Abnahme verweigern als nach dem BGB."
[164] Vgl. BeckOK VOB/B/Koenen VOB/B § 12 Abs. 3 Rn. 2 mwN.

Kapitel 4   Die Baustelle

der Rechtsprechung benutzte Formulierung vom „wesentlichen Mangel" übernehmen wollte und die Regelungen trotz unterschiedlicher Formulierung inhaltsgleich sind.

4. Teilabnahme bei Green Building

371 Wie in Kapitel 2 ausgeführt bieten Green-Building Zertifikate keine Gewähr dafür, dass das Gebäude tatsächlich nach dem zur Konformitätsprüfung eingereichten Unterlagen/Informationen errichtet wird. Die Zertifizierungsstelle überwacht weder den Bauablauf noch führt sie eine Bauabnahme vor Ort durch. Sie führt ihre Konformitätsprüfung allein aufgrund vom Bauherrn über den Auditor eingereichter Eigenerklärungen durch. Auf der Baustelle ist höchstens der Auditor anzutreffen, wenn er vom Bauherrn mit entsprechenden Kontrollleistungen vor Ort beauftragt wurde.

372 Nach den Vorgaben des Zertifizierungsvertrages wird mit der Konformitätsprüfung frühestens zu einem Zeitpunkt begonnen, in dem der Innenausbau des Projekts einen Ausbaustand von regelmäßig 80% erreicht hat. Es ist dem Auditor und Auftraggeber aber unbenommen auch erst später, zum Beispiel nach dem vollständigen Abschluss der Bauleistungen mit der Konformitätsprüfung zu starten. Fristen für die Dauer der Konformitätsprüfung durch die Zertifizierungsstellen enthalten die Musterverträge nicht. Es kann daher sein, dass die Zertifizierung erst einige Zeit nach Fertigstellung auch der letzten Bauleistung erteilt wird, ganz zu schweigen nach Fertigstellung frühzeitig tätiger Gewerke, wie zB dem Rohbau.

373 Gehört der Erhalt der Zertifizierung zu dem geschuldeten Bausoll, was wie gezeigt regelmäßig nicht der Fall ist, hängt die Abnahmefähigkeit der Leistungen der Gewerke davon ab, dass diese erteilt wird. Als unwesentlichen Mangel wird man das Fehlen der Zertifizierung nicht ansehen können.

374 Auch wenn in aller Regel nur die Erfüllung der Zertifizierungsvoraussetzungen, nicht aber die Zertifizierung selbst Voraussetzung einer mangelfreien Leistung des Auftragnehmers ist, stellt sich häufig die Problematik. Auftraggeber führen, zu Unrecht, gerne an, dass sie erst durch die Erteilung des Zertifikats oder jedenfalls Einreichung der Unterlagen zur Konformitätsprüfung nach vorangegangener Prüfung durch den Auditor, prüfen können, ob die Zertifizierungsvoraussetzungen erfüllt sind und damit Abnahmereife vorliegt.

375 Den Auftragnehmern, insbesondere auch bei der Einzelgewerkvergabe, ist es nicht zuzumuten mit einer Abnahme ihrer Bauleistungen zu warten, bis die Unterlagen zur Konformitätsprüfung vom Auditor

A. Die Normen **Kapitel 4**

fertiggestellt und eingereicht sind oder gar die Green-Building Zertifizierung erteilt ist. Dies allein deshalb, weil sie bis zur Abnahme das Risiko von Beschädigungen bis hin zu einem Untergang der Sache tragen und Beschädigungen durch Nachunternehmer in der Praxis zum Tagesgeschäft gehören.

Es ist deshalb aus Sicht des Auftragnehmers dringend geboten 376 vertraglich klarzustellen, dass die Erteilung der Zertifizierung nicht Abnahmevoraussetzung ist oder, falls dies aufgrund ausdrücklicher vertraglicher Vereinbarung doch der Fall sein sollte, jedenfalls eine Teilabnahme nach Fertigstellung der Bauleistungen vertraglich vorzusehen und durchzuführen. Ohne ausdrückliche Regelung besteht kein Anspruch auf Teilabnahme.

5. (konkludente) Abnahme wegen Zertifizierung

Mit der Einreichung der Unterlagen für die Konformitätsprüfung 377 bei der Zertifizierungsstelle *garantiert der Bauherr die Richtigkeit und Vollständigkeit aller gegenüber der Zertifizierungsstelle gemachten Angaben. Er trägt gegenüber der Zertifizierungsstelle die alleinige Verantwortung für die Einhaltung der für das Green-Building Zertifikat zugesicherten Planungs- und Umsetzungsziele.*[165]

Eine Abnahme von Bauleistungen nach §640 BGB liegt regelmäßig 378 vor, wenn der Bauherr ausdrücklich oder konkludent erklärt, dass er das Werk als im Wesentlichen vertragsgerecht billigt. Eine solche Billigung kann – wie in VI.1. ausgeführt – in der Verwertung oder Nutzung des Bauwerkes ohne Mängelvorbehalt liegen. §12 Abs.5 Nr.2 S.1 VOB/B regelt den Fall der Nutzung ausdrücklich, auch für Bauverträge nach BGB ist anerkannt, dass eine konkludente Abnahme durch Verwertung möglich ist.

Eine konkludente Abnahme liegt regelmäßig aber dann nicht vor, 379 wenn der Bauherr parallel oder vor Einreichung der der Unterlagen zur Konformitätsprüfung wesentliche Mängel rügt, zB an für die Green-Building Zertifizierung nicht relevanten Leistungen.

Für Planungsleistungen ist anerkannt, dass Leistungen eines Archi- 380 tekten, der nur bis zur Genehmigungsplanung beauftragt ist, mit der Einreichung der Planung konkludent abgenommen sind[166].

In der Einreichung der Unterlagen zur Konformitätsprüfung und 381 der damit verbundenen Erklärung, dass die Planung und Ausführung

---

[165] §7 Mustervertrag DGNB.
[166] OLG Köln, Beschl. v. 21.2.2019 – 16 U 140/18, NJW 2019, 1886 = NZBau 2019, 453 = IBR 2019, 507; OLG Brandenburg, Urt. v. 16.3.2016 – 4 U 19/15, NJW-RR 2017, 79 = NZBau 2017, 102 = IBR 2016, 3493.

Kapitel 4　　　　　　　　　　　　　　　　　　　　　Die Baustelle

entsprechend den Systemvorgaben erfolgt ist, könnte eine Verwertung und damit verbundenen die Erklärung liegen, dass die Planung und Ausführung, jedenfalls im Hinblick auf die Einhaltung der für die Systemvorgaben relevanten Leistungen, als im Wesentlichen vertragsgemäß akzeptiert werden.

382　Dafür spricht, dass auch hier der Bauherr erklärt, dass die Ausführung der Planung entspricht und somit den vertraglichen Anforderungen. Auf den Zugang der Erklärung kann in entsprechender Anwendung des § 151 BGB regelmäßig verzichtet ist.[167] Es ist daher unschädlich, dass die Erklärung gegenüber der Zertifizierungsstelle und nicht gegenüber dem Auftragnehmer erfolgt.

383　Die Abnahme kann sich aber nur auf diejenigen Teilleistungen beziehen, die für die Erteilung des Green-Building Zertifikats relevant sind. Regelmäßig dürfte eine geschuldete Leistung aber auch Leistungsteile enthalten, die für die Green-Building Zertifizierung von keiner Bedeutung. Da der Unternehmer abgesehen von § 650s BGB aber regelmäßig keine Teilabnahme verlangen kann und an die Vereinbarung einer konkludenten Teilabnahme aufgrund der damit verbundenen Folgen hohe Anforderungen zu stellen sind[168], wird die praktische Bedeutung der nach der hier vertretenen Ansicht möglichen konkludenten Abnahme durch Einreichung der Unterlagen zur Konformitätsprüfung gering sein. Umso besser ist es aus Auftragnehmersicht, wenn ein Anspruch auf Teilabnahme vereinbart ist.

384　Die Erteilung des Green-Building Zertifikats selbst wird nicht als Abnahme und schon gar nichts als Erklärung dahingehende auszulegen sein, dass keine Mängel vorliegen. Dies schon deshalb, weil die Zertifizierungsstelle dazu überhaupt nicht bevollmächtigt ist und sie selbst mit den ausführenden Unternehmen in keinem Vertragsverhältnis steht. Wie dargelegt, prüft die Zertifizierungsstelle nicht, ob die Baumaßnahme tatsächlich entsprechend den eingereichten Unterlagen und nach den Systemvorgaben notwendigen Maßnahmen errichtet wurde. Aus der Zertifizierung kann deshalb auch keine Vermutungswirkung dahingehend abgeleitet werden, dass zum Zeitpunkt der Zertifizierung eine bestimmte Bauausführung vorhanden war oder nicht vorhanden war.

---

[167] BeckOK BGB/Voit BGB § 640 Rn. 7.
[168] MüKoBGB/Busche BGB § 640 Rn. 23.

A. Die Normen **Kapitel 4**

VII. §§ 633 ff., 13 VOB/B

1. § 633 Sach- und Rechtsmangel

(1) Der Unternehmer hat dem Besteller das Werk frei von Sach- und 385
Rechtsmängeln zu verschaffen.

(2) Das Werk ist frei von Sachmängeln, wenn es die vereinbarte 386
Beschaffenheit hat. Soweit die Beschaffenheit nicht vereinbart ist, ist
das Werk frei von Sachmängeln,

1. wenn es sich für die nach dem Vertrag vorausgesetzte, sonst
2. für die gewöhnliche Verwendung eignet und eine Beschaffenheit
   aufweist, die bei Werken der gleichen Art üblich ist und die der
   Besteller nach der Art des Werkes erwarten kann.

Einem Sachmangel steht es gleich, wenn der Unternehmer ein anderes 387
als das bestellte Werk oder das Werk in zu geringer Menge herstellt.

(3) Das Werk ist frei von Rechtsmängeln, wenn Dritte in Bezug 388
auf das Werk keine oder nur die im Vertrag übernommenen Rechte
gegen den Besteller geltend machen können.

a) Was ist eigentlich ein Mangel?

Bei der Beantwortung dieser Frage könnte man es sich zunächst 389
scheinbar einfach machen und auf den Text des § 633 BGB verweisen,
nach dem Motto: Da steht es ja, was ein Mangel ist. Der Text der
Norm zeigt jedoch (aus Sicht der Praxis: leider), dass es so einfach
nicht ist. Dabei muss man leider noch einen Schritt weitergehen und
festhalten: Die Norm und die in ihr enthaltene Mangeldefinition ist in
der Praxis so gut wie unbekannt, was entsprechend für die Regelung
in § 13 VOB/B gilt. Diese Tatsache als solche ist an sich noch nicht
bemerkenswert; natürlich sind viele Normen dem Nichtjuristen – logischerweise – unbekannt. Bei den §§ 633 BGB und 13 VOB/B allerdings ist dem Praktiker das gesamte System der Mangelermittlung in
den allermeisten Fällen völlig fremd. Bei einer so zentralen Frage wie
der, wann eigentlich ein Mangel vorliegt, ist obiger Befund im Grunde
inakzeptabel. Die Parteien sind in vielen streitigen Situationen quasi
dazu gezwungen, sich in die Hände von Juristen und Sachverständigen zu begeben, um von dritter Seite die Mangelfreiheit der Leistung
zu klären. Wie soll der Nichtjurist ein Konglomerat von Begriffen
wie beispielsweise „gewöhnliche Verwendung", „Werke der gleichen
Art" oder „üblich" managen und entscheiden, was der Auftraggeber
„nach der Art des Werkes erwarten kann"? Und all dies wohlgemerkt
vor dem Hintergrund, dass der Erfolg eines Bauprojekts von klaren,
verständlichen Grundlagen abhängig ist und es das Bestreben der Par-

Kapitel 4 Die Baustelle

teien ist, jahrelange juristische Auseinandersetzungen und Mehrkosten durch den Einsatz Dritter möglichst zu vermeiden.

390 Obwohl der Verfasser weit von einer „Vertragsgläubigkeit" und der Vorstellung, dass sich „alles" in einem Bauvertrag regeln lässt, entfernt ist, die klare Bitte: So weit dies möglich und realistisch umsetzbar ist, sollte man den Fokus auf die in der Norm genannte „vereinbarte Beschaffenheit" legen, um gar nicht erst in die Verlegenheit zu kommen, „Werke der gleichen Art" herausfinden zu müssen.

391 Richtigerweise konzentriert sich die Norm in erster Linie auf die Vorstellungen der Vertragsparteien und geht von einem **subjektiven** Mangelbegriff aus. Die damit verbundenen Möglichkeiten sollte man so weit wie möglich nutzen, wobei wir wieder bei der großen Bedeutung des Bauvertrags als Grundlage für das gesamte Projekt wären. Die Beschaffenheit sollte sorgfältig und möglichst konkret vereinbart werden. Abstrakte Anpreisungen helfen dabei oft nicht weiter[169], den Parteien sollte bewusst sein, dass Sorgfalt bei der Leistungsbeschreibung Gold wert sein kann. Art und Maß der Risikoübernahme durch den Auftraggeber ergeben sich aus seinem konkreten Verpflichtungswillen.[170] Was wurde besprochen, wozu hat der Auftragnehmer sich bereit erklärt, welche Teile der in erster Linie technischen Abstimmungen haben letztlich Eingang in die konkrete Vereinbarung gefunden? Die konkreten Umstände des Vertragsschlusses sind entscheidend.[171] Dabei ist zu berücksichtigen, dass die „vereinbarte Beschaffenheit" auch schlüssig vom Auftragnehmer akzeptiert werden kann.[172] Auch dabei gilt aber: Besser als die mit Risiken für beide Seiten verbundene Auslegung von Willenserklärungen ist die Vereinbarung „schwarz auf weiß". Klarheit und Ausführlichkeit bei der Beschreibung können dazu beitragen, nachträgliche Diskussionen (Zeit und Geld!) zu vermeiden.

392 In diesem Zusammenhang fällt oft das Stichwort von den „anerkannten Regeln der Technik", und zwar erneut häufig ohne ausreichendes Wissen, was darunter zu verstehen ist. Diese Unsicherheit spiegelt sich in den unterschiedlichen Definitionsansätzen wider. Nach zutreffender Auffassung sind anerkannte Regeln der Technik die Regeln für die Ausführung baulicher Leistungen, die sich nach Meinung

---

[169] Vgl. Messerschmidt/Voit § 633 BGB Rn. 51.
[170] BeckOK VOB/B/Koenen VOB/B § 13 Abs. 1 Rn. 11.
[171] aaO Fn. 120.
[172] BGH, Urt. v. 9.7.2002 – X ZR 242/99, NJW-RR 2002, 1533 = NZBau 2002, 611 = ZfBR 2003, 22 = IBRRS 2002, 1103.

A. Die Normen **Kapitel 4**

der Mehrheit der maßgeblichen Fachleute in der Praxis bewährt haben und deren Eignung von ihnen als nachgewiesen angesehen wird.[173]

Eine Ergänzung: Demgegenüber geht der „Stand der Technik" weiter: Er kann bejaht werden, wenn die Wirksamkeit fortschrittlicher, vergleichbarer Verfahren in der Betriebspraxis zuverlässig nachgewiesen werden kann.[174]   393

Im Urteil des BGH vom 14.5.1998[175] schließt sich der Kreis zum Thema der vereinbarten Beschaffenheit und zur Rolle der anerkannten Regeln der Technik, wenn es im zweiten Leitsatz heißt: 394

„Liegt eine derartige Vereinbarung nicht vor, ist die Werkleistung im allgemeinen mangelhaft, wenn sie nicht den zur Zeit der Abnahme anerkannten Regeln der Technik als vertraglichem Mindeststandard entspricht."   395

Damit ist bei der in der Überschrift gestellten Frage, was eigentlich ein Mangel ist, folgende Systematik erkennbar: 396

– Welche Beschaffenheit haben die Vertragsparteien vereinbart, und zwar ausdrücklich oder konkludent?

– Vertraglicher Mindeststandard: Die anerkannten Regeln der Technik.

– Analyse der weiteren in § 633 BGB (und § 13 Abs. 1 VOB/B) genannten Elemente wie die nach dem Vertrag vorausgesetzte Beschaffenheit etc.[176]

b) Wann gelten die Vorschriften über Mängel im BGB?
Als Grundsatz kann festgehalten werden: Die Mängelrechte gemäß BGB können erst **nach Abnahme** geltend gemacht werden. Die diesbezüglich fehlende Eindeutigkeit des gesetzlichen Wortlauts („Der Unternehmer hat dem Besteller das Werk frei von Sach- und Rechtsmängeln zu verschaffen", § 633 Abs. 1 BGB; „Ist das Werk mangelhaft kann der Besteller…", § 634 BGB), der eben nicht klar den Zeitpunkt bestimmt, wann all dies gilt, hat die Rechtsprechung zu Beginn des Jahres 2017[177] beendet: BGB-Mängelrechte kann der Auftraggeber erst   397

---

[173] So Kapellmann/Messerschmidt/Merkens VOB/B § 4 Rn. 55.

[174] Kapellmann/Messerschmidt/Merkens VOB/B § 4 Rn. 56 mit Bezugnahme auf § 3 Abs. 6 BImSchG.

[175] BGH, Urt. v. 14.5.1998 – VII ZR 184-97, NJW 1998, 2814 = BeckRS 1998, 30014301 = IBRRS 2000, 0642.

[176] Zu den Kriterien der Eignung für eine vertragsgemäße Verwendung bzw. für eine gewöhnliche Verwendung vgl. beispielsweise Kapellmann/Messerschmidt/Merkens VOB/B § 13 Rn. 56 ff.

[177] BGH Urt. v. 19.1.2017 – VII ZR 301/13, NJW 2017, 1604 Rn. 31; BGH, Urt. v. 19.1.2017 – VII ZR 235/15, NJW 2017, 1607; BGH, Urt v. 19.1.2017

Kapitel 4 Die Baustelle

nach Abnahme geltend machen, sofern keine Ausnahme von diesem Grundsatz vorliegt, insbesondere also dann, wenn der Auftraggeber keine (Nach-)Erfüllung mehr geltend machen kann, sondern nur noch Rechte, die auf einen finanziellen Ausgleich zielen[178].

2. Die Rechte des Bestellers bei Mängeln

§ 634 Rechte des Bestellers bei Mängeln

398   Ist das Werk mangelhaft, kann der Besteller, wenn die Voraussetzungen der folgenden Vorschriften vorliegen und soweit nicht ein anderes bestimmt ist,

1. nach § 635 Nacherfüllung verlangen,

2. nach § 637 den Mangel selbst beseitigen und Ersatz der erforderlichen Aufwendungen verlangen,

3. nach den §§ 636, 323 und 326 Abs. 5 von dem Vertrag zurücktreten oder nach § 638 die Vergütung mindern und

4. nach den §§ 636, 280, 281, 283 und 311a Schadensersatz oder nach § 284 Ersatz vergeblicher Aufwendungen verlangen.

§ 635 BGB Nacherfüllung

399   (1) Verlangt der Besteller Nacherfüllung, so kann der Unternehmer nach seiner Wahl den Mangel beseitigen oder ein neues Werk herstellen.

400   (2) Der Unternehmer hat die zum Zwecke der Nacherfüllung erforderlichen Aufwendungen, insbesondere Transport-, Wege-, Arbeits- und Materialkosten zu tragen.

401   (3) Der Unternehmer kann die Nacherfüllung unbeschadet des § 275 Abs. 2 und 3 verweigern, wenn sie nur mit unverhältnismäßigen Kosten möglich ist.

402   (4) Stellt der Unternehmer ein neues Werk her, so kann er vom Besteller Rückgewähr des mangelhaften Werkes nach Maßgabe der §§ 346 bis 348 verlangen.

403   Auch die Komplexität dieser Regeln für den nicht juristisch geschulten Praktiker springt bei ihrer Lektüre ins Auge. Auch in diesem Zusammenhang aber lässt sich eine klare, von den Parteien bei ihrer Vorgehensweise zu beachtende Systematik zugrunde legen:

404   Ausgangspunkt ist zunächst das in § 635 BGB enthaltene Recht des Auftragnehmers, nach seiner Wahl den Mangel zu beseitigen oder ein neues Werk herzustellen, wenn der Auftraggeber Nacherfüllung ver-

---

– VII ZR 193/15, BauR 2017, 879 Rn. 31 = IBRRS 2017, 0804 (Volltext).
[178] Dazu näher Messerschmidt/Voit J I.3., Rn. 21.

A. Die Normen   **Kapitel 4**

langt. Der Begriff der „Nacherfüllung" ist in der Baupraxis ebenfalls weitgehend unbekannt. Die Begriffswahl ist aber nicht entscheidend; notwendig ist lediglich, dass der Auftraggeber wegen bestehender Mängel des Werkes Abhilfe vom Auftragnehmer erwartet.[179]

§ 637 Selbstvornahme

(1) Der Besteller kann wegen eines Mangels des Werkes nach erfolglosem Ablauf einer von ihm zur Nacherfüllung bestimmten angemessenen Frist den Mangel selbst beseitigen und Ersatz der erforderlichen Aufwendungen verlangen, wenn nicht der Unternehmer die Nacherfüllung zu Recht verweigert. 405

(2) § 323 Abs. 2 findet entsprechende Anwendung. Der Bestimmung einer Frist bedarf es auch dann nicht, wenn die Nacherfüllung fehlgeschlagen oder dem Besteller unzumutbar ist. 406

(3) Der Besteller kann von dem Unternehmer für die zur Beseitigung des Mangels erforderlichen Aufwendungen Vorschuss verlangen. 407

Die Aufforderung zur Nacherfüllung ist also die „Eintrittskarte" des Auftraggebers für weitere Rechte wie die Durchführung einer „Selbstvornahme", also einer Ersatzvornahme auf Kosten des Auftragnehmers. § 637 BGB stellt klar, dass der Auftraggeber dem Auftragnehmer (grundsätzlich, zu den Ausnahmen vgl. § 637 Abs. 2 BGB[180]) eine Frist zur Nacherfüllung setzen muss. 408

Die Frist muss im konkreten Einzelfall und für die Beseitigung des speziellen Mangels, um den es geht, **angemessen** sein. Dabei sind die berechtigten Belange beider Parteien zu berücksichtigen.[181] Welchen Zeitraum benötigt der Auftragnehmer zur Nacherfüllung? Welches Interesse hat der Auftraggeber an einer möglichst raschen Mängelbeseitigung? Zutreffend dürfte die Formulierung sein, dass in erster Linie auf die Zeitspanne abzustellen ist, „die ein zügig arbeitender Unternehmer benötigt, um das konkrete mangelhafte Werk in einen mangelfreien Zustand zu versetzen".[182] 409

Der gerügte Mangel muss **genau bezeichnet** werden, wobei es ausreicht, seine Mangelerscheinungen, also seine Symptome, zu beschreiben; die Ursachen der Mangelerscheinungen müssen nicht beschrieben werden.[183] 410

---

[179] MüKoBGB/Busche BGB § 635 Rn. 8 f.
[180] Zu weiteren Ausnahmen hinsichtlich der Unzumutbarkeit der Nacherfüllung vgl. MüKoBGB/Busche BGB § 637 Rn. 4.
[181] Dazu und zum Folgenden MüKoBGB/Busche BGB § 636 Rn. 7.
[182] aaO Fn. 131.
[183] Zur Symptomtheorie Stoltefuß, Rn. 446 ff.

Kapitel 4 Die Baustelle

411 Erst nach erfolglosem Ablauf einer von Auftraggeber zur Nacherfüllung bestimmten angemessenen Frist kann er den Mangel selbst beseitigen und Ersatz der erforderlichen Aufwendungen vom Auftragnehmer verlangen.

3. § 13 VOB/B Mängelansprüche

412 (1) Der Auftragnehmer hat dem Auftraggeber seine Leistung zum Zeitpunkt der Abnahme frei von Sachmängeln zu verschaffen. Die Leistung ist zur Zeit der Abnahme frei von Sachmängeln, wenn sie die vereinbarte Beschaffenheit hat und den anerkannten Regeln der Technik entspricht. Ist die Beschaffenheit nicht vereinbart, so ist die Leistung zur Zeit der Abnahme frei von Sachmängeln,

413 1. wenn sie sich für die nach dem Vertrag vorausgesetzte, sonst

414 2. für die gewöhnliche Verwendung eignet und eine Beschaffenheit aufweist, die bei Werken der gleichen Art üblich ist und die der Auftraggeber nach der Art der Leistung erwarten kann.

415 (2) Bei Leistungen nach Probe gelten die Eigenschaften der Probe als vereinbarte Beschaffenheit, soweit nicht Abweichungen nach der Verkehrssitte als bedeutungslos anzusehen sind. Dies gilt auch für Proben, die erst nach Vertragsabschluss als solche anerkannt sind.

416 (3) Ist ein Mangel zurückzuführen auf die Leistungsbeschreibung oder auf Anordnungen des Auftraggebers, auf die von diesem gelieferten oder vorgeschriebenen Stoffe oder Bauteile oder die Beschaffenheit der Vorleistung eines anderen Unternehmers, haftet der Auftragnehmer, es sei denn, er hat die ihm nach § 4 Abs. 3 obliegende Mitteilung gemacht.

417 (4) 1. Ist für Mängelansprüche keine Verjährungsfrist im Vertrag vereinbart, so beträgt sie für Bauwerke 4 Jahre, für andere Werke, deren Erfolg in der Herstellung, Wartung oder Veränderung einer Sache besteht, und für die vom Feuer berührten Teile von Feuerungsanlagen 2 Jahre. Abweichend von S. 1 beträgt die Verjährungsfrist für feuerberührte und abgasdämmende Teile von industriellen Feuerungsanlagen 1 Jahr.

418 2. Ist für Teile von maschinellen und elektrotechnischen/elektronischen Anlagen, bei denen die Wartung Einfluss auf Sicherheit und Funktionsfähigkeit hat, nichts anderes vereinbart, beträgt für diese Anlagenteile die Verjährungsfrist für Mängelansprüche abweichend von Nummer 1 zwei Jahre, wenn der Auftraggeber sich dafür entschieden hat, dem Auftragnehmer die Wartung für die Dauer der Verjährungsfrist nicht zu übertragen; dies gilt auch, wenn für weitere Leistungen eine andere Verjährungsfrist vereinbart ist.

A. Die Normen **Kapitel 4**

3. Die Frist beginnt mit der Abnahme der gesamten Leistung; nur 419
für in sich abgeschlossene Teile der Leistung beginnt sie mit der Teilabnahme (§ 12 Abs. 2).

(5) 1. Der Auftragnehmer ist verpflichtet, alle während der Verjäh- 420
rungsfrist hervortretenden Mängel, die auf vertragswidrige Leistung zurückzuführen sind, auf seine Kosten zu beseitigen, wenn es der Auftraggeber vor Ablauf der Frist schriftlich verlangt. Der Anspruch auf Beseitigung der gerügten Mängel verjährt in 2 Jahren, gerechnet vom Zugang des schriftlichen Verlangens an, jedoch nicht vor Ablauf der Regelfristen nach Absatz 4 oder der an ihrer Stelle vereinbarten Frist. Nach Abnahme der Mängelbeseitigungsleistung beginnt für diese Leistung eine Verjährungsfrist von 2 Jahren neu, die jedoch nicht vor Ablauf der Regelfristen nach Abs. 4 oder der an ihrer Stelle vereinbarten Frist endet.

2. Kommt der Auftragnehmer der Aufforderung zur Mängelbesei- 421
tigung in einer vom Auftraggeber gesetzten angemessenen Frist nicht nach, so kann der Auftraggeber die Mängel auf Kosten des Auftragnehmers beseitigen lassen.

(6) Ist die Beseitigung des Mangels für den Auftraggeber unzumut- 422
bar oder ist sie unmöglich oder würde sie einen unverhältnismäßig hohen Aufwand erfordern und wird sie deshalb vom Auftragnehmer verweigert, so kann der Auftraggeber durch Erklärung gegenüber dem Auftragnehmer die Vergütung mindern (§ 638 BGB).

(7) 1. Der Auftragnehmer haftet bei schuldhaft verursachten Män- 423
geln für Schäden aus der Verletzung des Lebens, des Körpers oder der Gesundheit.

2. Bei vorsätzlich oder grob fahrlässig verursachten Mängeln haftet 424
er für alle Schäden.

3. Im Übrigen ist dem Auftraggeber der Schaden an der baulichen 425
Anlage zu ersetzen, zu deren Herstellung, Instandhaltung oder Änderung die Leistung dient, wenn ein wesentlicher Mangel vorliegt, der die Gebrauchsfähigkeit erheblich beeinträchtigt und auf ein Verschulden des Auftragnehmers zurückzuführen ist. Einen darüberhinausgehenden Schaden hat der Auftragnehmer nur dann zu ersetzen,

a) wenn der Mangel auf einem Verstoß gegen die anerkannten 426
Regeln der Technik beruht,

b) wenn der Mangel in dem Fehlen einer vertraglich vereinbarten 427
Beschaffenheit besteht oder

c) soweit der Auftragnehmer den Schaden durch Versicherung 428
seiner gesetzlichen Haftpflicht gedeckt hat oder durch eine solche zu tarifmäßigen, nicht auf außergewöhnliche Verhältnisse abgestellten

Kapitel 4 Die Baustelle

Prämien und Prämienzuschlägen bei einem im Inland zum Geschäftsbetrieb zugelassenen Versicherer hätte decken können.

429 4. Abweichend von Absatz 4 gelten die gesetzlichen Verjährungsfristen, soweit sich der Auftragnehmer nach Nummer 3 durch Versicherung geschützt hat oder hätte schützen können oder soweit ein besonderer Versicherungsschutz vereinbart ist.

430 5. Eine Einschränkung oder Erweiterung der Haftung kann in begründeten Sonderfällen vereinbart werden.

a) Wann gilt § 13 VOB/B?

431 Der Wortlaut des §13 Abs.1 VOB/B weist den Weg, und zwar in mehrfacher Hinsicht. Die Leistung des Auftragnehmers ist dem Auftraggeber **zum Zeitpunkt der Abnahme** mangelfrei zu verschaffen.

432 Das bedeutet: Ausgangspunkt ist die Durchführung der Abnahme.

433 Im Text der Norm folgt sodann die Mangeldefinition, im Wesentlichen identisch mit derjenigen in §633 BGB, so dass insoweit auf die dortigen Ausführungen zum Mangelbegriff verwiesen werden kann.

b) Was ist eigentlich ein Gewährleistungsmangel?

434 Und wieso überhaupt „Gewährleistung"? Zugegeben: Seit der Ausgabe 2002 der VOB/B lautet der einschlägige Begriff nicht mehr „Gewährleistung", sondern „Mängelansprüche". Dazu zwei Rechtfertigungen, auch in diesem Werk immer noch den Begriff „Gewährleistung" zu verwenden.

435 Die juristische: Die eigentlich gewollte Angleichung an den Wortlaut des §633 BGB ist nicht vollständig gelungen, Gestaltungsrechte und Ansprüche wurden begrifflich nicht konsequent umgesetzt, zudem erfolgte die Angleichung ohnehin nur eingeschränkt.[184]

436 Die unjuristische: Der Begriffswechsel wurde in der (unjuristischen) Praxis nicht vollzogen, und zwar nicht ansatzweise, und zwar verständlicherweise. Der jahrzehntelang gültige Begriff „Gewährleistung" wurde und wird in der Praxis mit größter Selbstverständlichkeit weiterbenutzt. Dem folgt die Terminologie dieses Handbuchs.

c) Welche Anforderungen gelten für die Aufforderung zur Mängelbeseitigung?

437 Die VOB/B spricht lediglich von der „Aufforderung zur Mängelbeseitigung" bzw. vom „Verlangen" der Mängelbeseitigung. Ganz wichtig ist jedoch, dass die Aufforderung klar und eindeutig sein muss. Eine

---

[184] Zutreffend Kapellmann/Messerschmidt/Langen VOB/B §13 Rn.1f.

A. Die Normen

„Aufforderung" enthält schon vom Wortsinn her ein klares Verlangen, das sich auf die Mängelbeseitigung bezieht. Der Auftraggeber muss schon deutlich machen, dass die Nichterledigung der Mangelbeseitigung Konsequenzen haben wird; dabei reicht es nicht aus, wenn der Auftragnehmer bloß aufgefordert wird, seine Bereitschaft zur Mängelbeseitigung zu signalisieren. Außerdem muss die Aufforderung die Art des Mangels klar bezeichnen, **der Mangel ist anhand seiner äußeren Symptome zu konkretisieren**. Die von der Rechtsprechung entwickelte Symptomtheorie bedeutet im Ergebnis, dass die Mangelerscheinungen, also eben die Symptome, zu beschreiben sind, und zwar so konkret wie möglich.[185] Die (tatsächlichen oder vermuteten) Ursachen des Mangels müssen dagegen nicht benannt werden. Nur dann, wenn die Anforderungen der Symptomtheorie erfüllt werden und der Mangel eben nicht nur ganz allgemein und unspezifisch benannt wird, ist die Aufforderung zur Mängelbeseitigung die „Eintrittskarte" für weitere Rechte und Maßnahmen des Auftraggebers wie die Möglichkeit der Ersatzvornahme oder die mögliche „Verlängerung" der Verjährungsfrist gemäß § 13 Abs. 5 Nr. 1 VOB/B.

d) Die angemessene Frist zur Mängelbeseitigung

Die Angemessenheit der Frist ist **nicht** schematisch zu ermitteln, sie beträgt also nicht stets die in der Praxis häufig herangezogenen „12 Werktage" oder „Zwei Wochen". Vielmehr richtet sich die Angemessenheit nach Art, Umfang und Schwierigkeit der der durchzuführenden Mängelbeseitigung unter Berücksichtigung eventuell notwendiger Vorbereitungsarbeiten und des Interesses des Auftraggebers an einer alsbaldigen Nachbesserung.[186] Die Angemessenheit ist also unbedingt in jedem Einzelfall gesondert zu definieren. 438

e) Die zusätzlichen zwei Jahre Gewährleistung gemäß § 13 Abs. 5 VOB/B

Dabei handelt es sich um eine sonst nicht vorkommende Besonderheit der VOB/B. Der Anspruch auf Beseitigung eines gerügten Mangels verjährt in zwei Jahren ab Zugang des ordnungsgemäßen, den Anforderungen der Symptom-Rechtsprechung entsprechenden Mängelbeseitigungsverlangens. Dies ist bedeutungslos, wenn die beiden Jahre vor Ablauf der vereinbarten Gewährleistungsfrist (vereinbart entweder durch Vereinbarung der Geltung der VOB/B, 4 Jahre gemäß § 13 Abs. 4 Nr. 1 S. 1 VOB/B oder im gegenüber der VOB/B vorrangigen 439

---

[185] Zur Symptomtheorie ausführlicher Stoltefuß, Rn. 446 ff.
[186] Zutreffend BeckOK VOB/B/Koenen VOB/B § 13 Abs. 5 Rn. 100.

Kapitel 4 Die Baustelle

Vertrag, zum Beispiel 5 Jahre und 3 Monate) ablaufen. Wenn der Mangel also ein Jahr nach Abnahme gerügt wird und die Gewährleistungsfrist 4 Jahre beträgt, laufen die beiden „neuen" Jahre nach drei Jahren ab, also vor dem Ende der vereinbarten Gewährleistungsfrist. Dies hat dann keine Auswirkung. Eine ganz erhebliche Auswirkung hat die Norm aber beispielsweise dann, wenn die (ordnungsgemäße und ausreichende!) Mängelrüge einen Tag vor Ablauf der vereinbarten Verjährungsfrist erhoben wird. Dann gibt es für diesen, gerügten Mangel zwei zusätzliche Jahre (abzüglich eines Tages).

440 Wenn dann die Mängelbeseitigung erfolgt, beginnt nach Abnahme der Mängelbeseitigungsleistung ebenfalls eine neue Verjährungsfrist von zwei Jahren. Das oben Gesagte gilt entsprechend.

4. Nichterreichung des vereinbarten Nachhaltigkeitsstandards

441 Wird ein im Bauvertrag vereinbarter und geschuldeter Nachhaltigkeitsstandard nicht erreicht, ist das Werk mangelhaft im Sinne des §§ 633 BGB, 13 VOB/B. Ein Mangel kann nach § 633 BGB u. a. vorliegen, wenn die vereinbarte Beschaffenheit nicht erreicht wird, wenn sich die Sache nicht für die nach dem Vertrag vorausgesetzte Verwendung eignet oder nicht die übliche Beschaffenheit aufweist. Die Regelung in § 13 Abs. 1 VOB/B ist inhaltlich identisch, allerdings wird dort zusätzlich geregelt, dass auch bei einer vereinbarten Beschaffenheit die anerkannten Regeln der Technik eingehalten werden müssen. Da nach der ständigen Rechtsprechung des BGH, der Auftragnehmer aber ohnehin in aller Regel deren Einhaltung schuldet, unabhängig von den konkreten vertraglichen Vereinbarungen, gilt die ergänzende Regelung der VOB/B auch für BGB-Verträge.[187]

§ 633 BGB Sach- und Rechtsmangel

442 (2) Das Werk ist frei von Sachmängeln, wenn es die vereinbarte Beschaffenheit hat. Soweit die Beschaffenheit nicht vereinbart ist, ist das Werk frei von Sachmängeln,
1. wenn es sich für die nach dem Vertrag vorausgesetzte, sonst
2. für die gewöhnliche Verwendung eignet und eine Beschaffenheit aufweist, die bei Werken der gleichen Art üblich ist und die der Besteller nach der Art des Werkes erwarten kann.

443 Der Verweis auf die übliche Beschaffenheit wird bei Nichterreichung vereinbarter Nachhaltigkeitsstandards dem Auftraggeber regelmäßig nicht weiterhelfen, weil die Erfüllung bestimmter Nachhaltigkeitsstandards jedenfalls aktuell nicht zur üblichen Beschaffen-

---

[187] BeckOK VOB/B/Koenen § 13 Abs. 1 Vorbemerkung.

A. Die Normen **Kapitel 4**

heit gehört. Dafür spricht auch, dass es dazu bisher keine allgemein anerkannten Regeln der Technik gibt, die typischerweise ein Hauptkriterium sind, um die übliche Beschaffenheit zu bestimmen. Der vertraglich vorausgesetzte Gebrauch eines Gebäudes wird, wenn nicht ausdrückliche Vereinbarungen zu Nachhaltigkeitsaspekten getroffen werden, regelmäßig in der tatsächlichen Nutzungsfähigkeit liegen. Auch hier spielen konkrete Nachhaltigkeitsgesichtspunkte aktuell noch keine solche Rolle, dass daraus bestimmte Leitungspflichten abgeleitet werden können.

Zusammenfassend wird in aller Regel nur ein Mangel vorliegen, wenn nach § 633 Abs. 2 S. 1 BGB von der konkret vereinbarten Beschaffenheit abgewichen wird. 444

Dem Auftraggeber stehen dann die in den §§ 634 BGB, 13 VOB/B (wenn die VOB/B Vertragsinhalt geworden ist) genannten Mängelrechte zu. Allerdings dürften sich bei Mängeln, die allein die Nachhaltigkeit des Bauwerks betreffen, einige Standardfragen in besonderem Maße stellen. Dies gilt besonders für das Vorliegen eines Mitverschuldens bei Planungsfehlern, des Unverhältnismäßigkeitseinwands nach §§ 635 Abs. 3, 275 Abs. 2 und Abs. 3 BGB, 13 Abs. 6 VOB/B, der (Un-)Wesentlichkeit des Mangels/Pflichtverletzung nach § 323 Abs. 5 BGB und der Frage des entstandenen Schadens durch die mangelhafte Leistung. 445

a) Mitverschulden des Auftraggebers
Interessant wird es bei der Frage, in welchem Umfang der Auftragnehmer die zur Verfügung gestellten Pläne prüfen und Bedenken gemäß § 4 Abs. 3 VOB/B anmelden muss oder ob er sich auf die Richtigkeit der (Fach-)Planerleistungen verlassen darf. Diese Frage wird dann relevant, wenn Ursache des Mangels ein Planungsfehler ist. 446

Besteht die Pflicht zur Prüfung und Bedenkenanmeldung nicht, liegt in der Zurverfügungstellung mangelhafter Pläne ein Mitverschulden des Auftraggebers. 447

Besteht die Pflicht zur Prüfung und Bedenkenanmeldung und kommt der Auftragnehmer dieser nicht ordnungsgemäß nach, ist er zur Nachbesserung verpflichtet, ohne sich auf ein Mitverschulden des Auftraggebers berufen zu können. 448

Nach der hier vertretenen Ansicht handelt es sich bei den Systemanforderungen der Zertifizierungsstellen, jedenfalls aktuell, um spezielles Wissen, bei dem nicht erwartet werden kann, dass auch in diesem Bereich tätige ausführende Auftragnehmer Einzelheiten zu den Indikatoren bekannt sind. Dies auch aufgrund der Vielzahl der Green-Building Zertifizierungen und der Auswahlmöglichkeiten 449

Kapitel 4 Die Baustelle

bei den Unterkriterien. Ausführende Unternehmen wird daher im Hinblick auf die ihnen vorgegeben Leistungen zur Erreichung der Systemvorgaben der angestrebten Green-Building Zertifizierung regelmäßig keine Pflicht zur Prüfung und Bedenkenanmeldung treffen. Sie dürfen sich somit auf die Vorgaben von Objekt- und Fachplanern sowie Auditoren verlassen.

b) unverhältnismäßige Kosten
§ 635 BGB Nacherfüllung

450 (3) Der Unternehmer kann die Nacherfüllung unbeschadet des § 275 Abs. 2 und Abs. 3 verweigern, wenn sie nur mit unverhältnismäßigen Kosten möglich ist.

§ 13 VOB/B

451 (6) Ist die Beseitigung des Mangels für den Auftraggeber unzumutbar oder ist sie unmöglich oder würde sie einen unverhältnismäßig hohen Aufwand erfordern und wird sie deshalb vom Auftragnehmer verweigert, so kann der Auftraggeber durch Erklärung gegenüber dem Auftragnehmer die Vergütung mindern (§ 638 BGB).

452 Der Auftragnehmer kann die Nacherfüllung verweigern, wenn sie nur mit unverhältnismäßigem Aufwand (§ 275 Abs. 2 BGB) oder unverhältnismäßigen Kosten möglich ist oder ihm die persönliche Leistungserbringung nach § 275 Abs. 3 BGB unzumutbar ist. Während Fälle des § 275 Abs. 3 BGB in der Baupraxis faktisch nicht anzutreffen sind, weil die Vorschrift überhaupt nur in Betracht kommt, wenn die Werkleistung höchstpersönlicher Natur ist, wie zB bei künstlerischen Leistungen, werden Fälle des unverhältnismäßigen Aufwand nach § 275 Abs. 2 BGB und unverhältnismäßiger Kosten in der Baupraxis regelmäßig diskutiert. Da das Leistungsverweigerungsrecht nach §§ 635 Abs. 3 BGB, 13 Abs. 6 VOB/B weitergehend ist, als dasjenige nach § 275 Abs. 1 BGB[188] beschränkt sich die Prüfung regelmäßig auf diese.

453 Wann unverhältnismäßige Kosten vorliegen, definieren das BGB und die VOB/B nicht. Nach der – nicht unumstritten Rechtsprechung[189] – sind für die Frage der Unverhältnismäßigkeit sämtliche Umstände des Einzelfalls zu berücksichtigen, insbesondere auch das

---

[188] MüKoBGB/Busch, § 635 Rn. 39.
[189] OLG Düsseldorf, Urt. v. 16.6.2017 – I 22 U 14/17 NJW 2018, 627; NJW-RR 2012, 855; OLG Hamburg, Urt. v. 19.2.2015 – 4 U 111/13, NJW 2016, 412 = NZBau 2016, 29; OLG Karlsruhe, Beschl. v. 1.2.2018 – 9 U 52/17, NJW-RR 2018, 784 = NZBau 2018, 414 = IBR 2018, 322; OLG Köln, Urt. v. 16.9.2010 – 7 U 158/08, BeckRS 2010, 25906, NJW-Spezial 2010, 685.

A. Die Normen **Kapitel 4**

Leistungsinteresse des Gläubigers.[190] Für die Frage der Unverhältnismäßigkeit kommt es danach nicht allein auf das rechnerische Verhältnis zwischen den Mangelbeseitigungskosten einerseits und dem wirtschaftlichen Vorteil für den Auftraggeber andererseits an. Es kommt auch darauf an, ob der Auftraggeber ein nachvollziehbares Interesse an einer vertragsgemäßen Ausführung des Werks hat. In der Abwägung ist insbesondere auch zu berücksichtigen, ob und inwieweit den Auftragnehmer ein Verschulden trifft. Letztlich kann sich der Auftragnehmer nur dann auf unverhältnismäßige Kosten berufen, wenn das Bestehen des Auftraggebers auf einer ordnungsgemäßen Erfüllung sich im Verhältnis zu dem dafür erforderlichen Aufwand unter Abwägung aller Umstände als Verstoß gegen Treu und Glauben darstellt.[191]

Sobald eine spürbare Funktionsbeeinträchtigung vorliegt oder droht,[192] scheidet die Berufung auf unverhältnismäßige Kosten regelmäßig aus. Übrig bleiben also Fälle, in denen die Beeinträchtigung „nur" optischer Natur oder das Interesse an der Mangelbeseitigung objektiv gering sind. **454**

Beim Einbau von 2-fach, statt der vereinbarten 3-fach Verglasung[193] wurde das Vorliegen von Unverhältnismäßigkeit ebenso verneint wie bei der Überschreitung zugesicherter Wärmedurchlasswerte[194], obwohl in beiden Fällen ein Komplettaustausch der Fenster erforderlich war und die Energiemehrkosten verhältnismäßig gering waren. **455**

Die Vereinbarung eines Nachhaltigkeitsstandards spricht per se dafür, dass der Auftraggeber an dessen Einhaltung ein besonderes Interesse hat. Dies gilt jedenfalls solange die Vereinbarung solcher Standards nicht den Regelfall darstellt. Dies ist auch den planenden und ausführenden Unternehmen bewusst. Zudem ist bereits jetzt erkennbar, dass der Erhalt des Zertifikats für den Wert und die Verwertbarkeit des Bauwerks Auswirkungen hat und die Zukunft noch in größerem Umfang haben wird. Die von der Rechtsprechung aufgestellten Voraussetzungen des §§ 635 Abs. 3 BGB, 13 Abs. 6 VOB/B liegen dann **456**

---

[190] Fn. 113; Seibel ZfBR 2009, 731 (733); aA BeckOK BGB/Voit § 635 Rn. 15; Grüneberg/Retzlaff § 635 Rn. 11.
[191] OLG Karlsruhe, Beschl. v. 1.2.2018 – 9 U 52/17, NJW-RR 2018, 784 = NZBau 2018, 414 = IBR 2018, 322.
[192] OLG Brandenburg, Urt. v. 9.11.2018 – 4 U 49/16, NJW 2019, 939 = NZBau 2019, 366 = BeckRS 2018, 30514; OLG Düsseldorf, Urt. v. 16.6.2017 – I 22 U 14/17 NJW 2018, 627; NJW-RR 2012, 855; OLG Naumburg, Urt. v. 11.7.2019 – 1 U 116/18, NJW-RR 2019, 1485 = NZBau 2019, 779.
[193] Siehe Rn. 191.
[194] BGH, Urt. v. 10.10.1985 – VII ZR 303/84, NJW 1986, 711 = BeckRS 1985, 1199 = NJW-RR 1986, 319.

Kapitel 4 — Die Baustelle

aber auch dann nicht vor, wenn der Mangel nicht gleichzeitig mit Funktionsbeeinträchtigungen verbunden ist.

457   Diese Überlegungen können direkt auf die Frage der (Un-)Wesentlichkeit der Pflichtverletzung für das Rücktrittsrecht nach § 323 Abs. 5 BGB übertragen werden.

c) Schaden

458   Besondere Bedeutung kommt seit der Entscheidung des Bundesgerichtshofs[195] zur (Nicht-)Ersatzfähigkeit fiktiver Mangelbeseitigungskosten der Frage zu, wie der Schadensersatz ermittelt wird. Der BGH hat für das Bau- und Architekten-/Ingenieurrecht[196] entschieden, dass der Auftraggeber beim sog. kleinen Schadensersatz, also wenn er lediglich Schadensersatz für den mangelhaften Leistungsteil verlangt, die Leistung aber im Übrigen behält, die Wahl hat, den Mangel zu beseitigen und die dafür entstehenden Kosten erstattet zu verlangen oder auf die Mangelbeseitigung verzichtet und den Minderwert infolge der Mangelhaftigkeit geltend macht. Anders als der Käufer bei der Beschädigung eines Autos kann der Auftraggeber nicht die hypothetischen (Netto-) Mangelbeseitigungskosten verlangen und selbst entscheiden, wie er den erhaltenen Betrag verwendet. Also keine Neuwagen vor Neubauten statt Beseitigung der angeblich so gravierenden Mängel, dass deshalb selbst Gerichtsverfahren geführt werden.

459   In der Praxis hat sich die Bestimmung der Minderungshöhe als problematisch erwiesen. Zwar ist hier eine Schätzung durch das Gericht nach § 287 ZPO möglich. Dafür ist es aber erforderlich, dass greifbare Anhaltspunkte für eine Schätzgrundlage vorliegen. Gerade bei Gesichtspunkten der Nachhaltigkeit, mit denen sowohl Gerichte als auch zu Ermittlung der Schätzgrundlage regelmäßig bestellte gerichtliche Sachverständige wenig Erfahrung haben und deren Wert auch darin liegt, dass der Auftraggeber daraufsetzt, dass diesen Gesichtspunkten in Zukunft ein höherer Wert als aktuell zugeschrieben wird, ist aber zweifelhaft, ob greifbare, richtige, Anhaltspunkte tatsächlich vorliegen.

460   Die Parteien sollten daher überlegen, ob sie Schadensersatzansprüche für den Fall der Nichterreichung der Systemvorgaben der

---

[195] BGH, Urt. v. 22.2.2018 – VII ZR 46/17, NJW 2018, 1463 = NZBau 2018, 201 = NZM 2018, 345 = ZfBR 2018, 352 = DS 2019, 97 = WM 2018 Heft 28, 1323 = DAR 2019, 32 = IBR 2018, 196= BeckRS 2018, 2537.

[196] BGH, Beschl. v. 8.10.2020 – VII ARZ 1/20, NJW 2021, 53 = NZBau 2021, 29 = ZfBR 2021, 45 = NZM 2021, 569 ◊ IBR 2020, 636 = BeckRS 2020, 29059.

A. Die Normen **Kapitel 4**

angestrebten Zertifizierung bereits im Vertrag pauschalieren. Individualvertraglich sind hier nur die allgemeinen Grenzen nach §§ 134, 242 BGB vorhanden, bei AGB ist § 309 Nr. 5 BGB zu beachten. Dies hat auch den Vorteil, dass dann alle Beteiligten wissen, was bei Nichterreichung der Systemvorgaben auf sie zukommt und Auftragnehmer diesen Punkt in ihrer Kalkulation berücksichtigen können.

d) Nichterteilung des Zertifikats trotz Vorliegen der technischen Systemvoraussetzungen
Wird das angestrebte Green-Building Zertifikat für das Gesamtobjekt 461 nicht erteilt, obwohl die technischen Systemvoraussetzungen insgesamt oder jedenfalls für das Einzelgewerk vorliegen, stellt sich die Frage, ob die Leistung des Auftragnehmers deshalb mangelhaft ist.

Da das Bauunternehmen, wie auch der Planer und der Auditor, 462 die Green-Building Zertifizierung nicht selbst herbeiführen können und gegenüber der Zertifizierungsstelle mangels vertraglicher Beziehung auch keine Ansprüche auf Erteilung des Green-Building Zertifikats geltend machen kann, ist für die Beantwortung der Frage entscheidend, welchen Erfolg genau der Auftragnehmer eigentlich schuldet. Im Hinblick auf die ebenfalls durch Dritte zu erteilende Baugenehmigung ist für Planer, aber auch für Auftragnehmer, die auch diese Planungsleistungen übernehmen, anerkannt, dass nur die Genehmigungsfähigkeit der Planung geschuldet ist, nicht die Genehmigung selbst.

Nichts anders kann für die Erlangung der Green-Building Zertifi- 463 zierung gelten. Der Erfolg liegt in der Errichtung eines Gebäudes bzw. Gewerkes, dass den Systemvorgaben entspricht, nicht in der Erlangung des Green-Building Zertifikats.

e) Erteilung des Zertifikats trotz Mängeln
Umgekehrt ist der Fall, dass das angestrebte Green-Building Zertifikat 464 für das Gesamtobjekt erteilt wird, obwohl tatsächlich die Systemvoraussetzungen nicht erfüllt sind. Dies kann relativ leicht passieren. Zum einen, weil die Green-Building Zertifizierung wie gezeigt aufgrund einer Eigenerklärung des Bauherrn und nicht einer Vor-Ort Prüfung der Zertifizierungsstelle erfolgt. Zum anderen, weil sich Mängel häufig erst im Laufe der Nutzung des Bauwerkes, also nach Abnahme und Abschluss der Konformitätsprüfung zeigen.

Tatsächlich vorhandene Mängel werden durch die Erteilung des 465 Green-Building Zertifikats nicht „geheilt". Dies folgt schon daraus, dass regelmäßig die tatsächliche Erfüllung der Systemvorga-

Kapitel 4 Die Baustelle

ben der vereinbarten Green-Building Zertifizierung geschuldet ist, nicht die Zertifizierung selbst. Hinzu kommt, dass bei Erteilung des Green-Building Zertifikat bekanntlich keine Prüfung der tatsächlichen Bauausführung durch die Zertifizierungsstelle erfolgt. Zudem verfolgt die Zertifizierung, wie auch die bauaufsichtliche Abnahme nach den einschlägigen Landesbauordnung, nicht das Ziel vollständig zu prüfen und zu bestätigen, dass bestimmte Bauleistungen mangelfrei sind. Im Gegenteil. Eine solche Prüfung soll gerade nicht erfolgen. Es steht der Zertifizierungsstelle auch nicht zu, solche Erklärungen abzugeben.

5. Green Building und allgemein anerkannte Regeln der Technik

466 Die allgemein anerkannten Regeln der Technik spielen im privaten Baurecht aktuell[197] eine überragende Rolle. Wie bereits erwähnt sind sie sowohl für die Frage der (konkludenten) Beschaffenheitsvereinbarungen als auch der Mangelhaftigkeit einer Bauleistung von großer Relevanz. Auch im öffentlichen Baurecht sind die allgemein anerkannten Regeln der Technik für die Zulassung und Genehmigung von Bauprodukten und Bauarten bedeutsam.[198]

467 Anders als bei traditionellen Bauleistungen ändern sich Gesetze, Normen, Richtlinien und Green-Building Zertifizierungsanforderungen für nachhaltige, grüne Immobilien verhältnismäßig schnell. Dies gilt sowohl für den Inhalt der vereinbarten objektiven Green-Building Standards als auch für gesetzgeberische Anforderungen insgesamt.

468 Die Verpflichtung zum Einbau von Photovoltaikanlagen für Neubauten in Baden-Württemberg wurde im Oktober 2021 beschlossen und gilt für alle Neubauten, deren Eingangsstempel auf dem Bauantrag oder vollständige Bauvorlage im Kenntnisgabeverfahren ab dem 01.01.2022 (für Nichtwohngebäude) und 01.05.2022 (Wohngebäude) liegt. Zwischen Oktober 2021 und 01.01.2022 liegen drei Monate. Für eine Nichtwohngebäude keine lange Planungszeit, so dass bei einer Vielzahl solcher Gebäude bereits mit der Planung begonnen war als die Gesetzesänderung bekannt wurde.

469 Dies ist mit dem (gesetzlichen) Postulat, dass ein Mangel vorliegt, wenn die Ausführung nicht den allgemein anerkannten Regeln der

---

[197] Kritisch dazu Leupertz, Bezahlbares Wohnen und nachhaltiges Bauen, S. 27 ff., https://www.bfw-newsroom.de/wp-content/uploads/2023/12/rechtsgutachten-bid_bezahlbar_wohnen_und_nachhaltig_bauen_leupertz.pdf, zuletzt abgerufen 15.12.2023.

[198] Baureis/Dressel/Friedrich, Allgemein anerkannte Regeln der Technik als Hemmnis für technische Innovationen im Sinne der Nachhaltigkeit? NZ-Bau 2023, 641.

A. Die Normen **Kapitel 4**

Technik entspricht, schwer vereinbart. Allgemein anerkannte Regeln sind nämlich solche, die *in der technischen Wissenschaft als theoretisch richtig anerkannt sind, feststehen, sowie durchweg bekannt und aufgrund der praktischen Erfahrung als technisch geeignet, angemessen und notwendig anerkannt sind.*[199]

Allgemein anerkannte Regeln der Technik können auch ungeschriebene, mündlich überlieferte Regelungen sein[200]. Üblicherweise sind sie aber gewerkspezifisch schriftlich geregelt. Diese schriftlichen Regelungen enthalten die widerlegliche Vermutung, dass sie die allgemein anerkannten Regeln der Technik wiedergeben.[201] 470

Voraussetzung einer allgemein anerkannten Regel der Technik ist also jedenfalls, dass sie bereits über einen längeren Zeitraum von fachkundigen Kreisen angewendet und als richtig anerkannt wird. Dass diese Anforderungen, unabhängig von ihrer genauen Bestimmung im Einzelfall um die es hier nicht gehen soll, sich mit sich ständig ändernden Regularien bestenfalls sehr schwer in Einklang bringen lassen, ist offensichtlich. Ein Rückgriff auf die allgemein anerkannten Regeln der Technik wird bei Vereinbarungen zum nachhaltigen Bauen daher noch für einige Zeit nicht belastbar möglich sein. 471

Stellen Vorgaben zum nachhaltigen Bauen somit keine allgemein anerkannten Regeln der Technik dar, stellt sich die Frage, wie diese überhaupt vereinbart werden können, ohne dass die Leistung direkt mangelhaft ist. 472

In der juristischen Literatur ist schon die Antwort auf Frage sehr umstritten, ob auch dann ein Mangel vorliegt, wenn eine Abweichung vom Stand der Technik deshalb vorliegt, weil qualitativ bessere Baustoffe verwendet werden, die auch zu einen höherwertigen Leistungsergebnis führen. Gerade bei der Verwendung nachhaltiger Baustoffe ohne konkrete vertragliche Vereinbarung sind solche Fälle denkbar. Nach einer Ansicht, die sich auf ein entsprechendes Urteil des BGH[202] 473

---

[199] RGSt 44, 76, Urt. v. 11.10.1910.
[200] BGH, Urt. v. 21.11.2013 – VII ZR 275/12, NJW 2014, 620 = NZBau 2014, 160 = ZfBR 2014, 143 = NZM 2014, 281 = DS 2014, 123 = BeckRS 2013, 22120.
[201] BGH, Urt. v. 24.5.2013 – V ZR 182/12, NJW 2013, 2271 = ZWE 2013, 360 = NZBau 2013, 697 = ZfBR 2013, 561 = NZM 2013, 582; OLG Hamm, Urt. v. 13.4.1994 – 12 U 171/93, NJW-RR 1995, 17 =BeckRS 1994, 5647 ◊ IBR 1994, 367.
[202] BGH, Urt. v. 9.7.2009 – VII ZR 130/07, NZBau 2009, 722 = NJW 2009, 2947 (m. Anm. Scholtissek) = ZfBR 2009, 769 = BeckRS 2009, 22729. BGH, Urt. v. 7.3.2002 –VII ZR 1/00, NJW 2002, 3543 = NZBau 2002, 571 = ZfBR 2002, 767 = WM 2003 Heft 1, 29 = BeckRS 2002, 6562.

Kapitel 4 Die Baustelle

stützt, soll jede Abweichung von der vereinbarten Beschaffenheit, die im Zweifel die übliche Beschaffenheit und damit die allgemein anerkannten Regeln der Technik sind, einen Mangel der Leistung darstellen, unabhängig davon, ob die Nutzbarkeit des Werkes dadurch verbessert oder verschlechtert wird oder gleichbleibt. Auch wenn eine andere Ansicht zu Recht[203] darauf hinweist, dass diese Ansicht der Rechtsprechung mit einer interessengerechten Vertragsauslegung kaum vereinbart ist und für die Frage der Mangelhaftigkeit allein maßgeblich ist, ob der vom Besteller begehrte Erfolg erreicht worden ist, besteht bei Verwendung neuartiger Materialien, auch wenn sie höherwertiger sind, immer ein nicht unerhebliches Risiko, solange für die Ermittlung der geschuldeten Leistungspflicht auf die allgemein anerkannten Regeln der Technik zurückgegriffen werden muss.

474 Ungleich praktisch bedeutsamer sind Fälle, in denen aus Gründen der Nachhaltigkeit von den allgemein anerkannten Regeln der Technik nach unten abgewichen wird. Dies setzt zunächst voraus, dass eine allgemein anerkannte Regel der Technik überhaupt besteht, was nicht immer der Fall ist. Liegt eine solche allerdings vor, sind Abweichungen nach unten zivilrechtlich möglich, da, wie auch § 633 BGB zeigt, der konkreten Beschaffenheitsvereinbarung Vorrang vor der üblichen Beschaffenheit und damit auch den allgemein anerkannten Regeln der Technik eingeräumt wird. Auch bei Vereinbarung der VOB/B, die die Einhaltung der allgemein anerkannten Regeln der Technik in § 13 Abs. 1 S. 2 VOB/B ausdrücklich erwähnt, sind Abweichungen möglich. Dies folgt schon daraus, dass es sich bei der VOB/B um AGB handelt und Individualvereinbarungen nach § 305b BGB vorrangig sind.

475 Abweichungen sind dabei sowohl nach unten als auch nach oben möglich.[204] Sie können bei oder nach Vertragsschluss, ausdrücklich oder konkludent getroffen werden[205], obwohl eine ausdrückliche, dokumentierte Vereinbarung selbstverständlich wünschenswert ist. Eine Grenze ist allerdings dort erreicht, wo die Funktionstauglichkeit des Werkes und damit die Erreichung des Werkerfolges nicht vorliegt.

---

auch KG, Urt. v. 8.4.2014 –27 U 105/13, NJW-RR 2014, 1236 = NZBau 2014, 629 = IBRRS 2014, 1591 = BeckRS 2014, 13018.

[203] Popescu, NZBau 2009, 692.

[204] Kniffka/Jurgeleit/Jurgeleit, ibr-online-Kommentar Bauvertragsrecht, Stand 19.10.2023, § 633 Rn. 61.

[205] BGH, Urt. v. 16.7.1998 – VII ZR 350/96, NJW 1998, 3707 = BeckRS 1998, 30019539 = IBRRS 2000, 0666.

A. Die Normen

476 An solche Vereinbarungen werden wegen des damit verbundenen Verzichts auf die übliche Beschaffenheit strenge Anforderungen gestellt.[206] Der BGH[207] hierzu

477 *„Nach der Rechtsprechung des Bundesgerichtshofs können die Parteien allerdings bei Vertragsschluss auch eine Vereinbarung treffen, nach der die Bauausführung hinter den aktuellen oder den künftigen allgemein anerkannten Regeln der Technik, soweit deren Einführung bereits absehbar ist, zurückbleibt. Dies erfordert, dass der Auftragnehmer den Auftraggeber auf die Bedeutung der allgemein anerkannten Regeln der Technik und die mit der Nichteinhaltung verbundenen Konsequenzen und Risiken hinweist, es sei denn, diese sind dem Auftraggeber bekannt oder ergeben sich ohne Weiteres aus den Umständen. Ohne eine entsprechende Kenntnis kommt eine rechtsgeschäftliche Zustimmung des Auftraggebers zu einer hinter den allgemein anerkannten Regeln der Technik zurückbleibenden Ausführung regelmäßig nicht in Betracht."*

478 Daraus folgt, dass es insbesondere erforderlich ist, dass der Unternehmer den Besteller über die Abweichung nach unten aufklärt, es sei denn, diese sind dem Besteller bekannt oder ergeben sich ohne Weiteres aus den Umständen. Eine Ausnahmeregelung, auf die Auftragnehmer sich in der Praxis häufig berufen, die aber sehr selten tatsächlich vorliegt. Die Aufklärung muss dabei umfassend und fehlerfrei sein und den Besteller über sämtliche mit der Unterschreitung der üblichen Beschaffenheit verbundenen Folgen aufklären. Auf Grundlage der Aufklärung muss der Bauherr die Konsequenzen einer Unterschreitung der allgemein anerkannten Regeln der Technik erkennen und eine informierte Entscheidung treffen können. Insbesondere genügt eine konkrete Vereinbarung zur Ausführung (zB zu einer bestimmten Schneelast[208] oder zum Schallschutz der DIN 4109[209]) nicht, wenn nicht darauf hingewiesen wird, dass damit hinter den allgemein anerkannten Regeln der Technik zurück geblieben wird.

---

[206] OLG Celle, Urt. v. 16.5.2013 – 13 U 11/09, BeckRS 2016, 8042.

[207] Urt. v. 14.11.2017 – VII ZR 65/14, NJW 2018, 391 = ZfBR 2018, 152 = NZBau 2018, 207.

[208] BGH, Urt. v. 29.9.2011 – VII ZR 87/11, NZBau 2011, 746 NJW 2011, 3780 (m. Anm. Voit) = ZfBR 2012, 30 = WM 2012 Heft 19, 906 = DAR 2011, 697 = BeckRS 2011, 24669.

[209] BGH, Urt. v. 4.6.2009 – VII ZR 54/07, NJW 2009, 2439 = NZBau 2009, 648 = NZM 2009, 590 = ZfBR 2009, 669 = BeckRS 2009, 18043.

Kapitel 4 Die Baustelle

479 Die Beweislast für die Vereinbarung einer Beschaffenheit nach unten trägt derjenige, der sich darauf beruft, in der Regel also der Auftragnehmer.[210]

480 Für Abweichungen von den allgemein anerkannten Regeln der Technik nach unten aus Gründen der Nachhaltigkeit kann nichts anders gelten. Auditor, Planer und Auftragnehmer müssen den Bauherrn umfassend über die Risiken und Konsequenzen aufklären. Schon aus Beweisgründen sollte sowohl die Aufklärung als auch die Entscheidung des Bauherrn schriftlich dokumentiert werden. Nur dann kann der Auftragnehmer eine Haftung vermeiden.

481 Praktisch sind die Anforderungen an eine Abweichung somit hoch, weshalb teilweise eine Gesetzesänderung vorgeschlagen wird.[211]

6. Änderungen der Anforderungen während der Vertragslaufzeit beim Green Building

482 Diskussionen zwischen den Baubeteiligten entstehen auch regemäßig in Fällen, in denen sich die allgemein anerkannte Regel der Technik oder sonstigen technischen Vorgaben während der Vertragslaufzeit, also nach Vertragsschluss, aber vor Abnahme der Leistungen, ändern. Solche Änderungen der technischen Regelwerke werden bei auf Nachhaltigkeit ausgerichteten Leistungen wahrscheinlich häufiger vorkommen als bei klassischen Bauleistungen. Nach ständiger Rechtsprechung des BGH[212], die auch in § 13 Abs. 1 S. 2 VOB/B wiedergegeben ist, ist nämlich die Erfüllung der anerkannten Regeln der Technik zum Zeitpunkt der Abnahme geschuldet, wenn nichts anders vereinbart ist.

§ 13 VOB/B Mängelansprüche

483 (1) Der Auftragnehmer hat dem Auftraggeber seine Leistung zum Zeitpunkt der Abnahme frei von Sachmängeln zu verschaffen. Die Leistung ist **zur Zeit der Abnahme** frei von Sachmängeln, wenn sie die vereinbarte Beschaffenheit hat und **den anerkannten Regeln der Technik entspricht**.

484 In einem solchen Fall hat der Auftragnehmer den Auftraggeber über die Änderung und die damit verbundenen Konsequenzen und Risiken für die Bauausführung zu informieren, es sei denn, diese sind

---

[210] BGH, Urt. v. 29.9.2011 – VII ZR 87/11, NZBau 2011, 746 NJW 2011, 3780 (m. Anm. Voit) = ZfBR 2012, 30 = WM 2012 Heft 19, 906 = DAR 2011, 697 = BeckRS 2011, 24669.

[211] Siehe Rn. 197.

[212] BGH, Urt. v. 14.5.1998 – VII ZR 184/97, NJW 1998 = BeckRS 1998.

A. Die Normen **Kapitel 4**

dem Auftraggeber bekannt oder ergeben sich ohne Weiteres aus den Umständen. Auch hier gilt, dass der Ausnahmetatbestand praktisch selten vorkommt.

Der Auftraggeber hat sodann im Regelfall zwei Optionen. 485

Er kann zum einen die Einhaltung der neuen allgemein anerkann- 486 ten Regeln der Technik verlangen mit der Folge, dass ein aufwändigeres Verfahren zur Herstellung erforderlich werden kann als im Zeitpunkt des Vertragsschlusses von den Parteien vorgesehen. Dies führt regelmäßig zu einem Anspruch des ausführenden Auftragnehmers auf Mehrvergütung und Bauzeitverlängerung.

Der Auftraggeber kann zum anderen von einer Einhaltung der neu- 487 en allgemein anerkannten Regeln der Technik und damit von einer etwaigen Verteuerung und Verlängerung des Bauvorhabens absehen.

Ohne Information des Auftragnehmers gegenüber dem Auftrag- 488 geber über die Änderungen der allgemein anerkannten Regeln der Technik ist die Werkleistung aber mangelhaft und der Auftragnehmer hat entstehende Mangelbeseitigungskosten, unter Berücksichtigung von Sowiesokosten, nach den allgemeinen Regeln zu tragen.

Auch hier zeigt sich wieder, wie wichtig es ist, dass die Parteien 489 während der Vertragsabwicklung im ständigen Austausch bleiben und der Auftragnehmer den Auftraggeber über Änderungen informiert. Es handelt sich schließlich um das Bauwerk des Auftraggebers und dieser bestimmt, welche Leistung er möchte. Dies kann er aber nur, wenn er über Änderungen bei den allgemein anerkannten Regeln der Technik informiert wird.

Nicht immer liegt es in der Dispositionsfreiheit der Parteien zu 490 bestimmen, ob neuere Anforderungen umgesetzt werden oder nicht. Die Photovoltaikpflicht in Baden-Württemberg ist hierfür ein gutes Beispiel.

Dasselbe gilt möglicherweise, wenn die Parteien eine Green-Buil- 491 ding Zertifizierung nach „Gold" Standard vereinbaren und sich die Anforderungen, die an eine solche Green-Building Zertifizierung gestellt werden, während der Planungs- oder Bauzeit verändern. Dann stellt sich zwar nicht die Frage der Leistungspflicht der beauftragten Planen und Bauunternehmer, wenn der Bauherr der „neuen" Gold Standard verlangt, sehr wohl aber die Frage, ob und wie der zusätzliche Aufwand vergütet wird und ob und in welchem Umfang der Bauunternehmer einen Anspruch auf Verlängerung einer vertraglich vereinbarten Bauzeit hat. Ein gut gemachter grüner Bauvertrag regelt diese Frage.

Nun handelt es sich bei dem vereinbarten Green-Building Zer- 492 tifizierungsstandard nicht um eine allgemein anerkannte Regel der

Kapitel 4 Die Baustelle

Technik, sondern um Vorgaben einer privaten Zertifizierungsstelle, die die Parteien in den Vertrag einbeziehen können oder auch nicht. Ändern sich diese Vorgaben während der Bauphase, wird die Rechtsprechung des BGH zum geschuldeten Leistungsstand zum Zeitpunkt der Abnahme nicht übertragbar sein. Vielmehr dürfte die Beantwortung dieser Frage durch Vertragsauslegung nach §§ 133, 157 BGB zu ermitteln sein. Entscheidend für die Auslegung dürfte sein, ob der Auftraggeber aus objektiver Sicht, ein besonders Interesse daran hat, dass die Planung und Ausführung die zum Zeitpunkt der Abnahme geltenden Zertifizierungsstandards erfüllen.

493   Dies ist naheliegenderweise dann der Fall, wenn davon die Erteilung des Green-Building Zertifikats abhängt. In den Musterverträgen der Zertifizierungsstellen ist indes vorgesehen, dass die Prüfung der Zertifizierung auf Grundlage der zum Zeitpunkt des Vertragsschlusses geltenden Anforderungen erfolgt.[213] Mit Vertragsschluss ist dabei der Vertrag zwischen Bauherrn und Zertifizierungsstelle gemeint. Andererseits sehen die Verträge auch die Verpflichtung des Bauherrn vor, sich über Änderungen der Systemvorgaben nach Abschluss des Zertifizierungsvertrages zu informieren.[214]

494   Der Bauherr kann aber auch aus anderen Gründen ein Interesse daran haben, dass sein Vorhaben in tatsächlicher Hinsicht den bei Abnahme geltenden Systemanforderungen entspricht. Ein einmal erteiltes Green-Building Zertifikat bescheinigt nur, dass das Gebäude den im Zeitpunkt des Abschlusses des Zertifizierungsvertrages geltenden Systemanforderungen entspricht. Sollten sich die Systemanforderungen ändern, zB wegen gesetzlicher Änderungen oder weil sich der Stand der Technik ändert, verliert das erteilte Green-Building Zertifikat an Werthaltigkeit. Unterstellt man, dass ein aktuelles Green-Building Zertifikat, für die Verwertbarkeit einer Immobilie eine immer größere Bedeutung hat, kann es deshalb notwendig werden, die Green-Building Zertifizierung zu erneuern. Über eine Green-Building Zertifizierung zu verfügen, die den neuesten Systemanforderungen entspricht, stellt daher für den Bauherren einen Mehrwert dar.

495   Ob dieser Mehrwert allerdings gegenüber den planenden und bauüberwachenden Architekten und Ingenieuren und ausführenden Unternehmen dazu führt, dass diese auf Änderungen während der Bauausführung hinweisen müssen und dem Bauherrn eine Wahl zwischen den beiden Optionen wie bei Änderungen des anerkannten

---

[213] ZB § 5.1 Mustervertrag DGNB.
[214] ZB § 7.7 Mustervertrag DGNB.

A. Die Normen **Kapitel 4**

Stands der Technik ermöglich müssen, ist nach der hier vertretenen Ansicht jedenfalls zweifelhaft.

Nicht dagegen angeführt werden kann darauf, dass es sich bei den Systemanforderungen um rein private Anforderungen handelt und öffentlich-rechtlich die Einhaltung dieser Nachhaltigkeitsanforderungen nicht verlangt wird. Der BGH hat für den Fall der Änderungen der anerkannten Regeln der Technik nämlich entschieden, dass die Einhaltung der neuen allgemein anerkannten Regeln der Technik unabhängig davon geschuldet ist, ob öffentlich-rechtlich geringere Anforderungen an die Bauausführung gestellt werden. Der Umstand, dass ein Bauwerk öffentlich-rechtlich zulässig ist und genutzt werden darf, ändert nichts daran, dass der Auftragnehmer die sich in den allgemein anerkannten Regeln der Technik widerspiegelnden üblichen (höheren) Qualitäts- und Sicherheitsanforderungen einzuhalten hat.[215] **496**

Andererseits sind Änderungen der allgemein anerkannten Regeln der Technik vorhersehbar. Aufgrund ihrer Definition als in der Wissenschaft und Baupraxis durchgesetzt und als richtig und bewährt angesehen zu werden, geht Änderungen der allgemein anerkannten Regeln der Technik in aller Regel ein längerer Diskussionsprozess voraus. Zwingende Voraussetzung ist die Vorhersehbarkeit aber nicht. **497**

Gegen die Verpflichtung Änderungen in Systemanforderungen, ohne ausdrückliche vertragliche Vereinbarung zu berücksichtigen, spricht nach der hier vertretenen Ansicht insbesondere die Sonderstellung, die die allgemein anerkannten Regeln der Technik im Baurecht einnehmen. Diese wird v.a. damit begründet, dass diese dasjenige wiedergeben, was aktuell in Wissenschaft und Anwendung als geeignet und notwendig angesehen wird und den vorgebildeten Technikern durchweg bekannt sind. **498**

Eine solche Sonderstellung nehmen andere Vorgaben, wie Herstellerrichtlinien und DIN-Vorschriften, soweit sie keine allgemein anerkannten Regeln der Technik sind, nicht ein. Dasselbe gilt für die Systemvorgaben der Zertifizierungsstellen. Dass die Systemvorgaben in der Planungs- und Baupraxis nicht als allgemein bekannt vorausgesetzt werden, zeigt sich auch in der Rolle des Auditors. Eine seiner Hauptaufgaben ist es schließlich die anderen Baubeteiligten während des Bauprojekts, von der Planung, über die Ausschreibung bis hin zu Bauausführung darin zu beraten, zu unterstützen und zu kontrollieren, dass die Systemvorgaben eingehalten werden. Hinzu kommt, dass es nicht die eine Systemvorgabe für das nachhaltige Bauen gibt, sondern **499**

---

[215] BGH, Urt. v. 14.11.2017 – VII ZR 65/14, NJW 2018, 391 = NZBau 2018, 207 = NJW-Spezial 2018, 12.

Kapitel 4 Die Baustelle

sich die Systemvorgaben je nach Zertifizierungsstelle, Auszeichnungsstufe und Nutzungsprofil unterscheiden und somit eine Vielzahl geltender Regelungen besteht.

500 Von den beteiligten Architekten und Ingenieuren sowie ausführenden Unternehmen kann daher nicht wie bei den allgemein anerkannten Regeln der Technik erwartet werden, dass ihnen jegliche Änderungen bekannt sind. Sollte der Bauherr dies wollen, müsste er es ausdrücklich vereinbaren. Berücksichtigt man die Prämisse, dass Leistungen bei demjenigen angesiedelt werden sollten, der dafür am geeignetsten ist, ist es zudem naheliegender, diese Verpflichtung im Auditorenvertrag aufzunehmen und dem Auditor die Verpflichtung aufzugeben den Bauherrn über Änderungen bei den einschlägigen Systemvorgaben zu informieren.

B. Die Verträge: Abgrenzung detailpauschal/ globalpauschal

501 Während Einheitspreis- und Stundenlohnverträge in der Praxis (jedenfalls bezogen auf die grundsätzliche Frage, für welche Leistung welche Vergütung geschuldet wird) häufig relativ geräuschlos umgesetzt werden, stellt die Vereinbarung eines Pauschalpreises die Parteien häufig vor Probleme. Der Preis wird pauschaliert – Beispiel: EUR 500.000,00 brutto –, aber welche Leistung wird mit diesem Preis bezahlt? Anders ausgedrückt: Was bekommt der Auftraggeber für den Pauschalpreis?

502 Hier kommt die Abgrenzung zwischen Detailpauschal- und Globalpauschalvertrag ins Spiel. Sehr kurz und plakativ zusammengefasst:

503 Beim Detailpauschalvertrag ist die zu erbringende Leistung, für die der Pauschalpreis zu zahlen ist, in den Vertragsgrundlagen – im Text oder insbesondere in der Ausführungsplanung – detailliert beschrieben; was nicht detailliert beschrieben ist, braucht ohne Anordnung bzw. Nachtragsvergütung auch nicht geleistet zu werden.

504 Beim Globalpauschalvertrag ist die Leistung dagegen nicht detailliert, sondern allgemein bzw. lediglich funktional, beschrieben.[216] Die Leistungen, die zur Erreichung eines lediglich pauschal beschriebenen „Leistungsziels" erforderlich sind, müssen erbracht werden, und zwar auch dann, wenn sie in den vertragsgrundlagen nicht detailliert beschrieben oder erwähnt sind.

---

[216] Dazu sehr instruktiv Kapellmann/Langen/Berger, Rn. 65f.

B. Die Verträge: Abgrenzung detailpauschal/... **Kapitel 4**

Um den diesbezüglichen Willen der Parteien zu ermitteln, ist 505
der Vertrag einschließlich seiner Vertragsgrundlagen auszulegen. Dabei könnte zunächst auf den Wortlaut abgestellt werden, zum Beispiel dann, wenn der Bauvertrag ausdrücklich mit der Formulierung „Detailpauschalvertrag" überschrieben wird. Allerdings: Es gilt der Grundsatz „falsa demonstratio non nocet", auf Deutsch: eine falsche Bezeichnung schadet nicht. Das bedeutet: Es kommt auf den Parteiwillen an, nicht auf Bezeichnungen. Das kann sich in vielfältiger Weise äußern. Einhält ein inhaltlich klarer Kaufvertrag in der Überschrift die Bezeichnung „Mietvertrag", bleibt es ein Kaufvertrag. Der – in diesem Fall durch die Inhalte des Vertrags manifestierte – Wille der Parteien ist wichtiger als falsche Bezeichnungen.

Das mag einfach klingen, ist es aber nicht, weil es dabei „Raum 506
für unendliche Zweifelsfragen"[217] gibt. Gerade bei umfangreichen Verträgen spielt fast immer nicht nur eine einzige Bezeichnung, eine einzige Klausel, eine einzige Formulierung eine Rolle. Der spezielle, in Diskussion stehende Vertrag mit all seinen Grundlagen ist vielmehr sorgfältig zu analysieren, Hinweise auf den Charakter können sich aus mehreren Stellen ableiten lassen, die dann abgewogen werden müssen. Verallgemeinerungen schaden nur. Auch der Rechtsprechung lassen sich Kriterien für die Einordnung entnehmen: auch dabei ist aber wieder zu berücksichtigen, dass sich eine gerichtliche Entscheidung auf einen bestimmten Vertrag mit all seinen Besonderheiten bezieht. Dennoch einige Leitsätze zur Erläuterung:

„Für die Abgrenzung, welche Leistungen von der vertraglich ver- 507
einbarten Vergütung erfasst sind und welche Leistungen zusätzlich zu vergüten sind, kommt es auf den Inhalt der Leistungsbeschreibung an. Diese ist im Zusammenhang des gesamten Vertragswerks auszulegen. Haben die Parteien die Geltung der VOB/B vereinbart, gehören hierzu auch Allgemeinen Technischen Bestimmungen für Bauleistungen, VOB/C..."[218]

„Vereinbaren die Bauvertragsparteien, dass die auf der Grundlage 508
einer detaillierten Leistungsbeschreibung angebotene Leistung abzüglich eines Nachlasses zu einem Pauschalpreis erbracht wird, bezieht sich der Pauschalpreis auf den im Einzelnen festgelegten Leistungsumfang."[219]

---

[217] Kapellmann/Langen/Berger, Rn. 62.
[218] BGH, Urt. v. 27.7.2006 – VII ZR 202/04 = NJW 2006, 3413 (m. Anm. Kapellmann) = ZfBR 2007, 36 = BeckRS 2006, 11866 = IBR RS 2006, 3735.
[219] OLG Bamberg, Urt. v. 1.6.2011 – 8 U 127/10, IBR 2013, 521.

Kapitel 4 Die Baustelle

509 „Wird die Erstellung eines schlüsselfertigen Bauwerks zu einem Pauschalpreis vereinbart, so ist in aller Regel auch der zu erbringende Leistungsumfang pauschaliert. Vom vereinbarten Leistungsinhalt sind dann alle Leistungen umfasst, die für die Erreichung des Vertragszwecks nach den Regeln der Technik für ein zweckgerechtes und mangelfreies Bauwerk erforderlich und vorhersehbar sind. Die bloße Abarbeitung eines insoweit unvollständigen Leistungsverzeichnisses des Auftraggebers genügt dem nicht."[220]

510 „Auch wenn die Leistung detailliert mit einem Leistungsverzeichnis beschrieben ist, kann der Leistungsumfang durch eine sog. Schlüsselfertigkeits-, Komplettheits- oder Vollständigkeitsklausel auf die Ausführung notwendiger, aber im Bauvertrag nicht ausdrücklich aufgeführter Leistungen erweitert werden."[221]

511 „Haben die Bauvertragspartner einen VOB-Bauvertrag als Pauschalvertrag auf der Grundlage eines vom Auftragnehmer erstellten Leistungsverzeichnisses und eines bei Vertragsabschluss vorliegenden geologischen Untersuchungsberichts über die Bodenverhältnisse geschlossen, so scheitern Nachtragsforderungen des Auftragnehmers jedenfalls dann, wenn die vorgefundenen Bodenverhältnisse aus dem Untersuchungsbericht erkennbar oder jedenfalls vorhersehbar waren und deshalb keine Abweichung vom vertraglich zugrunde liegenden Beschaffenheits-Soll des Baugrundes als vom Auftraggeber beigestellten Baustoffes vorliegt."[222]

512 „Bei der Beantwortung der Frage, inwieweit der Leistungsumfang pauschaliert werden soll, kommt neben den besonderen Vertragsbedingungen der Leistungsbeschreibung entscheidende Bedeutung zu.

513 Haben die Parteien keine Pauschalierung der Gesamtleistung vereinbart, werden über die Leistungsbeschreibung hinausgehende Zusatzleistungen nicht vom Pauschalpreis erfasst und der Auftragnehmer kann hierfür eine Zusatzvergütung verlangen."[223]

514 Und wenn die Vereinbarung eines Einheitspreisvertrages (in Abgrenzung zum vom Auftraggeber behaupteten Pauschalpreisvertrag) streitig ist:

515 „Ist bei einem VOB-Bauvertrag streitig, ob Abrechnung nach Einheitspreisen vereinbart ist, muss der Auftragnehmer eine entge-

---

[220] OLG Naumburg, Urt. v. 20.6.2013 – 1 U 91/12, Leitsatz und Entscheidungsbesprechung IBR 2013, 597.
[221] OLG Düsseldorf, Urt. v. 27.5.2014 – 23 U 162/13, IBRRS 2014, 2912.
[222] OLG Düsseldorf, Urt. v. 30.9.2002 – 21 U 47/02, IBRRS 2002, 2180.
[223] OLG Koblenz, Urt. v. 31.3.2010 – 1 U 415/08, NZBau 2010, 562 = BeckRS 2010, 121872 = IBRRS 2010, 1787.

genstehende, nur eine geringere Vergütung einräumende Behauptung des Auftraggebers – wie zB die Vereinbarung einer Pauschalsumme – widerlegen und die Vereinbarung nach Einheitspreisen beweisen."[224]

516 Soweit einige wenige Auszüge aus der zu diesem Thema sehr umfangreichen Rechtsprechung. Die Zitate zeigen, dass nie vorschnell eine Bewertung getroffen werden sollte, da meistens nicht nur ein Hinweis entscheidend ist. So muss die Benutzung des Begriffs „schlüsselfertig" nicht zwingend zur Klassifizierung als Globalpauschalvertrag führen, wenn auf eine detaillierte Leistungsbeschreibung Bezug genommen wird.[225]

517 Letztlich müssen die Parteien entscheiden, was sie wollen und wozu sie bereit sind: ein detailliertes Bausoll oder ein funktionales Erfolgssoll.[226]

---

[224] BGH, Urt. v. 9.4.1981 – VII ZR 262/80, NJW 1981, 1442 = BeckRS 1981, 344.
[225] Vgl. Kniffka/Koeble/Jurgeleit/Sacher, Teil 4, Rn. 141a.
[226] Zur Unterscheidung vgl. Messerschmidt/Voit, K, Rn. 8 ff.

Kapitel 5
Die Abrechnung

Dass die Normen zur Vergütung, ob sie nun der VOB/B oder dem BGB zu entnehmen sind, von überragender Bedeutung für die Baupraxis sind, muss an dieser Stelle nicht betont werden. Schließlich geht es für alle Baubeteiligten darum, wirtschaftlich erfolgreich zu arbeiten. Die folgenden Ausführungen beschränken sich ganz bewusst auf einige praxisrelevante, immer wieder zu Diskussionen führenden Einzelaspekte der Vergütung. **518**

A. §§ 2 VOB/B Vergütung

(1) Durch die vereinbarten Preise werden alle Leistungen abgegolten, die nach der Leistungsbeschreibung, den Besonderen Vertragsbedingungen, den Zusätzlichen Vertragsbedingungen, den Zusätzlichen Technischen Vertragsbedingungen, den Allgemeinen Technischen Vertragsbedingungen für Bauleistungen und der gewerblichen Verkehrssitte zur vertraglichen Leistung gehören. **519**

(2) Die Vergütung wird nach den vertraglichen Einheitspreisen und den tatsächlich ausgeführten Leistungen berechnet, wenn keine andere Berechnungsart (z. B. durch Pauschalsumme, nach Stundenlohnsätzen, nach Selbstkosten) vereinbart ist. **520**

(3) 1. Weicht die ausgeführte Menge der unter einem Einheitspreis erfassten Leistung oder Teilleistung um nicht mehr als 10 v. H. von dem im Vertrag vorgesehenen Umfang ab, so gilt der vertragliche Einheitspreis. **521**

2. Für die über 10 v. H. hinausgehende Überschreitung des Mengenansatzes ist auf Verlangen ein neuer Preis unter Berücksichtigung der Mehr- oder Minderkosten zu vereinbaren. **522**

3. Bei einer über 10 v. H. hinausgehenden Unterschreitung des Mengenansatzes ist auf Verlangen der Einheitspreis für die tatsächlich ausgeführte Menge der Leistung oder Teilleistung zu erhöhen, soweit der Auftragnehmer nicht durch Erhöhung der Mengen bei anderen Ordnungszahlen (Positionen) oder in anderer Weise einen Ausgleich erhält. Die Erhöhung des Einheitspreises soll im Wesentlichen dem **523**

Kapitel 5 Die Abrechnung

Mehrbetrag entsprechen, der sich durch Verteilung der Baustelleneinrichtungs- und Baustellengemeinkosten und der Allgemeinen Geschäftskosten auf die verringerte Menge ergibt. Die Umsatzsteuer wird entsprechend dem neuen Preis vergütet.

524 4. Sind von der unter einem Einheitspreis erfassten Leistung oder Teilleistung andere Leistungen abhängig, für die eine Pauschalsumme vereinbart ist, so kann mit der Änderung des Einheitspreises auch eine angemessene Änderung der Pauschalsumme gefordert werden.

525 (4) Werden im Vertrag ausbedungene Leistungen des Auftragnehmers vom Auftraggeber selbst übernommen (zB Lieferung von Bau-, Bauhilfs- und Betriebsstoffen), so gilt, wenn nichts anderes vereinbart wird, §8 Abs. 1 Nr. 2 entsprechend.

526 (5) Werden durch Änderung des Bauentwurfs oder andere Anordnungen des Auftraggebers die Grundlagen des Preises für eine im Vertrag vorgesehene Leistung geändert, so ist ein neuer Preis unter Berücksichtigung der Mehr- oder Minderkosten zu vereinbaren. Die Vereinbarung soll vor der Ausführung getroffen werden.

527 (6) 1. Wird eine im Vertrag nicht vorgesehene Leistung gefordert, so hat der Auftragnehmer Anspruch auf besondere Vergütung. Er muss jedoch den Anspruch dem Auftraggeber ankündigen, bevor er mit der Ausführung der Leistung beginnt.

528 2. Die Vergütung bestimmt sich nach den Grundlagen der Preisermittlung für die vertragliche Leistung und den besonderen Kosten der geforderten Leistung. Sie ist möglichst vor Beginn der Ausführung zu vereinbaren.

529 (7) 1. Ist als Vergütung der Leistung eine Pauschalsumme vereinbart, so bleibt die Vergütung unverändert. Weicht jedoch die ausgeführte Leistung von der vertraglich vorgesehenen Leistung so erheblich ab, dass ein Festhalten an der Pauschalsumme nicht zumutbar ist (§313 BGB), so ist auf Verlangen ein Ausgleich unter Berücksichtigung der Mehr- oder Minderkosten zu gewähren. Für die Bemessung des Ausgleichs ist von den Grundlagen der Preisermittlung auszugehen.

530 2. Die Regelungen der Absätze 4, 5 und 6 gelten auch bei Vereinbarung einer Pauschalsumme.

531 3. Wenn nichts anderes vereinbart ist, gelten die Nummern 1 und 2 auch für Pauschalsummen, die für Teile der Leistung vereinbart sind; Abs. 3 Nr. 4 bleibt unberührt.

532 (8) 1. Leistungen, die der Auftragnehmer ohne Auftrag oder unter eigenmächtiger Abweichung vom Auftrag ausführt, werden nicht vergütet. Der Auftragnehmer hat sie auf Verlangen innerhalb einer angemessenen Frist zu beseitigen; sonst kann es auf seine Kosten

A. §§ 2 VOB/B Vergütung **Kapitel 5**

geschehen. Er haftet außerdem für andere Schäden, die dem Auftraggeber hieraus entstehen.

2. Eine Vergütung steht dem Auftragnehmer jedoch zu, wenn der Auftraggeber solche Leistungen nachträglich anerkennt. Eine Vergütung steht ihm auch zu, wenn die Leistungen für die Erfüllung des Vertrags notwendig waren, dem mutmaßlichen Willen des Auftraggebers entsprachen und ihm unverzüglich angezeigt wurden. Soweit dem Auftragnehmer eine Vergütung zusteht, gelten die Berechnungsgrundlagen für geänderte oder zusätzliche Leistungen der Absätze 5 oder 6 entsprechend.   533

3. Die Vorschriften des BGB über die Geschäftsführung ohne Auftrag (§§ 677 ff. BGB) bleiben unberührt.   534

(9) 1. Verlangt der Auftraggeber Zeichnungen, Berechnungen oder andere Unterlagen, die der Auftragnehmer nach dem Vertrag, besonders den Technischen Vertragsbedingungen oder der gewerblichen Verkehrssitte, nicht zu beschaffen hat, so hat er sie zu vergüten.   535

2. Lässt er vom Auftragnehmer nicht aufgestellte technische Berechnungen durch den Auftragnehmer nachprüfen, so hat er die Kosten zu tragen.   536

(10) Stundenlohnarbeiten werden nur vergütet, wenn sie als solche vor ihrem Beginn ausdrücklich vereinbart worden sind (§ 15).   537

I. § 2 Abs. 1 VOB/B: Der Festpreis

Die Thematik von Preisgleitklauseln ist in jüngster Zeit durch Themen wie die Corona-Pandemie und den Ukraine-Krieg zwangsläufig ins Bewusstsein der Bauvertragsparteien gerückt. Das legt es nahe, sich zunächst einmal die rechtlichen Grundlagen der VOB/B vor Augen zu führen. Vertraglich gibt es im Grunde nur zwei Ausgangspunkte: Die Parteien vereinbaren, dass es sich bei den vereinbarten Preisen um Festpreise handelt (dann stellt sich die Frage, was mit einer solchen Klausel wirklich bezweckt ist), oder sie vereinbaren eine Gleitklausel.   538

Der Begriff „Festpreis" enthält, entgegen vielfältiger anderer Ansätze, keine Aussage darüber, dass bzw ob es sich um einen Pauschalpreis handelt. Der vereinbarte Preis ist nämlich grundsätzlich ein Festpreis, und zwar unabhängig davon, ob es sich um einen Einheitspreis-, Pauschalpreis- oder Stundenlohnvertrag handelt.[227] Die Bezeichnung „Festpreis" bezieht sich auf den Preis als solchen, nicht auf die Vertragsart. Das bedeutet im Ergebnis: Das Begriffspaar „Festpreis   539

---

[227] Kapellmann/Messerschmidt/Markus VOB/B § 2 Rn. 7.

Kapitel 5   Die Abrechnung

– Preisgleitklausel" passt, das Begriffspaar „Festpreis – Pauschalpreis" passt **nicht**.

540 Der einmal vereinbarte Preis bleibt also ohnehin – von Ausnahmen wie der unten näher behandelten Regelung in § 2 Abs. 3 VOB/B zum Einheitspreisvertrag oder Extremfällen, die sich einem Wegfall der Geschäftsgrundlage zuordnen lassen – grundsätzlich unverändert.

541 Seine Veränderlichkeit können die Parteien mittels Gleitklauseln erreichen. Wichtig ist dabei, die Transparenz und Verständlichkeit solcher Klauseln. Ab wann genau sollen sie wirksam werden? Ist ein Stichtag vereinbart: Muss zum Beispiel Material dann abgerufen oder geliefert oder in Rechnung gestellt oder bezahlt sein? Welches Material ist im Einzelnen von der Klausel erfasst? Welches Kriterium gilt für der Nachweis der Preisänderung? Viele Varianten sind denkbar.[228]

II. § 2 Abs. 2 VOB/B: Vertragsarten, insbesondere Vergütung beim Nachunternehmervertrag

542 Bemerkenswert an der VOB/B-Regelung ist zunächst, dass diese in § 2 Abs. 2 den Einheitspreisvertrag als Regelfall bzw. „Auffangtatbestand" ansieht: Ist vertraglich keine Berechnungsart vereinbart, wird nach Einheitspreisen abgerechnet. Inwieweit die Praxiswirklichkeit diesem Modell entspricht, ist nicht einheitlich zu beantworten. Richtig ist zunächst sicherlich, wenn darauf hingewiesen wird[229], dass in „großen" nicht-öffentlichen Bauvorhaben der Pauschalvertrag in seinen unterschiedlichen Erscheinungsformen gegenüber dem Einheitspreisvertrag vorherrschend ist. Richtig ist auch, dass reine Selbstkostenerstattungsverträge nur in Ausnahmefällen eine Rolle spielen. Jedoch haben Einheitspreisverträge nach wie vor einen hohen Stellenwert, insbesondere bei „kleineren" Bauvorhaben und, nicht zu vergessen, bei Nachunternehmerverträgen. Diese sind in der Praxis häufig dadurch geprägt, dass die Beauftragung fast schon automatisch mit Einheitspreisabrechnung erfolgt, und zwar unabhängig davon, wie der „Hauptvertrag" mit dem Kunden, also dem eigenen Auftraggeber, gestaltet ist. Das ist zwar häufig durchaus verständlich (der Nachunternehmer muss zunächst einmal schlicht und einfach zu einer Abrechnung bereit und in der Lage sein), aus Sicht seines Auftraggebers (also des Auftragnehmers des „Haupt"-Auftraggebers) manchmal aber

---
[228] Instruktiv Kapellmann/Messerschmidt/Markus VOB/B § 2 Rn. 8 f.
[229] Von Kapellmann/Messerschmidt/Markus VOB/B § 2 Rn. 5.

A. §§ 2 VOB/B Vergütung Kapitel 5

auch ärgerlich, weil Cash-Gaps entstehen können: Hat der Auftraggeber des Nachunternehmers in seinem eigenen Vertrag mit seinem Kunden beispielsweise eine Globalpauschalabrechnung vereinbart und kann sein Nachunternehmer mit ihm nach Einheitspreisen abrechnen, passt das vergütungstechnisch nicht wirklich zusammen. Hier ist dann nämlich die Situation vorprogrammiert, dass sich der Auftragnehmer des Hauptvertrags mit typischen Globalpauschal-Diskussionen „herumquälen" muss (was ist vom Leistungsumfang umfasst, was nicht), während sein Nachunternehmer „ganz bequem" nach Aufmaß und Einheitspreisen abrechnet. Hier wäre eine Synchronisierung beider Vertragsverhältnisse für den Auftraggeber des Nachunternehmers natürlich – theoretisch – wünschenswert, stößt in der Praxis aber oft auf Hindernisse. Dennoch sollte die kaufmännische Abteilung vielleicht manchmal, wenn möglich, die Geschäftsleitung, den Nachunternehmereinkauf und die technische Projektleitung etwas intensiver auf diese höchst vergütungsrelevante Situation aufmerksam machen und sie dafür sensibilisieren, dass nicht einfach immer und ohne Prüfung und Verhandlung von Alternativen Einheitspreisverträge an Nachunternehmer vergeben werden.

III. § 2 Abs. 3 VOB/B: Die berühmten 10 %

„Berühmt" ist die Regelung in der Praxis deswegen, weil sich immer 543 wieder Probleme dadurch ergeben, dass sie fälschlicherweise als gewissermaßen allgemeingültig, also als unabhängig von der Vertragsart, angesehen wird.

Das ist falsch. § 2 Abs. 3 VOB/B gilt **nur** beim Einheitspreisver- 544 trag.[230]

Außerdem ist in der praktischen Anwendung zu berücksichtigen, 545 worauf solche Massenänderungen überhaupt beruhen. Die Anpassung gemäß § 2 Abs. 3 VOB/B erfolgt nur, wenn sich die Änderung aufgrund einer unzutreffenden Massenannahme der Parteien, die in den Vertragsgrundlagen enthalten ist, ergibt.[231] Mengenänderungen zum Beispiel aufgrund einer Anordnung des Auftraggebers fallen also **nicht** in den Anwendungsbereich dieser Vorschrift.

§ 2 Abs. 3 VOB/B bestätigt das Festpreisprinzip des § 2 VOB/B, 546 indem dort zunächst einmal klargestellt wird, dass Massenänderun-

---

[230] Statt aller: NWJS/Kues VOB/B § 2 Rn. 93.
[231] BeckOK VOB/B/Kandel VOB/B § 2 Abs. 3 Rn. 2; NWJS/Kues VOB/B § 2 Rn. 93 spricht in diesem Zusammenhang von einer „unwillkürlichen Mengenänderung".

Kapitel 5 Die Abrechnung

gen um nicht mehr als 10% unberücksichtigt bleiben, den Preis also unverändert lassen, § 2 Abs. 3 Nr. 1 VOB/B.

547 Zur weiteren Klarstellung: Im Fall der Erhöhung der Massen um mehr als 10% gilt der neue Preis nur für die 110% übersteigenden Massen. Umgekehrt: Bei Unterschreitung der im vertraglichen Umfang zugrunde gelegten Massen um mehr als 10% gilt der erhöhte Einheitspreis für die „übrig gebliebenen" Massen.

548 In der Praxis finden sich in Bauverträgen häufig Ausschlüsse oder Abänderungen des § 2 Abs. 3 VOB/B: Dabei sollte beachtet werden, dass es streitig ist, ob ein Ausschluss bzw. eine Einschränkung der Norm in Allgemeinen Geschäftsbedingungen wirksam möglich ist.[232]

IV. § 2 Abs. 5 VOB/B: Die Vereinbarung des neuen Preises

549 Die vollständige Erfassung aller Aspekte des § 2 Abs. 5 VOB/B ist an dieser Stelle nicht angezeigt. Der Intention dieses Handbuchs folgend und um nochmals die Bedeutung der Kooperationsrechtsprechung für die Bauvertragsparteien zu betonen[233], soll hier ein Aspekt dieser Norm herausgegriffen werden, der in der Baupraxis immer wieder zu Diskussionen, Irritationen und einer Hemmung im effektiven Bauablauf führt. es geht dabei um die Formulierung, dass die Vereinbarung (des neuen Preises) **vor** der Ausführung getroffen werden **soll**.

550 Zunächst: „soll" bedeutet nicht „muss". Positiv für den Auftragnehmer gesprochen bedeutet dies, dass ihm der neue Preis auch bei erst nachträglicher Vereinbarung zusteht.[234] Aus seiner Sicht negativ könnte man festzuhalten, dass er eben auch dann tätig werden muss, wenn der neue Preis noch nicht feststeht, weil keine Vereinbarung getroffen wurde. So wird es in der Praxis nicht selten gehandhabt: Der Auftraggeber beauftragt die Leistung ohne große Diskussion „dem Grunde nach", danach wird die Leistungserbringung erwartet. Aber entspricht eine solche Vorgehensweise wirklich der VOB/B? Die Antwort ist eindeutig: Nein.

551 Eine Situation, die erkennbar die unmittelbaren und berechtigten Interessen beider Vertragsparteien betrifft – der Auftraggeber muss

---

[232] Zu Einzelheiten und zum Meinungsstand BeckOK VOB/B/Kandel VOB/B § 2 Abs. 3 Rn. 8 ff.

[233] Vgl. zur Kooperationsrechtsprechung Stoltefuß, Rn. 179 ff.

[234] Beck VOB/B/Jansen VOB/B § 2 Abs. 5 Rn. 116; BeckOK VOB/B/Kandel VOB/B § 2 Abs. 5 Rn. 96.

A. §§ 2 VOB/B Vergütung **Kapitel 5**

flexibel auf veränderte Rahmenbedingungen reagieren können, § 1 Abs. 3, 4 VOB/B, der Auftragnehmer hat das Interesse an einer diesen veränderten Bedingungen, § 2 Abs. 5, 6 VOB/B -, ist eine differenzierte Betrachtung erforderlich.

– Wenn der Auftraggeber keinerlei Bereitschaft hat, Preisverhandlungen überhaupt oder jedenfalls seriös durchzuführen, dürfte ein Leistungsverweigerungsrecht des Auftragnehmers zu bejahen sein.[235]
– Ein Leistungsverweigerungsrecht dürfte zu verneinen sein, wenn sich der Auftraggeber einer ordnungsgemäßen Preisverhandlung nicht verschließt.[236]

Natürlich nimmt der Prozess der Verhandlung des neuen Preises einige 552 Zeit in Anspruch. Natürlich kann die Effektivität des Bauvorhabens (des Auftraggebers) davon abhängig sein, dass die vom Auftraggeber getroffene Anordnung kurzfristig umgesetzt wird. Vor allem bei der Beurteilung von Situationen, in denen entweder der Auftraggeber versucht, die Vereinbarung des neuen Preises einseitig hinauszuzögern oder ihr am besten ganz zu entgehen, oder der Auftragnehmer eine mögliche Drucksituation des Auftraggebers auszunutzen versucht, indem er überhöhte Preise geltend macht, ist die Kooperationsrechtsprechung zu berücksichtigen[237], die, kurz gesagt, die Pflicht der Parteien zu Kooperation, Kommunikation und Verhandlungsbereitschaft beinhaltet.[238]

Viele Situationen sind in diesem Zusammenhang streitig, die Band- 553 breite der Auffassungen in der Literatur hinsichtlich des Leistungsverweigerungsrechts des Auftragnehmers erstreckt sich von der Annahme eines sehr eingeschränkten Leistungsverweigerungsrechts bis zur Bejahung einer Pflicht des Auftraggebers, einen Mindestbetrag zu nennen und dann auch zu akzeptieren.[239]

Zusammenfassend bleibt jedenfalls festzustellen, dass ein Leistungs- 554 verweigerungsrecht des Auftragnehmers im Zusammenhang mit der Vereinbarung des neuen Preises gemäß § 2 Abs. 5 VOB/B keinesfalls, wie häufig in der Praxis gewissermaßen „automatisch" unterstellt,

---

[235] Vgl. dazu BeckOK VOB/B/Kandel VOB/B § 2 Abs. 5 Rn. 104.
[236] Beck VOB/B/Althaus/Jansen VOB/B § 2 Abs. 5 Rn. 138.
[237] Grundlegend BGH, Urt. v. 28.10.1999 – VII ZR 393/98, NZBau 2000, 130 = NJW 2000, 807.
[238] Zu Inhalten und zur Reichweite der Kooperationsrechtsprechung vgl. näher Stoltefuß, Rn. 180 ff.
[239] Kapellmann/Messerschmidt/Markus VOB/B § 2 Rn. 407 ff. mit beachtenswerter und ausführlicher Heranziehung der Kooperationsrechtsprechung.

Kapitel 5 Die Abrechnung

grundsätzlich ausgeschlossen ist. Der Einzelfall und die seriöse Herangehensweise der Parteien an die Preisdiskussion entscheiden. Die Kooperationsrechtsprechung liefert die Basis, an der sich beide Parteien messen lassen müssen.

V. § 2 Abs. 6 Nr. 1 VOB/B: Die Ankündigungspflicht des Auftragnehmers

555 Gemäß § 2 Abs. 6 Nr. 1 S. 2 VOB/B muss der Auftragnehmer dem Auftraggeber seinen Anspruch auf besondere Vergütung vor Ausführung der Leistung ankündigen, wenn dieser eine im Vertrag nicht vorgesehene Leistung fordert. Hier drängt sich die Frage auf, was passiert, wenn die Ankündigung unterbleibt. Immerhin formuliert die VOB/B an dieser Stelle, dass der Anspruch angekündigt werden „muss", nicht „kann" oder „sollte".

556 Die Rechtsprechung liefert Anhaltspunkte, und zwar erneut unter ausdrücklichem Hinweis auf die Kooperationspflicht der Vertragspartner. Der BGH[240] betont zunächst die Interessen des Auftraggebers, indem er darauf hinweist, dass die Ankündigung dessen Schutz diene, da er häufig nicht überblicken könne, ob eine Ankündigung zu Kostenerhöhungen führt. Andererseits sei zu berücksichtigen, dass gewerbliche Bauleistungen regelmäßig nicht ohne Vergütung zu erwarten seien. Ein Verlust des Vergütungsanspruchs sei dann nicht gerechtfertigt, wenn die Ankündigung im konkreten Fall gar nicht dem Schutz des Auftraggebers diene und daher entbehrlich sei. Das sei unter anderem dann zu bejahen, wenn der Auftraggeber bei Forderung der Leistung von ihrer Entgeltlichkeit ausging oder ausgehen musste.

557 Hier ist ein Hinweis angebracht: Der Auftragnehmer sollte nicht vorschnell zu dem Ergebnis kommen, dass der Auftraggeber „natürlich", „logischerweise" etc. von der Entgeltlichkeit ausgehen musste. Hierfür ist er nämlich darlegungs- und beweispflichtig.

558 Auch die weiteren, vom BGH genannten Kriterien – kein Verlust des Vergütungsanspruchs, wenn es keine Alternative zur sofortigen Leistung gibt und wenn der Auftragnehmer die Ankündigung ohne Verschulden versäumt hat – dürften Ausnahmesituationen und nicht leicht zu beweisen sein. Dem Auftragnehmer ist daher unabhängig von allen Meinungsstreitigkeiten und unterschiedlichen Ansätzen in der

---

[240] BGH, Urt. v. 23.5.1996 – VII ZR 245/94, NJW 1996, 2158 = BeckRS 1996, 4185 = IBRRS 2000, 0477.

Literatur[241] dringend anzuraten, die Ankündigungspflicht sehr ernst zu nehmen, die Ankündigung mit nachweisbarem Zugang möglichst routinemäßig durchzuführen und auf diese Weise spätere Diskussionen mit sehr ungewissem Ausgang zu vermeiden.

B. §§ 16 Abs. 1 VOB/B, 632a BGB Abschlagszahlungen

§ 16 Abs. 1 VOB/B Zahlung

(1) 1. Abschlagszahlungen sind auf Antrag in möglichst kurzen Zeitabständen oder zu den vereinbarten Zeitpunkten zu gewähren, und zwar in Höhe des Wertes der jeweils nachgewiesenen vertragsgemäßen Leistungen einschließlich des ausgewiesenen, darauf entfallenden Umsatzsteuerbetrages. Die Leistungen sind durch eine prüfbare Aufstellung nachzuweisen, die eine rasche und sichere Beurteilung der Leistungen ermöglichen muss. Als Leistungen gelten hierbei auch die für die geforderte Leistung eigens angefertigten und bereitgestellten Bauteile sowie die auf der Baustelle angelieferten Stoffe und Bauteile, wenn dem Auftraggeber nach seiner Wahl das Eigentum an ihnen übertragen ist oder entsprechende Sicherheit gegeben wird. 559

§ 632a BGB Abschlagszahlungen

(1) Der Unternehmer kann von dem Besteller eine Abschlagszahlung in Höhe des Wertes der von ihm erbrachten und nach dem Vertrag geschuldeten Leistungen verlangen. Sind die erbrachten Leistungen nicht vertragsgemäß, kann der Besteller die Zahlung eines angemessenen Teils des Abschlags verweigern. Die Beweislast für die vertragsgemäße Leistung verbleibt bis zur Abnahme beim Unternehmer. § 641 Abs. 3 gilt entsprechend. Die Leistungen sind durch eine Aufstellung nachzuweisen, die eine rasche und sichere Beurteilung der Leistungen ermöglichen muss. Die Sätze 1 bis 5 gelten auch für erforderliche Stoffe oder Bauteile, die angeliefert oder eigens angefertigt und bereitgestellt sind, wenn dem Besteller nach seiner Wahl Eigentum an den Stoffen oder Bauteilen übertragen oder entsprechende Sicherheit hierfür geleistet wird. 560

---

[241] Kapellmann/Messerschmidt/Markus VOB/B § 2 Rn. 387 ff. hält die VOB/B-Regelung für sach- und systemwidrig und zumindest dann für unwirksam, wenn die VOB/B nicht unverändert vereinbart wurde; das in Bezug genommene Urteil des BGH wird scharf kritisiert.

Kapitel 5 Die Abrechnung

561 (2) Die Sicherheit nach Abs. 1 S. 6 kann auch durch eine Garantie oder ein sonstiges Zahlungsversprechen eines im Geltungsbereich dieses Gesetzes zum Geschäftsbetrieb befugten Kreditinstituts oder Kreditversicherers geleistet werden.

I. Was ist eigentlich eine Abschlagszahlung?

562 Welche Voraussetzungen für Abschlagszahlungen vorliegen, wird in den oben zitierten Normen auch für den Nichtjuristen zumindest grundsätzlich nachvollziehbar aufgelistet. Das Management von Abschlagszahlungen gelingt in der Praxis häufig gut und relativ reibungslos. Zudem enthalten viele Verträge ergänzende Regelungen; dass die vertragliche Gestaltung durch die Parteien möglich ist, zeigt zum Beispiel die Formulierung in § 16 Abs. 1 Nr. 1 S. 1, wenn von „möglichst kurzen Zeitabständen" oder eben „vereinbarten Zeitpunkten" die Rede ist. Die Abschlagszahlung bezieht sich auf schon erbrachte Leistungen (die nur Teilleistungen sein können) des Auftragnehmers. Da es dabei lediglich um eine „vorläufige Anzahlung auf die Vergütung Gesamtwerks"[242] handelt, ist mit der Zahlung durch den Auftraggeber keine (Teil-)Abnahme verbunden. Das bedeutet zugleich, dass die Mängelhaftung des Auftragnehmers unberührt bleibt.[243] Abschlagszahlungen können auch beim Pauschalvertrag gefordert werden.[244]

II. Die Höhe der Abschlagszahlung

563 Der Wortlaut des § 16 Abs. 1 Nr. 1 S. 1 VOB/B, der von der „Höhe des Wertes der jeweils nachgewiesenen vertragsgemäßen Leistungen" spricht, darf nicht zu Missverständnissen führen. „Wert" bedeutet hier nicht den objektiven Wertzuwachs für den Auftraggeber, sondern ist anhand der vertraglich vereinbarten Preise zu ermitteln,[245] bei Einheitspreisen nach dem Aufmaß und dem Einheitspreis, bei Pauschalverträgen nach einer am Vertragspreis orientierten Bewertung der erbrachten Leistungen[246].

---

[242] So MüKoBGB/Busche BGB § 632a, Rn. 4 mit Hinweisen auf die Rechtsprechung.
[243] Fn. 163, aaO.
[244] So ausdrücklich BGH, Urt. v. 25.10.1990 – VII ZR 201/89, NJW 1991, 565 = BeckRS 1990, 2422.
[245] NWJS/Hummel § 16 Rn. 31.
[246] So Kniffka/Koeble/Jurgeleit/Sacher/Kniffka, Teil 4, Rn. 612 mit weiteren Einzelheiten.

B. §§ 16 Abs. 1 VOB/B, 632a BGB Abschlagszahlungen **Kapitel 5**

III. Die Abschlagszahlung auf Baustoffe und Bauteile

Die Regelung in § 632a Abs. 1 Nr. 5 BGB wird in der Praxis leider 564
häufig übersehen und geht dann im Automatismus der „normalen"
Abschlagszahlungen unter. Dies mag auch darin begründet sein, dass
sie (in der Natur der Sache liegend) mit dem Erfordernis der Sicherung
des Auftraggebers durch Eigentumsübertragung oder anderweitige
Sicherheit etwas komplizierter als das übliche Prozedere bei Abschlagszahlungen
ist. Die Norm enthält allerdings gerade in unsicheren Zeiten
eine Möglichkeit, dem Auftragnehmer Liquidität eben auch im
Hinblick auf Stoffe und Bauteile zu sichern. Insofern handelt es sich
um eine interessengerechte Lösung. Die Sicherung des Auftraggebers
ist notwendig, weil die Stoffe bzw. Bauteile ja gerade noch nicht eingebaut
sind (dann würde sich die Abschlagszahlung nach § 632a Abs. 1
S. 1 BGB/§ 16 Abs. 1, Nr. 1, S. 1 VOB/B richten[247]).

IV. Der Anspruch auf die Abschlagszahlung

Auf Basis der gesonderten vertraglichen Abrede bzw., wenn eine 565
solche fehlt, der oben zitierten Normen entsteht der Anspruch auf
die Abschlagszahlung nur, wenn eine vertragsgemäße Teilleistung
im entsprechenden Umfang erbracht und ein ordnungsgemäßer Leistungsnachweis
erbracht wurde. „Vertragsgemäß" bedeutet dabei nicht,
dass die Leistung mangelfrei sein muss, um den Anspruch überhaupt
entstehen zu lassen. Liegen Mängel vor, kann der Auftraggeber die
Zahlung eines angemessenen Teils der Abschlagszahlung zurückhalten,
§ 632a Abs. 1 S. 2 BGB.

Die gesetzliche Formulierung zum erforderlichen Leistungsnachweis, 566
§ 632a Abs. 1 S. 5 BGB, ist insofern interessant, als hier Begriffe
wie „rasch" und „sicher" benutzt werden, die natürlich Spielraum für
Interpretationen lassen. Andererseits ist die Festlegung generalisierter
Kriterien für einen solchen Nachweis aufgrund des Einzelfallcharakters
jedes Bauvorhabens kaum möglich. Bei der Auslegung der
Norm ist ihr Sinn und Zweck zugrunde zu legen. Der Auftraggeber
soll zahlen, also benötigt er ausreichende Informationen, um Art und
Umfang der erbrachten Leistungen beurteilen zu können. Die Aufstellung
muss **nachvollziehbar** und **prüfbar** sein.[248] Fraglich ist dabei,
ob sich die Aufstellung auf Einzelpositionen beziehen muss. Dies wird

---

[247] Darauf weist Kniffka/Koeble/Jurgeleit/Sacher/Kniffka, Teil 4, Rn. 629 hin.
[248] Vgl. MüKoBGB/Busche BGB § 632a, Rn. 7.

Kapitel 5 Die Abrechnung

unterschiedlich beurteilt; nach einer Auffassung[249] spricht viel dafür, dass eine Aufstellung ausreichen kann, die keinen Bezug auf Einzelpositionen enthält, sofern die erbrachten Leistungen zu erkennen sind und der Auftraggeber unter Zugrundelegung des Vertrags beurteilen kann, ob die Höhe der geltend gemachten Abschlagsforderung berechtigt ist.

567 Aufgrund der Wertungsspielräume der Norm und der unterschiedlichen Interpretationen hinsichtlich der Anforderungen an die Aufstellung ist dem Auftragnehmer zu raten, nicht nur das aus seiner Sicht „Nötigste" zu tun, sondern eine wirklich transparente und vollständige Beurteilungsgrundlage vorzulegen. In der Praxis hat sich zudem bewährt, vor der ersten Abschlagsrechnung eine Verständigung mit dem Auftraggeber dahingehend zu finden, welche Anforderungen notwendig, aber eben auch ausreichend sind. Dies pragmatisch auch vor dem Hintergrund, dass auf Seiten der Auftraggeber intern unterschiedliche Voraussetzungen zu beachten sein können, zum Beispiel je nachdem, ob es sich um private oder öffentliche Auftraggeber oder Konzerne oder Einzelunternehmen handelt. Eine vorherige Abstimmung kann Zeit und Geld sparen und streitige Diskussionen vermeiden.

C. § 14 VOB/B Abrechnung

568 (1) Der Auftragnehmer hat seine Leistungen prüfbar abzurechnen. Er hat die Rechnungen übersichtlich aufzustellen und dabei die Reihenfolge der Posten einzuhalten und die in den Vertragsbestandteilen enthaltenen Bezeichnungen zu verwenden. Die zum Nachweis von Art und Umfang der Leistung erforderlichen Mengenberechnungen, Zeichnungen und andere Belege sind beizufügen. Änderungen und Ergänzungen des Vertrags sind in der Rechnung besonders kenntlich zu machen; sie sind auf Verlangen getrennt abzurechnen.

569 (2) Die für die Abrechnung notwendigen Feststellungen sind dem Fortgang der Leistung entsprechend möglichst gemeinsam vorzunehmen. Die Abrechnungsbestimmungen in den Technischen Vertragsbedingungen und den anderen Vertragsunterlagen sind zu beachten. Für Leistungen, die bei Weiterführung der Arbeiten nur schwer feststellbar sind, hat der Auftragnehmer rechtzeitig gemeinsame Feststellungen zu beantragen.

---

[249] BeckOK BGB/Voit BGB § 632a Rn. 10 mit weiteren Hinweisen zum Meinungsstand.

C. § 14 VOB/B Abrechnung Kapitel 5

(3) Die Schlussrechnung muss bei Leistungen mit einer vertragli- 570
chen Ausführungsfrist von höchstens 3 Monaten spätestens 12 Werktage nach Fertigstellung eingereicht werden, wenn nichts anderes vereinbart ist; diese Frist wird um je 6 Werktage für je weitere 3 Monate Ausführungsfrist verlängert.

(4) Reicht der Auftragnehmer eine prüfbare Rechnung nicht ein, 571
obwohl ihm der Auftraggeber dafür eine angemessene Frist gesetzt hat, so kann sie der Auftraggeber selbst auf Kosten des Auftragnehmers aufstellen.

I. Kriterien für die Prüfbarkeit der Abrechnung

Leistungen des Auftragnehmers sind von diesem „prüfbar" abzu- 572
rechnen. Beim Kriterium der Prüfbarkeit geht es nicht darum, ob die Rechnung inhaltlich richtig oder falsch ist. Wurde die Rechnung geprüft oder für prüfbar erklärt, kann der pauschale Einwand mangelnder Prüfbarkeit nicht mehr erhoben werden.[250] § 14 Abs. 1 VOB/B selbst enthält bereits mehrere wichtige Kriterien zur Bestimmung der Prüfbarkeit:

– Übersichtlichkeit: Die in der Rechnung erfassten Leistungspositionen müssen klar bezeichnet werden.[251] Wichtig ist dabei die Vertragsbezogenheit der Rechnung, da der Auftraggeber in die Lage versetzt werden muss, die Übereinstimmung der Abrechnung mit den vertraglichen Vereinbarungen leicht prüfen zu können; wesentliche Abrechnungsfaktoren müssen erkennbar sein, der Rechenweg muss nachvollziehbar sein, so dass in der Regel Mengen, Massen und zugrunde gelegte Preise anzugeben sind.[252]

– Reihenfolge der Posten: Damit sind in erster Linie die Positionen eines zugrundeliegenden Leistungsverzeichnisses gemeint.[253]

– Verwendung der in den Vertragsbestandteilen enthaltenen Bezeichnungen: Das klingt zunächst selbstverständlich: Im Vertrag und seinen Bestandteilen benutzte Bezeichnungen in der Rechnung grundlos und ohne gesonderte Abstimmung gegen andere Bezeichnungen auszutauschen, ist erkennbar kontraproduktiv. Vor

---

[250] BGH, Urt. v. 22.11.2001 – VII ZR 168/00, NJW 2002, 676 = BauR 2002, 468 = NZBau 2002,90; dazu IBR 2002, 68 mit Praxishinweis Weise.
[251] NWJS/Kandel VOB/B § 14 Rn. 33.
[252] Instruktiv dazu und zu weiteren Einzelheiten Beck VOB/B/Voit VOB/B § 14 Abs. 1 Rn. 40.
[253] Vgl. Kapellmann/Messerschmidt/Messerschmidt VOB/B § 14 Rn. 31.

Kapitel 5 Die Abrechnung

allem bau- und abrechnungstechnische Fachbegriffe dürfen benutzt werden, wenn sie in den Vertragsunterlagen enthalten oder am Bau allgemein anerkannt sind.[254]
– Nachweise: Die im Einzelfall notwendigen Nachweise (die VOB/B nennt „Mengenberechnungen, Zeichnungen und andere Belege") müssen der Rechnung beigefügt werden, die bloße Einsichtsmöglichkeit für den Auftraggeber reicht nach zutreffender Auffassung[255] nicht aus. Wurden Unterlagen beispielsweise bei Abschlagsrechnungen schon vorgelegt, müssen sie der Schlussrechnung nicht nochmals beigelegt werden.[256] Beim Einheitspreisvertrag ist regelmäßig die Vorlage der Aufmaßblätter erforderlich.[257]
– Kenntlichmachung von Änderungen und Ergänzungen des Vertrags: Nachtragspositionen sollen als solche erkennbar sein und nicht in der Masse der übrigen Positionen untergehen. Änderungen und Ergänzungen sind als Nachtragspositionen bei den jeweiligen Rechnungspositionen oder am Ende der Rechnung gesondert aufzuführen.[258] Aufgrund des erhöhten Informations- und Kontrollbedürfnisses des Auftraggebers hat dieser das Recht, die gesonderte Abrechnung solcher Positionen zu verlangen, § 14 Abs. 1 S. 4 VOB/B.

II. Zum Thema Aufmaß

573 „Die für die Abrechnung notwendigen Feststellungen sind dem Fortgang der Leistung entsprechend möglichst gemeinsam vorzunehmen", § 14 Abs. 2 S. 1 VOB/B. Wie bereits an anderer Stelle dargelegt[259] und daher hier nur kurz betont, ist diese Regelung wichtig, Ausdruck des Kooperationsprinzips und konfliktvermeidend. Wenn sie ernst genommen wird. Bereits zu Beginn eines Bauvorhabens sollte man einen Automatismus, das Aufmaß einseitig zu erstellen, wenn möglich vermeiden. Unabhängig davon, welchen Grad an Verbindlichkeit die Regelung (einerseits „sind…vorzunehmen", andererseits „möglichst") hat, tun die Parteien gut daran, der Empfehlung der VOB/B zu folgen:

---

[254] Kapellmann/Messerschmidt/Messerschmidt VOB/B § 14 Rn. 33.
[255] ZB NWJS/Kandel VOB/B § 14 Rn. 35.
[256] Kapellmann/Messerschmidt/Messerschmidt VOB/B § 14 Rn. 37.
[257] OLG Brandenburg, Urt. v. 17.1.2019 – 12 U 116/18, BeckRS 2019, 705; dazu IBR 2019, 182 mit Praxishinweis Eimler.
[258] Dazu BeckOK VOB/B/Cramer VOB/B § 14 Abs. 1 Rn. 31.
[259] Stoltefuß, Rn. 366 ff.

C. § 14 VOB/B Abrechnung

III. Wann muss die Schlussrechnung gestellt werden?

574 Bei der Beantwortung dieser Frage geht es tatsächlich um ein Evergreen der Bauwirklichkeit. Die Formulierung der Überschrift ist bewusst gewählt: Es geht um „muss", nicht „darf".

575 Die leider viel zu häufige Antwort auf die Frage, ob die Schlussrechnung schon gestellt wurde, lautet sinngemäß: „Nein, das geht noch nicht, wir haben noch keine Abnahme". Natürlich kann im Vertrag, vorrangig vor der VOB/B, vereinbart werden, dass die Schlussrechnung erst mit bzw. nach Abnahme gestellt werden kann. Wenn dies aber nicht (wirksam) erfolgt ist, gilt § 14 Abs. 3 VOB/B. Anknüpfungspunkt für die Pflicht (nicht: das Recht) zur Stellung der Schlussrechnung ist nicht die Abnahme, sondern die **Fertigstellung**. Je nach Ausführungsfrist muss die Schlussrechnung binnen dort festgelegter Frist (wenn nichts anderes vereinbar ist) gestellt werden. Und wenn sie nicht gestellt wird? Dann kann der Auftraggeber sie unter den Voraussetzungen des § 14 Abs. 4 VOB/B (und unter den von Rechtsprechung und Literatur dazu entwickelten Rahmenbedingungen) selbst stellen!

576 Ist also nichts anderes vereinbart, ist die Abnahme nicht Voraussetzung dafür, die Schlussrechnung stellen zu „dürfen", sondern **Fälligkeitsvoraussetzung**. Eine der Abnahmewirkungen ist es neben zum Beispiel dem Beginn der Gewährleistungsfrist, der Beweislastumkehr und dem Ende der Pflicht, die Leistung zu schützen, die Fälligkeit der Schlussrechnung herbeizuführen. Ohne Abnahme keine Fälligkeit.

577 Führt man sich dies vor Augen, wird deutlich, wie finanziell absolut bedeutsam die häufig falsche Vorgehensweise der Praxis für den Auftragnehmer ist. Wenn Fälligkeit nach 30 Tagen vereinbart ist und die Abnahme am 29. Tag erfolgt, tritt, wie vereinbart, Fälligkeit nach 30 Tagen ein, wenn auch alle anderen Fälligkeitsvoraussetzungen erfüllt sind. Wird die Schlussrechnung erst nach Abnahme gestellt, tritt eine sinnlose Verzögerung des Liquiditätszuflusses mindestens für die Dauer der Fälligkeitszeitraums ein.

---

[260] Zur möglichen Beweislastverschiebung zulasten eines nicht kooperationswilligen Auftraggebers vgl. Kapellmann/Messerschmidt/Messerschmidt VOB/B § 14 Rn. 72.

Kapitel 5 Die Abrechnung

D. § 15 VOB/B Stundenlohnarbeiten

578 (1) 1. Stundenlohnarbeiten werden nach den vertraglichen Vereinbarungen abgerechnet.

579 2. Soweit für die Vergütung keine Vereinbarungen getroffen worden sind, gilt die ortsübliche Vergütung. Ist diese nicht zu ermitteln, so werden die Aufwendungen des Auftragnehmers für Lohn- und Gehaltskosten der Baustelle, Lohn- und Gehaltsnebenkosten der Baustelle, Stoffkosten der Baustelle, Kosten der Einrichtungen, Geräte, Maschinen und maschinellen Anlagen der Baustelle, Fracht-, Fuhr- und Ladekosten, Sozialkassenbeiträge und Sonderkosten, die bei wirtschaftlicher Betriebsführung entstehen, mit angemessenen Zuschlägen für Gemeinkosten und Gewinn (einschließlich allgemeinem Unternehmerwagnis) zuzüglich Umsatzsteuer vergütet.

580 (2) Verlangt der Auftraggeber, dass die Stundenlohnarbeiten durch einen Polier oder eine andere Aufsichtsperson beaufsichtigt werden, oder ist die Aufsicht nach den einschlägigen Unfallverhütungsvorschriften notwendig, so gilt Absatz 1 entsprechend.

581 (3) Dem Auftraggeber ist die Ausführung von Stundenlohnarbeiten vor Beginn anzuzeigen. Über die geleisteten Arbeitsstunden und den dabei erforderlichen, besonders zu vergütenden Aufwand für den Verbrauch von Stoffen, für Vorhaltung von Einrichtungen, Geräten, Maschinen und maschinellen Anlagen, für Frachten, Fuhr- und Ladeleistungen sowie etwaige Sonderkosten sind, wenn nichts anderes vereinbart ist, je nach der Verkehrssitte werktäglich oder wöchentlich Listen (Stundenlohnzettel) einzureichen. Der Auftraggeber hat die von ihm bescheinigten Stundenlohnzettel unverzüglich, spätestens jedoch innerhalb von 6 Werktagen nach Zugang, zurückzugeben. Dabei kann er Einwendungen auf den Stundenlohnzetteln oder gesondert schriftlich erheben. Nicht fristgemäß zurückgegebene Stundenlohnzettel gelten als anerkannt.

582 (4) Stundenlohnrechnungen sind alsbald nach Abschluss der Stundenlohnarbeiten, längstens jedoch in Abständen von 4 Wochen, einzureichen. Für die Zahlung gilt § 16.

583 (5) Wenn Stundenlohnarbeiten zwar vereinbart waren, über den Umfang der Stundenlohnleistungen aber mangels rechtzeitiger Vorlage der Stundenlohnzettel Zweifel bestehen, so kann der Auftraggeber verlangen, dass für die nachweisbar ausgeführten Leistungen eine Vergütung vereinbart wird, die nach Maßgabe von Absatz 1 Nummer 2 für einen wirtschaftlich vertretbaren Aufwand an Arbeitszeit und Verbrauch von Stoffen, für Vorhaltung von Einrichtungen, Geräten,

D. § 15 VOB/B Stundenlohnarbeiten **Kapitel 5**

Maschinen und maschinellen Anlagen, für Frachten, Fuhr- und Ladeleistungen sowie etwaige Sonderkosten ermittelt wird.

I. Allgemeines

Keine Norm in der VOB/B ist so ausführlich und detailliert gestaltet 584
wie § 15. Insbesondere die Pflichten der Parteien einschließlich zu beachtender Fristen ergeben sich aus dem Normtext. Der Grund für die große Detaillierung liegt im Schutzzweck der Norm: der Auftraggeber soll vor Vergütungsforderungen geschützt werden, die er ggfls. nicht abgeschätzt hat oder nicht abschätzen konnte; außerdem soll es dem Auftraggeber ermöglicht werden, Leistungsausführung und Zeitaufwand zu prüfen.[261]

So klar die Normen auch formuliert ist, etwas könnte den Nichtju- 585
risten doch irritieren: Obwohl § 15 VOB/B doch klar mit der Überschrift „Stundenlohnarbeiten" versehen und sein Inhalt dadurch detailliert geprägt ist, ist in § 15 Abs. 1 Nr. 2 VOB/B plötzlich von etwas ganz anderem, nämlich von Stoffkosten der Baustelle, von Geräten, Maschinen usw. die Rede! Das wirkt systemfremd und ist es im Grunde auch; daher wird in der Literatur teilweise der Begriff „Lohn- und Material-Kostenvertrag" präferiert.[262]

Hinsichtlich der von den Parteien zu beachtenden Rechte, Pflich- 586
ten, Fristen usw. ist insbesondere Bezug auf § 15 Abs. 3-5 VOB/B zu nehmen. Dabei handelt es sich um ein geradezu klassisches Beispiel dafür, wie wichtig und hilfreich es sein kann, den Text der VOB/B zu kennen und den dort vorgezeichneten Weg zu beachten, anstatt Stundenlohnarbeiten (oft nur rudimentär) im Vertrag anzusprechen und dann während der Bauphase gewissermaßen im rechtsfreien Raum zu agieren.

II. Anforderungen an Stundenlohnzettel

Beim Thema Stundelohnzettel könnte man über den richtigen Ort 587
in diesem Handbuch natürlich streiten. Einerseits handelt es sich um ein Baustellenthema; andererseits sind es insbesondere die Kaufleute, die mit der Abrechnung unzureichend ausgefüllter Stundenlohnzettel zu kämpfen haben. Verbindungen zwischen der Baustelle und der kaufmännischen (Abrechnungs-) Abteilung gibt es logischerweise

---

[261] BeckOK VOB/B/Cramer VOB/B § 15 Rn. 2.
[262] Vgl. Kapellmann/Messerschmidt/Messerschmidt VOB/B § 15 Rn. 15.

Kapitel 5 Die Abrechnung

viele, von der Inanspruchnahme einer Sicherheitsleistung über die Begründung von Nachträgen bis zur Gestaltung der Schlussrechnung. Stundenlohnzettel jedoch sind insoweit speziell, als nicht nur die Projektleitung, sondern auch die Kaufleute schon in ihrem eigenen Interesse, also im Interesse der Bezahlung geleisteter Arbeit, über den notwendigen Inhalt von Stundenlohnzetteln informiert sein sollten. Auf den Punkt gebracht[263]: Der Auftraggeber muss aus den Stundenlohnzetteln entnehmen können, wer wo was womit geleistet hat. Im Urteil des Kammergerichts vom 29.2.2000[264] heißt es zurecht:

588 „*Der Kl. hat weder – wie es § 15 VOB/B bei Abrechnung von Stundenlohnarbeiten vorsieht – werktäglich oder wöchentlich Listen (Stundenlohnzettel) eingereicht, aus denen sich die jeweils geleisteten Arbeitsstunden, die eingesetzten Personen (auch hinsichtlich ihrer Funktion) und die Art ihres Einsatzes entnehmen ließen. Noch ist aufgeführt, welche konkreten Arbeiten in der angegebenen Zeit ausgeführt worden sein sollen. Diese Angaben sind indes notwendig, um dem Auftraggeber eine sinnvolle Kontrolle und Überprüfung zu ermöglichen. ...*"[265]

589 Und noch eine Ergänzung mitten aus der Praxiserfahrung: Unabhängig von Urteilen und den unterschiedlichsten Auffassungen in der Literatur zu Einzelaspekten sollten Stundenzettel nicht nur vollständig, sondern auch **lesbar** sein. Und nein, dies ist keineswegs selbstverständlich.

III. Die Vereinbarung von Stundenlohnarbeiten, § 2 Abs. 10 VOB/B

590 Während § 15 VOB/B die Vergütung und das Management von Stundenlohnarbeiten regelt, bestimmt § 2 Abs. 10 die zentrale Voraussetzung dafür: Danach werden Stundenlohnarbeiten nur vergütet, wenn sie als solche vor ihrem Beginn ausdrücklich vereinbart worden sind. Auch diese Bestimmung hat erkennbar den Schutz des Auftraggebers durch Transparenz und Berechenbarkeit zum Ziel. Die Vereinbarung kann auch nachträglich (also nach Vertragsschluss) getroffen werden, zum Beispiel, wenn einzelne Leistungen aus einem Pauschalvertrag herausgenommen werden sollen.[266]

---

[263] Von NWJS/Kandel VOB/B § 15 Rn. 63.
[264] KG, Urt. v. 29.2.2000 – 4 U 1926/99, NJW-RR 2000, 1690 = NZBau 2001, 26 = IBRRS 2011, 4600 = BeckRS 2000, 7462.
[265] Zu diesem Urteil IBR 2001, 351 mit Praxishinweis Jurisch.
[266] BGH, Urt. v. 15.12.1994 – VII ZR 140/93 = IBRRS 2000, 0421 = NJW-RR 1995, 722.

591 Und wenn keine ausdrückliche Vereinbarung getroffen wird, vorgelegte Stundenzettel aber unterzeichnet werden? Kann es sich dann um eine konkludente Vereinbarung handeln? Darauf sollte man sich besser nicht verlassen. Gemäß der Rechtsprechung handelt es sich bei der Unterzeichnung von Stundenlohnzettel durch beauftragte Bauleiter jedenfalls grundsätzlich und solange keine entsprechende Bevollmächtigung vorliegt nicht um eine auf den Abschluss einer Stundenlohnvereinbarung gerichtete, rechtsgeschäftlich maßgebende Willenserklärung.[267]

592 Nach richtiger Auffassung liegt in der bloßen Unterzeichnung von Stundenlohnzetteln ohne besondere Umstände ohnehin keine nachträgliche Vereinbarung eines Stundenlohnvertrages[268].

593 Den Parteien ist also dringend anzuraten, vor Ausführung der Arbeiten für dokumentierte Klarheit zu sorgen.

E. § 16 VOB/B Zahlung

594 (3) 1. Der Anspruch auf Schlusszahlung wird alsbald nach Prüfung und Feststellung fällig, spätestens innerhalb von 30 Tagen nach Zugang der Schlussrechnung. Die Frist verlängert sich auf höchstens 60 Tage, wenn sie aufgrund der besonderen Natur oder Merkmale der Vereinbarung sachlich gerechtfertigt ist und ausdrücklich vereinbart wurde. Werden Einwendungen gegen die Prüfbarkeit unter Angabe der Gründe nicht bis zum Ablauf der jeweiligen Frist erhoben, kann der Auftraggeber sich nicht mehr auf die fehlende Prüfbarkeit berufen. Die Prüfung der Schlussrechnung ist nach Möglichkeit zu beschleunigen. Verzögert sie sich, so ist das unbestrittene Guthaben als Abschlagszahlung sofort zu zahlen.

595 2. Die vorbehaltlose Annahme der Schlusszahlung schließt Nachforderungen aus, wenn der Auftragnehmer über die Schlusszahlung schriftlich unterrichtet und auf die Ausschlusswirkung hingewiesen wurde.

596 3. Einer Schlusszahlung steht es gleich, wenn der Auftraggeber unter Hinweis auf geleistete Zahlungen weitere Zahlungen endgültig und schriftlich ablehnt.

---

[267] BGH, Urt. v. 24.7.2003 – VII ZR 79/02, NZBau 2004, 31 = BeckRS 2003, 8756 = NJW-RR 2004, 92; dazu und zu weiteren Fallgruppen Kapellmann/Messerschmidt/Messerschmidt VOB/B § 15 Rn. 8.
[268] Vgl. dazu Beck VOB/B/Jansen VOB/ § 2 Abs. 10 Rn. 9.

Kapitel 5 — Die Abrechnung

597 4. Auch früher gestellte, aber unerledigte Forderungen werden ausgeschlossen, wenn sie nicht nochmals vorbehalten werden.

598 5. Ein Vorbehalt ist innerhalb von 28 Tagen nach Zugang der Mitteilung nach den Nummern 2 und 3 über die Schlusszahlung zu erklären. Er wird hinfällig, wenn nicht innerhalb von weiteren 28 Tagen – beginnend am Tag nach Ablauf der in Satz 1 genannten 28 Tage – eine prüfbare Rechnung über die vorbehaltenen Forderungen eingereicht oder, wenn das nicht möglich ist, der Vorbehalt eingehend begründet wird.

599 6. Die Ausschlussfristen gelten nicht für ein Verlangen nach Richtigstellung der Schlussrechnung und -zahlung wegen Aufmaß-, Rechen- und Übertragungsfehlern.

600 (4) In sich abgeschlossene Teile der Leistung können nach Teilabnahme ohne Rücksicht auf die Vollendung der übrigen Leistungen endgültig festgestellt und bezahlt werden.

601 (5) 1. Alle Zahlungen sind aufs Äußerste zu beschleunigen.

602 2. Nicht vereinbarte Skontoabzüge sind unzulässig.

603 3. Zahlt der Auftraggeber bei Fälligkeit nicht, so kann ihm der Auftragnehmer eine angemessene Nachfrist setzen. Zahlt er auch innerhalb der Nachfrist nicht, so hat der Auftragnehmer vom Ende der Nachfrist an Anspruch auf Zinsen in Höhe der in § 288 Abs. 2 BGB angegebenen Zinssätze, wenn er nicht einen höheren Verzugsschaden nachweist. Der Auftraggeber kommt jedoch, ohne dass es einer Nachfristsetzung bedarf, spätestens 30 Tage nach Zugang der Rechnung oder der Aufstellung bei Abschlagszahlungen in Zahlungsverzug, wenn der Auftragnehmer seine vertraglichen und gesetzlichen Verpflichtungen erfüllt und den fälligen Entgeltbetrag nicht rechtzeitig erhalten hat, es sei denn, der Auftraggeber ist für den Zahlungsverzug nicht verantwortlich. Die Frist verlängert sich auf höchstens 60 Tage, wenn sie aufgrund der besonderen Natur oder Merkmale der Vereinbarung sachlich gerechtfertigt ist und ausdrücklich vereinbart wurde.

604 4. Der Auftragnehmer darf die Arbeiten bei Zahlungsverzug bis zur Zahlung einstellen, sofern eine dem Auftraggeber zuvor gesetzte angemessene Frist erfolglos verstrichen ist.

I. Wann wird die Schlusszahlung fällig?

605 Gemäß VOB/B: **nicht** nach 30 Tagen. Sondern: **spätestens** innerhalb von 30 Tagen nach Zugang der Schlussrechnung. Der Automatismus der Praxis hinsichtlich der 30 Tage-Frist entspricht also nicht der VOB/B. Die Schlussrechnung wird „alsbald nach Prüfung

E. § 16 VOB/B Zahlung

und Feststellung" fällig, was ebenfalls Ausdruck des Bestrebens, die Rechtsverhältnisse der Parteien möglichst kurzfristig und abschließend zu regeln, ist. Jedenfalls kommt der Auftraggeber ohne Nachfristsetzung spätestens 30 Kalendertage nach Zugang der Schlussrechnung in Verzug[269], wenn die weiteren Voraussetzungen (Prüfbarkeit der Rechnung, Abnahme) vorliegen.

All dies gilt natürlich nur dann, wenn im Vertrag, wie häufig, keine **606** abweichenden Zahlungsfristen vereinbart werden.

II. Das leidige Thema der vorbehaltlosen Annahme der Schlusszahlung

In diesem Zusammenhang -also im Zusammenhang mit § 16 Abs. 3 **607** Nr. 2-5 VOB/B- ist zunächst auf Kapitel 1 B I Bezug zu nehmen.

Ist die VOB/B nicht „als Ganzes", also ohne höherrangige Änderungen, oder gegenüber einem Verbraucher vereinbart, sind die Regelungen unwirksam. Für den Auftragnehmer kann es sich extrem lohnen, das zu wissen und im Hinterkopf zu behalten! Die Regelung ist aber auch außergewöhnlich (und so im gesamten Normenkontext nur an dieser Stelle und nur in der VOB/B enthalten): Ein vielleicht völlig klarer und berechtigter Anspruch des Auftragnehmers geht unabänderlich verloren, wenn er unter gewissen Voraussetzungen (schriftliche Unterrichtung über die Schlusszahlung, Hinweis auf die Ausschlusswirkung, Ablauf von 28 Tagen nach Zugang der Mitteilung über die Schlusszahlung bzw. weiterer 28 Tage ohne Einreichung einer prüfbaren Rechnung bzw. Begründung des Vorbehalts) nicht vorbehalten bleibt. Die Rechtsprechung zur Unwirksamkeit der Regelungen ist zutreffend bzw. sogar noch zurückhaltend, weil die Normen im Grunde inakzeptabel sind. Ihr Sinn und Zweck liegt, zunächst als solcher nachvollziehbar, im Streben nach schneller Klarheit. Die Vertragsparteien sollen möglichst schnell wissen, woran sie sind, was in ihrem Verhältnis gilt, welche Forderungen des Auftragnehmers noch Thema sind und welche nicht. Aber: Dafür gibt es, für alle Forderungen in allen Rechtsbereichen, die Rechtsinstitute der Verjährung und Verwirkung. Die VOB/B-Regelung ist systemfremd und übertrieben rigoros.

Aber wie dem auch sei: Ist die VOB/B als Ganzes vereinbart bzw. **609** nicht gegenüber einem Verbraucher vereinbart, sind die Regelungen mit all ihrer Übertriebenheit – leider – zu beachten.

---

[269] Kapellmann/Messerschmidt/Messerschmidt VOB/B § 16 Rn. 338.

Kapitel 5 — Die Abrechnung

III. Die Teilschlussrechnung

610 Zum System: Eine prüfbare Teilschlussrechnung ist eine notwendige Voraussetzung für eine Teilschlusszahlung im Sinne des § 16 Abs. 4 VOB/B. Weitere Voraussetzung für den Anspruch auf die Teilschlusszahlung ist die Abnahme eines in sich abgeschlossenen Teils der Leistung. Also: Prüfbare Teilschlussrechnung plus Teilabnahme des in Rechnung gestellten Teils plus alternativ Feststellung/Ablauf der 30tägigen Prüffrist ergeben den Zahlungsanspruch.

611 Die „in sich abgeschlossenen Teile der Leistung" sind nochmals ausdrücklich in § 12 Abs. 2 VOB/B erwähnt. Während sich § 16 Abs. 4 VOB/B primär auf die Bezahlung solcher Leistungen bezieht, betrifft § 12 Abs. 2 VOB/B ihre (Teil-)Abnahme.

612 Voraussetzung zur Bejahung des Merkmals „in sich abgeschlossener Leistungsteil" ist die funktionelle Trennbarkeit und die selbständige Gebrauchsfähigkeit des Leistungsteils.[270] Der Leistungsteil, beispielsweise eine Heizungsanlage, muss fertiggestellt sein und funktionieren, also „in sich" funktionsfähig sein. Dazu gibt es viele Definitionsansätze in der Literatur, wenn zum Beispiel auf einen selbständigen Gebrauchswert, die Erbringung in keinem zeitlichen bzw. örtlichen oder tatsächlich produktionsbezogenen Zusammenhang[271] abgestellt wird. Letztlich dürfte es aber immer auf die Gebrauchsfertigkeit, das Funktionieren des Leistungsteils, ankommen. Schließlich ist mit seiner Abnahme die Fälligkeit der Teilschlussrechnung und der Beginn einer eigenen Gewährleistungsfrist verbunden.

613 Die Teilschlussrechnung muss -natürlich- prüfbar sein. Hinsichtlich der Kriterien für die Prüfbarkeit kann auf Kapitel 5 A. III. 1 Bezug genommen werden.

F. § 641 BGB Fälligkeit der Zahlung

614 (1) Die Vergütung ist bei der Abnahme des Werkes zu entrichten. Ist das Werk in Teilen abzunehmen und die Vergütung für die einzelnen Teile bestimmt, so ist die Vergütung für jeden Teil bei dessen Abnahme zu entrichten.

615 Im Gegensatz zur VOB/B sieht das BGB also keine gesonderte Frist für die Fälligkeit vor: Die Vergütung ist bei Abnahme zu entrichten.

---

[270] Vgl. Beck VOB/B/Bröker VOB/B § 12 Abs. 2 Rn. 8.
[271] Zu diesen Kriterien Kapellmann/Messerschmidt/Havers VOB/B § 12 Rn. 203.

F. § 641 BGB Fälligkeit der Zahlung **Kapitel 5**

Hier werden erneut die berechtigten Interessen der Vertragsparteien erfasst: Der Auftraggeber will eine mangelfreie Leistung, der Auftragnehmer eine zeitnahe Vergütung seiner Leistung.[272]

---

[272] Dazu MüKoBGB/Busche BGB § 641 Rn. 2.

Kapitel 6
Service und Wartung: Die Verträge

Kaum ein Vertrag bedarf in der praktischen Ausgestaltung so dringend **616** einer exakten Leistungsbeschreibung wie der Wartungsvertrag. Schon bei dieser Feststellung dient die Bezeichnung „Wartungsvertrag" lediglich als Oberbegriff. Im konkreten Einzelfall stellt sich die Frage: Geht es den Parteien wirklich um Wartungsleistungen? Oder vielleicht um Inspektion? Oder Instandhaltung? Instandsetzung? Umfassendes Facility Management oder doch nur einzelne Kontroll- und Reparaturleistungen? Ist das Ziel, den aktuellen Zustand einer Anlage zu verbessern? Oder soll einfach bloß der status quo erhalten werden? Sollen DIN- oder andere Vorschriften erfüllt werden oder soll der „Wartungsgegenstand" einfach bloß beanstandungsfrei funktionieren? Ist klar, was mit dem Begriff „Kundendienst" gemeint ist? Geht es um eine einmalige oder eine auf Dauer angelegte Leistung?[273]

Entsprechend dieser Begriffsunsicherheit muss sich die Rechtspre- **617** chung oft mit genau darauf beruhenden Sachverhalten beschäftigen. Beispielhaft ist hier das Urteil des KG Berlin vom 25.06.2019[274] zu nennen. Die Vertragsparteien hatten einen Wartungsvertrag für technische Anlagen und Geräte geschlossen. Es traten Korrosionsschäden auf, die aus seiner unterlassenen Inspektion resultierten; eine Inspektion hätte die zunehmende Korrosion frühzeitig festgestellt. Aber: Der Auftragnehmer war nicht zur Inspektion, sondern nur zur „Wartung" verpflichtet. Die Verknüpfung mit den auf Inspektionsleistungen abstellenden Normen VDMA 24176 und DIN 31051 fehlte. Sachverhalt und Urteil erweisen eindrucksvoll, wie wichtig die genaue Festlegung der zu erbringenden Leistungen im Vertrag ist. Gerade die Vielzahl von möglichen (vielleicht) einschlägigen Vorschriften kann zu erheblicher Unsicherheit führen. Im beschriebenen Fall war im Vertrag auf Wartungslisten Bezug genommen worden, womit nach Auffassung des Kammergerichts eine Verbindung zu den in der VDMA 24186

---

[273] Zur Vielgestaltigkeit des Wartungsvertrags MüKo/Busche BGB §631 Rn. 173 ff.

[274] KG, Urt. v. 25.6.2019 – 7 U 150/18, NJW-Spezial 2019, 718 = BeckRS 2019, 18798.

Kapitel 6 Service und Wartung: Die Verträge

beschriebenen Leistungen hergestellt wurde. Diese umfassen aber nur Wartungsarbeiten, nicht Inspektionsleistungen, die wiederum in der VDMA 24176 enthalten sind![275]

618 In der Praxis werden insbesondere die Begriffe „Instandhaltung", „Instandsetzung" und „Inspektion" inflationär benutzt, und zwar häufig, ohne ausreichende Klarheit und Transparenz für beide Vertragspartner zu schaffen. Hinzu kommen Begriffe wie „Verbesserung", „Modernisierung" oder eben, ganz allgemein, „Wartung". Oder „Service".

619 Auf diesen Begrifflichkeiten beruhende Unsicherheiten und Auseinandersetzungen sind vermeidbar. Natürlich lässt sich, wie bereits wiederholt betont, in einem Vertrag, wie auch immer er bezeichnet wird, nicht jedes Thema, was theoretisch zu streitigen Diskussionen führen kann, abschließend regeln. Wenn aber eindeutig und immer wieder das gleiche Problem – die unzureichende, unvollständige, widersprüchliche Definition der zu erbringenden Leistungen – den „Wartungsvertrag" geradezu kennzeichnet, sollte der Leistungsbeschreibung allergrößte Aufmerksamkeit geschenkt werden.

620 Ganz grundsätzlich ist dabei zu beachten, dass die Vertragsparteien im Rahmen der Vertragsfreiheit buchstäblich „frei" darin sind, den Vertrag und insbesondere die Vereinbarung der zu erbringenden Leistungen nach ihren Vorstellungen zu gestalten. Wenn man sich im Vertrag gewissermaßen automatisch auf DIN-Vorschriften bezieht, eine oder sogar beide Vertragsparteien den Inhalt der Vorschriften aber gar nicht oder nur teilweise kennt und/oder nachvollzogen hat, ist die Bezugnahme auf solche Vorschriften eher hinderlich als hilfreich. Andererseits: Wenn die Parteien bei der Festlegung des Leistungsumfangs Hilfe und Orientierung suchen und den Inhalt der Normen nachvollzogen und für passend befunden haben, kann die bewusste, nicht automatische Bezugnahme auf DIN-Normen natürlich sehr hilfreich sein.

621 Eine Abgrenzung zwischen den „Grund"-Maßnahmen der Instandhaltung, Instandsetzung, Inspektion und Verbesserung enthält die aktuelle Fassung DIN 31051.[276]

622 Nach hier vertretener Auffassung ist der Auftragnehmer im Bereich von Wartung, Inspektion etc. gerade gegenüber einem Privatkunden in besonderem Maße zur Aufklärung und Beratung **vor** Vertrags-

---

[275] Vgl. auch OLG Hamm, Urt. v. 8.12.2011 – 17 U 73/11, BeckRS 2015, 3394, zu Hinweis- und Aufklärungspflichten des Unternehmers.

[276] Vgl. zu diesem Problemkreis die Ausführungen (Normenstand 2014, aber nach wie vor hilfreich) von Diehr, ZfBR 2014, 107.

schluss verpflichtet. Der Privatkunde kennt sich im Regelfall im für ihn undurchdringlichen Dickicht der den Leistungsinhalt bestimmenden Vorschriften und Begriffe nicht aus. Gefragt sind a) eine umfassende Aufklärung durch den Unternehmer und b) die detaillierte Auflistung der von diesem zu erbringenden Leistungen. Und bevor der Privatkunde mit VDMA- und DIN-Vorschriften überschüttet und überfordert wird, bietet sich in dessen Interesse eine detaillierte und verständlich ausformulierte Auflistung der gewünschten Tätigkeiten und der damit einhergehenden Resultate (Nur zum Beispiel: Funktionsfähigkeit? Mangelfreiheit? Erfüllung der Anforderungen bestimmter Vorschriften?) an. Dabei können weitere Aspekte wie die Umlegbarkeit von Betriebskosten im Rahmen eines Mietvertrags[277] von Bedeutung sein.

Unbedingt zu regeln ist gerade aus Sicht des Privatkunden auch **623** die Art der Abrechnung; auch dieses Thema verursacht in der Praxis immer wieder vermeidbare Diskussionen. Soll pro Einsatz nach konkretem Aufwand oder turnusmäßig und/oder pauschal abgerechnet werden? Wie ist die erbrachte Leistung nachzuweisen? Genügt eine Aufstellung des ausführenden Monteurs? Dabei wiederum ist zu beachten, dass gerade Service- und Wartungsleistungen in der Praxis häufig nicht taggenau vereinbart werden. Dann kann sich die Frage stellen, wer auf Seiten des Auftraggebers eigentlich zum Quittieren der erbrachten Leistungen befugt ist. Auch der Auftraggeber tut also gut daran, sich vor Abschluss eines Vertrages zu überlegen (und dies dann im Vertrag auch so festzuhalten), wer befugt sein soll, für ihn die Leistung des Unternehmers entgegenzunehmen und kostenpflichtig zu bestätigen. Dies gilt vor allem auch vor dem Hintergrund, dass Wartungsarbeiten (im weiteren Sinne) häufig außerhalb normaler Geschäftszeiten stattfinden, um den Geschäftsbetrieb nicht zu stören. Beispiele aus der Praxis: Der Hausmeister einer Schule? Der Empfangsmitarbeiter eines Hotels? Der Schwimmmeister in einem Schwimmbad? Das mag banal klingen, kann aber entscheidend sein. Nichts ist ärgerlicher als wenn im Nachhinein darüber gestritten wird, wer wozu befugt war. Dies gilt auch für die mit einzelnen Störungsmeldungen (und Aufforderungen zur Störungsbeseitigungen) ggfls. verbundenen Auftragserteilungen.

In der Praxis gibt zudem immer wieder Anlass zu Diskussionen, **624** wie im Vertrag oft unzureichend beschriebene Wartungsintervalle oder Reaktionszeiten, um nur zwei Beispiele zu nennen, zu verstehen sind. Das fängt bei einer „Jahreswartung" an (muss der Abstand genau

---

[277] Dazu instruktiv Diehr, ZfBR 2014, 107 (111).

Kapitel 6   Service und Wartung: Die Verträge

ein Jahr betragen? Oder nur ungefähr? Oder geht es um andere Zeiträume?) und hört bei der „regelmäßigen" Wartung oder Inspektion leider noch nicht auf. Bevor darüber philosophiert wird, ob „einmal im Jahr" auch bedeuten kann, dass im Dezember und gleich wieder im darauffolgenden Januar gewartet wird (was natürlich sinnlos wäre), sollte die Möglichkeit genutzt werden, solche Themen klar und für beide Seiten verständlich im Vertrag zu regeln.

625   Geklärt werden sollte ferner, welche Leistungen in jeweils welcher Form abgenommen werden sollen, ein Punkt, der bei Wartungsverträgen häufig unberücksichtigt bleibt. Dies liegt möglicherweise daran, dass die Parteien Wartungsleistungen etc. nicht so selbstverständlich mit werkvertraglichen Aspekten in Zusammenhang bringen, wie dies beispielsweise beim Bau eines Hauses der Fall ist.[278] Auch in diesem Zusammenhang ist eine klare Regelung im Vertrag hilfreich, da gerade bei der Erbringung von unterschiedlichen Einzelleistungen, die zudem auch noch in bestimmten Intervallen erfolgen, die Frage, wann eine konkludente Abnahme welcher Leistung erfolgt ist, vielfältige Unsicherheiten verursachen kann. Erfolgt die Abnahme mit Entgegennahme einer Einzelleistung, beispielsweise einer Instandhaltungsleistung am einem und einer Inspektionsleistung am nächsten Tag? Oder erst nach Bezahlung der darauf bezogenen Rechnung? Oder bereits vorher durch kritiklose Inbenutzungnahme? Das ist für die Serviceabteilung (und die Bezahlung der Rechnung!) natürlich von entscheidender Bedeutung. Hier hilft die Vereinbarung einer förmlichen Abnahme. Gemäß § 12 Abs. 4 Nr. 1 S. 3 VOB/B ist der Befund der Abnahme „in gemeinsamer Verhandlung schriftlich niederzulegen". In die Niederschrift sind dann u. a. etwaige Vorbehalte wegen bekannter Mängel und Einwendungen des Auftragnehmers aufzunehmen, § 12 Abs. 4 Nr. 1 S. 4 VOB/B.

626   Übersetzt für die praktische Abwicklung des Wartungsvertrags: Das Unternehmen sollte ein Abnahmeprotokoll gestalten, ob als Arbeitskarte, Bestätigung der ordnungsgemäßen Leistungserbringung oder wie auch immer bezeichnet, in dem die erbrachten Leistungen genau bezeichnet und ggf. erfolgte Pflegehinweise dokumentiert werden sollten und das der Kunde dann unterzeichnen sollte, und zwar nach kritischer Eigenbeurteilung und ggf. notwendiger Erläuterung durch den Mitarbeiter der Wartungsfirma. Auch dieser sollte das Protokoll unterzeichnen; beide Seiten sollten eine Ausfertigung erhalten. Die

---

[278] Zum Werkvertragscharakter des Wartungsvertrags Diehr, ZfBR 2014, 107 ff.

Service und Wartung: Die Verträge **Kapitel 6**

ausdrückliche Bezeichnung als förmliches Abnahmeprotokoll wäre nicht entscheidend, aber für beide Seiten hilfreich.[279]

Im Vertrag sollte auch klargestellt werden, wer (vor allem bei öffentlichen Einrichtungen, Firmengebäuden etc.) zur Abnahme bevollmächtigt ist. Die Personen vor Ort sind damit nachvollziehbarer Weise oft überfordert; dies gilt für beide Seiten. **627**

Im Vertrag sollte möglichst auch die Zutrittsmöglichkeit zum Objekt geregelt werden, innerhalb oder außerhalb normaler Geschäftszeiten, allein mit vorher zur Verfügung gestelltem Schlüssel oder nur in Begleitung usw. **628**

Für alle Aspekte gilt: Leistungsinhalt und der genaue Ablauf der Leistungserbringung sollten im Vertrag unbedingt detailliert und, ganz wichtig, verständlich geregelt werden. Nicht Länge und Kompliziertheit des Vertrags sind entscheidend, sondern Praktikabilität und partnerschaftliche Umsetzbarkeit.[280] **629**

---

[279] Vgl. Diehr, ZfBR 2014, 115.
[280] Vgl. zu weiteren Aspekten Diehr, ZfBR 2014, 107 ff.

Kapitel 7
Ideen und Denkanstöße für die Unternehmensleitung

Hier schließt sich der Kreis. Niemand kann alles können: Das gilt 630
natürlich auch für Geschäftsführerinnen und Geschäftsführer. Jenseits
der formalen, gesellschaftsrechtlichen Stellung, jenseits des Geschäftsführeranstellungsvertrags, des Gesellschaftsvertrags und der Geschäftsordnung stellen sich Fragen nach Möglichkeiten der Delegation und
der Organisation, die der Geschäftsleitung das Leben, jedenfalls das
berufliche Leben, leichter machen können. Je größer das Unternehmen, desto dringender die Beantwortung solcher Fragen. Gefragt
ist organisierte Entlastung. Hierzu und zu weiteren abteilungsübergreifenden Themen sollen im Folgenden einige kurze Hinweise und
Denkanstöße gegeben werden.

A. Die Übertragung von Unternehmerpflichten

Die Übertragung von Verantwortung und Zuständigkeiten auf Mit- 631
arbeiterinnen und Mitarbeiter durch Erteilung von zum Beispiel Prokura, Generalvollmacht, Generalhandlungsvollmacht, Handlungsvollmacht oder Einzelvollmacht betrifft gesellschafts- bzw. allgemeine
vertretungsrechtliche Themen (und Normen) und würde daher den
Rahmen dieses baurechtlich orientierten Handbuchs sprengen. In
unserem baurechtlichen Zusammenhang gibt es aber wiederkehrende, eine Vielzahl von Unternehmen betreffende Möglichkeiten der
Delegation hinsichtlich des Arbeits- und Gesundheitsschutzes, also
von Bereichen, die vor allem auf Baustellen von nicht nur wichtiger,
sondern buchstäblich lebenswichtiger Bedeutung sein können.

§ 13 des Gesetzes über die Durchführung von Maßnahmen des 632
Arbeitsschutzes zur Verbesserung der Sicherheit und des Gesundheitsschutzes der Beschäftigten bei der Arbeit

(Arbeitsschutzgesetz – ArbSchG) – ein zugegebenermaßen sehr 633
sperriger Name für ein sehr wichtiges Gesetz – lautet:

Kapitel 7 Ideen und Denkanstöße für die Unternehmensleitung

634 (1) Verantwortlich für die Erfüllung der sich aus diesem Abschnitt ergebenden Pflichten sind neben dem Arbeitgeber

– sein gesetzlicher Vertreter,

– das vertretungsberechtigte Organ einer juristischen Person,

– der vertretungsberechtigte Gesellschafter einer Personenhandelsgesellschaft,

– Personen, die mit der Leitung eines Unternehmens oder eines Betriebes beauftragt sind, im Rahmen der ihnen übertragenen Aufgaben und Befugnisse,

– sonstige nach Absatz 2 oder nach einer auf Grund dieses Gesetzes erlassenen Rechtsverordnung oder nach einer Unfallverhütungsvorschrift verpflichtete Personen im Rahmen ihrer Aufgaben und Befugnisse.

635 (2) Der Arbeitgeber kann zuverlässige und fachkundige Personen schriftlich damit beauftragen, ihm obliegende Aufgaben nach diesem Gesetz in eigener Verantwortung wahrzunehmen.

636 Der erste Absatz zählt in seinen Nummern 1-4 Personen auf, die als Folge ihrer Position bzw. Tätigkeit gewissermaßen „automatisch" bzw. kraft Gesetzes neben dem Arbeitgeber für die Erfüllung der sich aus dem zweiten Abschnitt des ArbSchG (überschrieben mit „Pflichten des Arbeitgebers") ergebenden Pflichten verantwortlich sind. Neben diesen kann der Arbeitgeber gemäß § 13 Abs. 2 ArbSchG aber weitere Personen damit beauftragen, die ihm obliegenden Aufgaben in eigener Verantwortung wahrzunehmen. Diese müssen „zuverlässig und fachkundig" sein. Es würde dem Gesetzeszweck komplett widersprechen, wenn einfach „irgendwelche" nicht qualifizierten Betriebsangehörigen so wichtige Aufgaben des Arbeits- und Gesundheitsschutzes wahrnehmen könnten. Andererseits darf der Kreis in Frage kommender Personen nicht zu eng gezogen werden; wäre insoweit zum Beispiel das erfolgreiche Bestehen bestimmter Fortbildungen erforderlich, würde das eine vom Gesetzgeber nicht beabsichtigte Formalisierung der Anforderungen und Einschränkung der Flexibilität bedeuten. Dieser hat gerade keine abschließende Liste weiterer, über die Merkmale „Zuverlässig" und „fachkundig" hinausgehender Voraussetzungen, auch nicht hinsichtlich der Position oder Tätigkeit der Personen, aufgenommen.

637 Ergänzend ist auf die DGUV (Deutsche Gesetzliche Unfallversicherung) Vorschrift 1 hinzuweisen. Die Unfallversicherungsträger, also Berufsgenossenschaften und Unfallkassen, erlassen sog. DGUV Vorschriften, also Unfallverhütungsvorschriften. Grundlage dafür ist § 14 SGB VII, der den Unfallversicherungsträgern Pflichten hin-

A. Die Übertragung von Unternehmerpflichten **Kapitel 7**

sichtlich der Verhütung von Arbeitsunfällen, Berufskrankheiten und arbeitsbedingten Gesundheitsgefahren auferlegt.

§ 13, Pflichtenübertragung, der DGUV Vorschrift 1 lautet: 638

"Der Unternehmer kann zuverlässige und fachkundige Personen schriftlich 639 *damit beauftragen, ihm nach Unfallverhütungsvorschriften obliegende Aufgaben in eigener Verantwortung wahrzunehmen. Die Beauftragung muss den Verantwortungsbereich und Befugnisse festlegen und ist vom Beauftragten zu unterzeichnen. Eine Ausfertigung der Beauftragung ist ihm auszuhändigen."*

Die Berufsgenossenschaft Holz und Metall formuliert die Anforde- 640 rungen an Zuverlässigkeit und Fachkunde (hinsichtlich § 13 DGUV Vorschrift 1) auf ihrer Homepage so:

"Zuverlässig sind die für die Pflichtenübertragung vorgesehenen Personen, 641 *wenn zu erwarten ist, dass diese die Aufgaben des Arbeitsschutzes mit der gebotenen Sorgfalt ausführen.*

Fachkundig sind die für die Pflichtenübertragung vorgesehenen Personen, 642 *die das einschlägige Fachwissen und die praktische Erfahrung aufweisen, um die ihnen obliegenden Aufgaben sachgerecht auszuführen."*

Beauftragte Personen können zB sein: 643

- Betriebs- und Verwaltungsleiter,
- Abteilungsleiter,
- Prokuristen,
- Objektleiter,
- Bauleiter,
- Meister,
- Polier,
- Schichtführer
- aber auch betriebsfremde Dienstleister.

Unabhängig von der Definition im Einzelnen stehen der Geschäfts- 644 leitung also Möglichkeiten der Pflichtenübertragung hinsichtlich der Verhütung von Arbeitsunfällen, Berufskrankheiten und arbeitsbedingten Gesundheitsgefahren zur Verfügung, die genutzt werden sollten. Sie führen nicht nur zur Entlastung der Geschäftsleitung, sondern auch zur Verbesserung des Arbeits- und Gesundheitsschutzes im Unternehmen, denn wie gesagt: Niemand kann alles, und niemand hat für alles Zeit.

Aber Achtung: Die Pflichtenübertragung muss schriftlich erfolgen 645 und sollte klar und unmissverständlich formuliert sein. Oft ist die Aufnahme einer abschließenden Liste von Verantwortungsbereichen nebst Erläuterungen sinnvoll. Außerdem: Die Pflichtenübertragung läuft ins

Kapitel 7 Ideen und Denkanstöße für die Unternehmensleitung

Leere, wenn nicht gleichzeitig auch die Kompetenz zum Treffen von Entscheidungen, und zwar nicht nur in inhaltlicher und personeller, sondern auch in finanzieller Hinsicht, verliehen wird, schließlich nimmt die oder der Beauftragte die eigentlich der Geschäftsleitung selbst obliegenden Pflichten wahr.

646 Insgesamt sollte die – stets schriftliche – Pflichtenübertragung also klar festlegen, welcher Pflichten im Einzelfall übertragen werden und aus welchen Normen sich diese ergeben. Der Text der Normen sollte ausgehändigt werden. Es sollte klargestellt werden, welche finanzielle Grenze bei Durchführung einzelner Maßnahmen nicht überschritten werden darf, damit nicht im Nachhinein darüber diskutiert wird, ob eine Maßnahme „zu teuer" war und nach Auffassung der Geschäftsleitung daher nicht mehr von der Pflichtenübertragung gedeckt ist. Apropos Schriftform: Die Übertragung muss nicht notwendigerweise in einem gesonderten Schriftstück festgehalten werden, sondern kann natürlich auch bereits im Arbeitsvertrag erfolgen. Erfolgt sie nachträglich, muss sie sich im Rahmen des Arbeitsvertrages bewegen.

647 Bei all dem ist zu beachten, dass die Unternehmensgeschäftsführung nach erfolgter Pflichtenübertragung nicht frei von jeder Verantwortung ist; dies würde ihrer zentralen Funktion als Leitungsorgan widersprechen. Der Geschäftsführer bleibt zur sorgfältigen Auswahl und Kontrolle der Mitarbeiterinnen und Mitarbeiter verpflichtet, wozu es gehört,

– Hinweisen, die auf Unregelmäßigkeiten oder sogar Gesetzesverletzungen deuten, unverzüglich nachzugehen

– eine Organisation einzurichten, die Pflichtverletzungen von Personen, an die Aufgaben delegiert wurden, verhindert

– eine laufende Kontrolle durchzuführen, die nicht erst dann erfolgen darf, wenn es „zu spät ist", also Missstände bereits aufgetreten sind, und

– umso intensiver zu kontrollieren, je mehr es sich um gefahrgeneigte Arbeit handelt.[281]

---

[281] So OLG Frankfurt aM, Urt. v. 23.5.2019 – 5 U 21/18, BeckRS 2019, 16088.

B. Die Einschaltung von Sonderfachleuten

Die Einschaltung von Sonderfachleuten (hier: im weiteren Sinne) ist **648**
gerade bei größeren Bauvorhaben üblich und unabdingbar, seien es
nun Fachplaner, Generalplaner, Projektsteuerer, Baubetriebler, Statiker
oder externe Rechtsanwälte. In der Praxis zeigen sich allerdings immer wieder einige immer gleiche Defizite beim Management solcher
Vertragsbeziehungen.

I. Die vertraglichen Grundlagen

Genau wie dem Werkvertrag zwischen Auftraggeber und Auftrag- **649**
nehmer kommt auch dem Vertrag zwischen Auftraggeber und den
weiteren Projektbeteiligten entscheidende Bedeutung zu, für die jeweilige Beziehung, oft aber auch für weitere Beteiligte. Dieser Bedeutung wird die Realität leider oft nicht gerecht. Dies gilt insbesondere für den Planer- bzw. Architektenvertrag, der oft unangemessen
stiefmütterlich behandelt wird. Dies gilt insbesondere auch für das
vom Architekten/Planer zu erbringende Leistungssoll, aber auch für
eigentlich völlig selbstverständliche Vertragsinhalte wie Beginn und
Ende der Leistungen und die Regelung der Fälligkeit des Honorars.
Häufig ist sogar unklar, wann überhaupt die vertragliche Bindung
beginnt. Aus Sicht des Planers/Architekten ist es inakzeptabel, nicht
zu wissen, welche seiner Leistungen ab wann vergütet werden. Dabei
sind sicherlich beide Seiten in der Pflicht, für Klarheit zu sorgen;
dem Schaffen von Klarheit stehen allerdings oft zwei Aspekte entgegen: Auf Seiten des Planers/Architekten der Aquisitionsaspekt; häufig
werden erste Leistungen ohne vertragliche Bindung erbracht, um die
Kundenbeziehung zu pflegen bzw. erst einmal herzustellen. Es wird
„schon einmal vorab" mit dem Bauamt gesprochen, es werden „zur
Orientierung" erste Skizzen erstellt, die schnell zu Zeichnungen und
dann zu Plänen werden. Und eine vertragliche Bindung gibt es immer noch nicht. Der Planer/Architekt will es sich nicht „verscherzen"
und läuft Gefahr, den richtigen Zeitpunkt für den notwendigen Vertragsschluss zu verpassen. Der Auftraggeber, hier: das Unternehmen,
vertreten durch die Geschäftsleitung, oder die Geschäftsleitung der
Einzelfirma, sieht eine Chance, die Vergütungspflicht hinsichtlich
erbrachter Leistungen in die Zukunft zu verlagern. Hier ist beiden
Vertragsparteien dringend zu empfehlen, dem Vertrag die gebührende
Sorgfalt zukommen zu lassen, um spätere Unsicherheiten und Auseinandersetzungen zu vermeiden.

Kapitel 7 Ideen und Denkanstöße für die Unternehmensleitung

650 Entsprechendes gilt natürlich für die vertragliche Beziehung mit allen Sonderfachleuten. Im Zusammenhang mit der Beziehung zum Planer/Architekten ist die geschilderte Problematik geradezu „klassisch".

II. Der Zeitpunkt der Einschaltung

651 Die Einschaltung von Sonderfachleuten erfolgt auch aus anderen Gründen häufig zu spät. Der Grund dafür ist menschlich (und wirtschaftlich) nachvollziehbar: Sie kosten Geld. Das ist zwar ärgerlich, bedacht werden sollte seitens der Unternehmensleistung aber, dass es noch deutlich mehr Geld kosten kann, wenn zum Beispiel

- Vertragskonzeption und -verhandlung, Gespräche über Nachträge von erheblichem Volumen, Krisen- bzw. Antieskalationsgespräche oder sich anbahnende Kündigungssituationen ohne anwaltlichen Beistand stattfinden,

- die Ausführungsplanung zu spät oder nur teilweise erstellt und dann „scheibchenweise" nachgeliefert wird, obwohl das Projekt längst läuft,

- notwendige Gutachten, zum Beispiel Bodengutachten, erst zu einem späten Zeitpunkt im Projektverlauf beauftragt werden, obwohl ihre Notwendigkeit schon bei Vertragsschluss auf der Hand lag,

- ein baubetriebliches Gutachten, mit dem Nachträge nachgewiesen werden sollen, erst initiiert wird, wenn der Baubetriebler keinen Einfluss mehr auf die Qualität der notwendigen Dokumentation und damit die Grundlagen des Nachtragsanspruchs nehmen kann, weil sämtliche relevanten Vorgänge in der Vergangenheit liegen,

- usw.

652 Natürlich ist die Einschaltung von Sonderfachleuten hinsichtlich ihrer Notwendigkeit sehr einzelfallabhängig; ist sie aber notwendig, sollte sie jedenfalls früh genug erfolgen.

653 Stichwort Transparenz: Gerade im Planungsbereich zeigt sich immer wieder, dass es auch außerhalb des Themas BIM sinnvoll sein kann, ein gewisses Maß an Transparenz zwischen den jeweiligen, vertraglich festgelegten Aufgabenbereichen zuzulassen. Das Dreiecksverhältnis zwischen Auftraggeber, Auftragnehmer und Planer/Architekt[282] wird häufig durch die Einschaltung von Generalplanern und Fachplanern erweitert. Wenn also zwei Planer verantwortlich (und häufig durch ein eigenes Vertragsverhältnis miteinander verbunden)

---

[282] Dazu näher Stoltefuß, Rn. 319 ff.

B. Die Einschaltung von Sonderfachleuten **Kapitel 7**

sind und dem Auftragnehmer in seinem Vertrag Pflichten zur Prüfung der Planung, zur Geltendmachung von Bedenken, die über die Regelungen der VOB/B hinausgehen, und ggf. sogar zum Ausfüllen von Lücken und zur Beseitigung von Fehlern übertragen werden, sind Koordination und enge Abstimmung gefragt. Häufig gibt es nicht den geringsten Grund, hier „Geheimniskrämerei" zu betreiben. Schließlich sollen ja nicht Vergütungen, Margen etc. veröffentlicht werden; wenn aber jeder der Planungsbeteiligten möglichst von Anfang an über die Rollen und Aufgabenbereiche der jeweils anderen Parteien informiert ist, kann das zu einem effektiveren Planungsmanagement beitragen.[283]

III. Die Vollmachten

Eine unklare Vollmachtsituation insbesondere hinsichtlich des Architekten kann negative Auswirkungen auf das gesamte Projektmanagement haben. Häufig ist schon im Architektenvertrag nicht geregelt, was der Architekt eigentlich „darf", eine fatale Unsicherheit, die sich dann in der Beziehung zu den anderen Baubeteiligten fortsetzt und verschärft.[284] Der Umfang der Architektenvollmacht ist nach wie vor sehr umstritten, unklar und Gegenstand von gerichtlichen Einzelfallentscheidungen.[285] **654**

Im Rahmen der Vertragsabwicklung muss klar sein, wer rechtsgeschäftliche Willenserklärungen abgeben, zum Beispiel also vergütungspflichtige Zusatzleistungen beauftragen darf, wer mit Rechtswirkung für den Auftraggeber Stundenzettel unterzeichnet, wer was im Rahmen einer Baubesprechung zusagen, wer im Rahmen einer Abnahmebegehung das Protokoll unterzeichnen oder eine Änderung des Bausolls vereinbaren darf. **655**

Im Rahmen aller Vertragsbeziehungen und auf allen Ebenen sollte klargestellt und festgehalten werden, wer was darf, und zwar wenn möglich in Form von abschließenden, möglichst detaillierten Aufzählungen. Und nicht erst irgendwann im Projektverlauf, sondern im Vertrag. **656**

---

[283] Zum „open books-Prinzip" auch Stoltefuß, Planungsbüro Professionell 2014, 10 ff.
[284] S. oben A. VII.
[285] Vgl. dazu Stoltefuß, Rn. 246 ff. mwN.

Kapitel 7 Ideen und Denkanstöße für die Unternehmensleitung

C. Internes Vertrags-Kick-off

657 Insbesondere bei großvolumigen Bauverträgen hat sich die Durchführung eines Vertrags-Kick-off bewährt. Dabei treffen sich die Projektbeteiligten (Vorschlag: Geschäftsführung, Projektleitung, Bauleitung, Projektkaufleute, Controlling) und gehen gemeinsam den neu abgeschlossenen Vertrag durch. Bei der Analyse können folgende Themen abgestimmt werden:

- Ist das Leistungssoll wirklich klar und verstanden?
- Sind die Schnittstellen zu anderen Gewerken klar?
- Sind die internen Schnittstellen und Aufgabenzuweisungen klar?
- Sind die Kommunikationslinien zum Vertragspartner klar?
- Ist es sinnvoll, einen zusätzlichen, rein internen Terminplan (Rahmenterminplan, Balkenterminplan, Einzelterminplan?) zu erstellen, um die vertraglich vereinbarten Vertragsfristen, insbesondere auch ggf. Vertragsstrafen-bewehrte Zwischenfristen, zu managen und im Griff zu behalten?
- Sind alle notwendigen Nachunternehmer verpflichtet, alle Materialeinkäufe durchgeführt bzw. zumindest gesichert? Sind die Nachunternehmer terminlich koordiniert, sind die Schnittstellen klar?
- Ist es sinnvoll, zusätzliche Kommunikationskanäle zum Vertragspartner (steering committee, Jour Fix, IT-Tool etc.) zu installieren?
- Welche ggf. über die Anforderungen von BGB oder VOB/B hinausgehenden, im Vertrag vereinbarten Formalien (z. B. Schriftformerfordernisse) sind zu beachten?
- Ist externe Beratung oder sogar eine externe juristische Projektbegleitung sinnvoll?

usw.

D. Projektgespräche

658 Während das Vertrags-Kick-off möglichst zeitnah nach dem Vertragsabschluss stattfinden sollte und im Regelfall einmalig durchgeführt wird, bieten regelmäßige Projektgespräche (je nach Projekt z. B. monatlich) der Geschäftsleitung die Möglichkeit, das Projekt sowohl

inhaltlich als auch kaufmännisch zu controllen und in regelmäßigem Austausch mit dem Projektteam zu stehen. Dabei können beispielhaft folgende Themen besprochen werden:
- Sind die Vertragsfristen im grünen Bereich?
- Sind die Personalkapazitäten ausreichend?
- Gibt es ein erhöhtes Konfliktpotenzial? Sollte die Geschäftsleitung eingreifen?
- Abgleich Soll- und Ist-Budget
- Liquidität
- Cashflow
- Finanzierung halbfertiger Leistungen
- Aufmaßstand
- Abrechnungsgrad.

Wenn ein Projektgespräch zudem detailliert dokumentiert wird und das Protokoll damit eine Grundlage nicht nur für das jeweils folgende Gespräch, sondern auch für das Review des gesamten Projektverlaufs bietet, können regelmäßige Projektgespräche ein wichtiges Informations- und Controlling-Tool für die Geschäftsleitung sein. 659

E. Vertrieb: Green Building – Exzellenz und Erstklassigkeit

Beim Thema Green Building geht es insbesondere aus Sicht des Vertriebs und der Stellung des Unternehmens im Markt – und damit aus Sicht der Geschäftsführung – keineswegs nur um Zertifizierungen, Standards, Energieeffizienz und Kostenersparnisse. Es geht auch und vor allem um Exzellenz und das Selbstverständnis und die Erstklassigkeit der Marktteilnehmer.[286] Green Building beeinflusst Fragen des Wettbewerbs der Unternehmen, der Nachfrage und der Akzeptanz bei den Kunden. Wenn eine Umfrage unter Büromietern in München[287] ergibt, dass viele Marktteilnehmer bereit wären, über 10% mehr Miete zu zahlen, wenn Nachhaltigkeitsfaktoren eingehalten werden, wird die wirtschaftliche Dimension des Themas deutlich. Aspekte 660

---

[286] Vgl. dazu Schlemminger, S. 3.
[287] Schlemminger, S. 3, mit Hinweis auf eine Studie der Technischen Universität München.

Kapitel 7 Ideen und Denkanstöße für die Unternehmensleitung

des Green Building können zum entscheidenden Faktor für einen im wahrsten Sinne des Wortes nachhaltigen Unternehmenserfolg werden. Auch das Investitionsverhalten von Offenen Immobilienfonds war und ist von Nachhaltigkeitskriterien hinsichtlich ökonomischer, technischer und sozialer Anforderungen an Green Buildings geprägt.[288]

661 Dabei sind „normale" Green Building-Zertifikate zwar eine valide Grundlage für eine Ersteinschätzung; das Zertifikat als solches kann jedoch nicht als „Garantie" dauerhafter Nachhaltigkeit verstanden werden; Abweichungen der tatsächlichen Bau- und Betriebsausführung können theoretisch von unterschiedlichsten Baubeteiligten wie Planern, Bauunternehmen, Bauüberwachern und dem Auditor zu verantworten sein, so dass ein Vertrauen in den Status als „Green Building" nur durch die Kombination aus Zertifikat und der Erfüllung der Haftungsverantwortung der Baubeteiligten erwachsen kann.[289] Der Trend geht zur ergänzenden Evaluierung der nachhaltigen Verwaltung und Nutzung solcher Gebäude durch zusätzliche Scoring-Modelle und Labels.[290]

662 Bei der Vermietung von Gewerbeimmobilien wird zudem immer deutlicher, dass ein Vertrag auch hinsichtlich Aspekten der nachhaltigen Bewirtschaftung ein mehrseitiges Konstrukt ist. Wenn der Gewerbemieter Energieeffizienz, Nachhaltigkeit und die Einhaltung von durch Zertifikate nachgewiesener Standards erwartet und bezahlt, ist die (konsequente) Kehrseite dieser Situation, dass der Mieter in „Nachhaltigkeitsvereinbarungen" detailliert zur Beachtung von Vorgaben hinsichtlich Energieversorgung und -einsparung, Abfallentsorgung, Wärmemanagement, Wassereinsparung, Leuchtmitteln und Anreizen zur Fahrradnutzung und öffentlichen Verkehrsmitteln, um nur einige zu nennen, verpflichtet wird. Unter dem Stichwort „Green Lease" haben sich hier entsprechende Regelungen in der Vertragspraxis bereits durchgesetzt.

663 Der Bau, die Bewirtschaftung und die Nutzung einer Gewerbeimmobilie wird also in einen deutlich größeren Zusammenhang von die das Objekt betreffenden Nachhaltigkeitsfaktoren gestellt. Es entsteht ein beide Seiten verpflichtendes Netz aus Vertragspflichten, das im Falle der partiellen Nichtbeachtung zu Schadensersatzansprüchen führen und letztlich die gesamte Vertragskonstruktion beeinflussen kann. Auch insoweit sind natürlich unterschiedliche Grade von Verbindlichkeit möglich, die als „dunkelgrün" (sanktionsbewehrte

---

[288] Schäfer/Contzen, S. 232.
[289] Darauf weist Schlemminger, NJW 2014, 3185, 3186 hin.
[290] Schäfer/Contzen, S. 232.

Verpflichtungen, der Vertragspartner hat einen Erfüllungsanspruch), „mittelgrün (zum Beispiel im Wege der Vereinbarung von Obliegenheiten: es besteht zwar kein Erfüllungsanspruch, die Nichtbeachtung führt aber zu eigenen Nachteilen, zum Beispiel bestimmter Privilegien) oder „hellgrün" (Bemühensklauseln ohne Rechtsfolge, wenn das „Bemühen" nicht zum Erfolg führt.)[291]

Führt man sich all dies vor Augen, werden die wirtschaftlichen – und damit vertrieblich nutzbaren – Potenziale des Green Building deutlich. Ein nachhaltiges Gebäude ist erstklassig und damit attraktiv. **664**

F. Herausforderungen durch Green Building

Grünem Bauen gehört wie gezeigt die Zukunft. Bauunternehmen müssen sich schon aus Eigeninteresse intensiv mit dem Thema beschäftigen, um ihre Zukunftsfähigkeit zu sichern. Für Bauunternehmen bieten grüne Bauprojekte die Chance sich einen neuen Markt zu erschließen, in dem sie zu den Vorreitern gehören und bei denen die Frage, welches Unternehmen den Auftrag erhält, nicht primär vom Errichtungspreis, sondern maßgeblich von den Lebenszykluskosten und der Leistungsfähigkeit, insbesondere im Zusammenhang mit nachhaltigen Bauvorhaben, abhängt. Auch können Unternehmen im Werben um junge Fachkräfte mit ihrem Engagement für nachhaltiges Bauen punkten, zum einen, weil sie damit gesellschaftliche Verantwortung wahrnehmen, zum anderen, weil sie die Zukunftsfähigkeit des Unternehmens sichern. **665**

Die Umsetzung von Nachhaltigkeitsaspekten in der Baubranche ist auch politisch gewollt, sowohl auf europäischer Ebene als auch auf Bundesebene und auf Ebene mancher Bundesländer, zB Baden-Württemberg[292]. **666**

Es existieren daher vielfältige normative Vorgaben, die Aspekte der Nachhaltigkeit betreffen. Und im Gegensatz zu anderen Lebensbereichen, ist die Schlagzahl, in der neue Richtlinien, Gesetze, Verordnungen, technische Vorgaben oder Zertifizierungsstandards erlassen oder bestehende Vorgaben aktuellen Entwicklungen angepasst werden hoch. Bei diesen Entwicklungen den Überblick zu behalten, stellt für alle am Projekt beteiligten eine Herausforderung dar. **667**

---

[291] Einteilung nach Vogel, ESG 2022, 295 (296).
[292] Nachhaltiges Bauen in Baden-Württemberg abrufbar https://mlw.baden-wuerttemberg.de/fileadmin/redaktion/m-mlw/intern/Dateien/06_Service/Publikationen/Bauen/NBBW-Brosch%C3%BCre.pdf.

Kapitel 7 Ideen und Denkanstöße für die Unternehmensleitung

668 Und nach Umsetzung erster Pilotprojekte wurde der Branche relativ schnell klar, dass die Revolution hin zu nachhaltiger Planung, Bau und Betrieb mit neuen Herausforderungen einhergeht.

I. Kostentreiber nachhaltiges Bauen?

669 Ungesunde Dämmungen, damit verbundene Schimmel- und Algenbildung sowie die Frage der Entsorgung von Dämmmaterial, zu viel Haustechnik, langweilige energetisch optimierte Gebäude und insbesondere steigende Baukosten. Die Liste der Vorurteile gegenüber nachhaltigem Bauen ist lang. Nicht zuletzt spielen auch der Klimawandel und die Bewertung dieser Veränderung eine Rolle. Beim gleichzeitig herrschenden Wohnungsmangel in weiten Teilen Deutschlands erscheint es zunächst naheliegend, dass Bauherren, seien sie nun öffentlich oder privat, vor allem auf möglichst niedrige Baukosten achten, auch um die Mieten möglichst gering zu halten. Nachhaltige Bauprojekten sind dann ein Nischenthema oder auf die gewerbliche Nutzung begrenzt.

670 Wie hoch genau die Mehrkosten eines grünen Gebäudes sind, ist nicht geklärt, und hängt selbstverständlich auch von der konkreten Ausführung und davon ab, welche Ausführungsart man als Vergleichswert für ein nicht grünes Gebäude heranzieht. Die Baukosten für Wohnbauten sollen sich in den letzten 20 Jahren um 70% erhöht haben. Zieht man die Steigerung der allgemeinen Lebenshaltungskosten in Höhe von 33% ebenso ab, wie auf verschärfte Vorschriften zur Barrierefreiheit und Stellplatznachweisen zurückgehende 4%, verbleiben 33%. Davon sollen ca. 17% auf verschärfte gesetzliche energetische Anforderungen zurückgehen und 16% die effektive Kostensteigerung im Bau darstellen, pro Jahr also unter 1%.[293] Darin sind Verbesserung im Bereich der Nachhaltigkeit bereits enthalten. Dennoch wird es dabei bleiben, dass die Errichtungskosten von nachhaltigen Gebäuden regelmäßig höher sein werden, als von konventionellen Gebäuden. Diese Mehrkosten lassen sich nur rechtfertigen, wenn durch sie auch ein Mehrwert entsteht.

671 Nachhaltige Gebäude zeigen ihre (Kosten-)Vorteile regelmäßig erst in der Nutzungsphase, weshalb hier die Lebenszykluskosten eine wesentlich höhere Bedeutung haben. Lebenszykluskosten betrachten dabei, anders als die Baukosten nach der DIN 276 – „Kosten im Bauwesen", jegliche Kosten, die für ein Produkt während seiner gesamten Lebensdauer anfallen. Folglich definiert Art. 2 Abs. 1 Nr. 20 der RL 2014/24/EU den Begriff des Lebenszyklus äußerst weit als

---

[293] Teizer/Hensing, BIM und Nachhaltigkeit in Forschung, Technologie und Praxis, S. 106.

F. Herausforderungen durch Green Building **Kapitel 7**

„alle aufeinander folgenden und/oder miteinander verbundenen Stadien, 672
einschließlich der durchzuführenden Forschung und Entwicklung, der Produktion, des Handels und der damit verbundenen Bedingungen, des Transports, der Nutzung und Wartung, während der Lebensdauer einer Ware oder eines Bauwerks oder während der Erbringung einer Dienstleistung, angefangen von der Beschaffung der Rohstoffe oder Erzeugung von Ressourcen bis hin zu Entsorgung, Aufräumarbeiten und Beendigung der Dienstleistung oder Nutzung"

Im Falle eines Bauwerks also neben den Grundstückserwerbs-, 673
Planungs-, Genehmigungs- und Errichtungskosten auch die Kosten für Fertigung, Vertrieb, Instandhaltung, sowie Betriebs- und Entsorgungskosten.[294] Auch externe Kosten, die die Allgemeinheit zu tragen hat, fallen unter den Begriff.

Beim Rückgriff auf die Lebenszykluskosten handelt es sich nicht um 674
eine Idee, die Verfechter des nachhaltigen Bauens erdacht haben, um über mit dieser Bauweise verbundene Kostennachteile bei der Errichtung „hinwegzutäuschen". Der EuGH hat schon früh entschieden, dass ein Zuschlagskriterium durchaus die Kosten sein können, die erst zu einem Zeitpunkt nach der Auftragsvergabe genau bekannt werden und die zum Vergabezeitpunkt nur prognostiziert werden können, unter der Voraussetzung, dass diese Kosten aus dem Vertragsschluss resultieren.[295]

§§ 127 Abs. 3 S. 3 GWB, 59 VgV, 16d Abs. 2 Nr. 5-7 VOB/A regeln 675
für Vergabeverfahren und damit auch für Bauaufträgen staatlicher Stellen oder Bauträgern, die sehr vereinfacht überwiegend staatlich finanziert sind, dass für die Berechnung des Preises Lebenszykluskosten herangezogen werden können. § 16 d Abs. 2 Nr. 5-7 VOB/A entsprechen inhaltlich, trotz des anders strukturierteren Wortlauts, § 59 VgV[296].

§ 127 GWB

(3) Die Zuschlagskriterien müssen mit dem Auftragsgegenstand 676
in Verbindung stehen. Diese Verbindung ist auch dann anzunehmen, wenn sich ein Zuschlagskriterium auf Prozesse im Zusammenhang mit der Herstellung, Bereitstellung oder Entsorgung der Leistung, auf den Handel mit der Leistung oder auf ein anderes Stadium im Lebenszyklus der Leistung bezieht, auch wenn sich diese Faktoren nicht auf die materiellen Eigenschaften des Auftragsgegenstandes auswirken.

---

[294] Beck VergabeR/Opitz, 3. Aufl. 2019, VOB/A-EU § 16d Rn. 64-70.
[295] EuGH, Urt. v. 18. 10. 2001 – Rs. C–19/00 – SIAC, EuR 2001, 903 = NVwZ 2002, 65 = EuZW 2001, 766 = ZfBR 2002, 80 = BeckRS 2004, 74808 = IBRRS 2003, 0682.
[296] Beck VergabeR/Opitz, 3. Aufl. 2019, VOB/A-EU § 16d Rn. 64-70; Ziekow/Völlink, Vergaberecht, § 16dEU, Rn. 28.

Kapitel 7 Ideen und Denkanstöße für die Unternehmensleitung

§ 59 Berechnung von Lebenszykluskosten

677 (1) Der öffentliche Auftraggeber kann vorgeben, dass das Zuschlagskriterium „Kosten" auf der Grundlage der Lebenszykluskosten der Leistung berechnet wird.

678 (2) Der öffentliche Auftraggeber gibt die Methode zur Berechnung der Lebenszykluskosten und die zur Berechnung vom Unternehmen zu übermittelnden Informationen in der Auftragsbekanntmachung oder den Vergabeunterlagen an. Die Berechnungsmethode kann umfassen

1. die Anschaffungskosten,

2. die Nutzungskosten, insbesondere den Verbrauch von Energie und anderen Ressourcen,

3. die Wartungskosten,

4. Kosten am Ende der Nutzungsdauer, insbesondere die Abholungs-, Entsorgungs- oder Recyclingkosten, oder

5. Kosten, die durch die externen Effekte der Umweltbelastung entstehen, die mit der Leistung während ihres Lebenszyklus in Verbindung stehen, sofern ihr Geldwert nach Absatz 3 bestimmt und geprüft werden kann; solche Kosten können Kosten der Emission von Treibhausgasen und anderen Schadstoffen sowie sonstige Kosten für die Eindämmung des Klimawandels umfassen.

679 (3) Die Methode zur Berechnung der Kosten, die durch die externen Effekte der Umweltbelastung entstehen, muss folgende Bedingungen erfüllen:

1. sie beruht auf objektiv nachprüfbaren und nichtdiskriminierenden Kriterien; ist die Methode nicht für die wiederholte oder dauerhafte Anwendung entwickelt worden, darf sie bestimmte Unternehmen weder bevorzugen noch benachteiligen,

2. sie ist für alle interessierten Beteiligten zugänglich und

3. die zur Berechnung erforderlichen Informationen lassen sich von Unternehmen, die ihrer Sorgfaltspflicht im üblichen Maße nachkommen, einschließlich Unternehmen aus Drittstaaten, die dem Übereinkommen über das öffentliche Beschaffungswesen von 1994 (ABl. C 256 vom 3.9.1996, S. 1), geändert durch das Protokoll zur Änderung des Übereinkommens über das öffentliche Beschaffungswesen (ABl. L 68 vom 7.3.2014, S. 2) oder anderen, für die Europäische Union bindenden internationalen Übereinkommen beigetreten sind, mit angemessenem Aufwand bereitstellen.

F. Herausforderungen durch Green Building **Kapitel 7**

(4) Sofern eine Methode zur Berechnung der Lebenszykluskosten 680
durch einen Rechtsakt der Europäischen Union verbindlich vorgeschrieben worden ist, hat der öffentliche Auftraggeber diese Methode vorzugeben.

§ 16d VOB/A-EU Wertung Abs. 2

5. Die Lebenszykluskostenrechnung umfasst die folgenden Kosten ganz oder teilweise:

a) von dem öffentlichen Auftraggeber oder anderen Nutzern getragene Kosten, insbesondere Anschaffungskosten, Nutzungskosten, Wartungskosten, sowie Kosten am Ende der Nutzungsdauer (wie Abholungs- und Recyclingkosten);

b) Kosten, die durch die externen Effekte der Umweltbelastung entstehen, die mit der Leistung während ihres Lebenszyklus in Verbindung stehen, sofern ihr Geldwert bestimmt und geprüft werden kann; solche Kosten können Kosten der Emission von Treibhausgasen und anderen Schadstoffen sowie sonstige Kosten für die Eindämmung des Klimawandels umfassen.

6. Bewertet der öffentliche Auftraggeber den Lebenszykluskostenansatz, hat er in der Auftragsbekanntmachung oder in den Vergabeunterlagen die vom Unternehmer bereitzustellenden Daten und die Methode zur Ermittlung der Lebenszykluskosten zu benennen. Die Methode zur Bewertung der externen Umweltkosten muss

a) auf objektiv nachprüfbaren und nichtdiskriminierenden Kriterien beruhen,

b) für alle interessierten Parteien zugänglich sein und

c) gewährleisten, dass sich die geforderten Daten von den Unternehmen mit vertretbarem Aufwand bereitstellen lassen.

7. Für den Fall, dass eine gemeinsame Methode zur Berechnung der Lebenszykluskosten durch einen Rechtsakt der Europäischen Union verbindlich vorgeschrieben wird, findet diese gemeinsame Methode bei der Bewertung der Lebenszykluskosten Anwendung.

Da Bauwerke 40% des CO_2-Verbrauchs und 50-60% des Abfalls verursachen, bietet sich hier die Berücksichtigung der Lebenszykluskosten 681
in besonderem Maße an. Wer schon einmal kontaminierte Materialien entsorgt hat, kann erahnen, welche Kosten hier entstehen können. Kosten, die die allgemein trägt, noch gar nicht eingepreist.

Damit Lebenszykluskosten als sinnvolles Auswahlkriterium heran- 682
gezogen werden können, ist es notwendig, dass der Auftraggeber eine Methode zur Berechnung der Lebenszykluskosten mitteilt. Für öffent-

Kapitel 7   Ideen und Denkanstöße für die Unternehmensleitung

liche Auftraggeber enthält § 13d Abs. 6 VOB/A-EU hierzu Vorgaben. Auch private Auftraggeber sollten sich vorab Gedanken machen, welche Kosten während des Lebenszyklus eines Bauwerks berücksichtigt werden sollen. Hierbei sollte auch berücksichtigt werden, dass die Ermittlung der Lebenszykluskosten ein prognostisches Element enthält. Zudem sollte festgelegt werden, nach welcher konkreten Methode die Lebenszykluskosten ermittelt werden. Es gibt hier verschiedene Anbieter[297] und Vorgehensweisen, bisher allerdings keine Normvorgaben oder allgemein anerkannten Regeln der Technik. Dasselbe gilt für die Ermittlung der häufig zentralen Ermittlung der CO_2-Emissionen.[298]

683   Für Beschaffungsvorgänge des Bundes schreibt die AVV Klima seit 2022 ab einem Auftragswert von nur (!) EUR 10.000 netto die Berücksichtigung von Lebenszykluskosten zwingend vor. In diesem Zusammenhang ist bei Berechnung auch ein CO_2-Schattenpreis zu berücksichtigen. Unter dem Begriff wird ein rechnerischer Preis verstanden, der für jede über den Lebenszyklus der Immobilie entstehenden Tonne CO_2 veranschlagt wird.

684   Baden-Württemberg hat zum 01.06.2023 als erstes Bundesland einen eigenen verbindlichen Schattenpreis für CO_2 eingeführt und ist deutlich über den Wert der AVV Klima hinausgegangen, indem ein Preis von EUR 237 festgesetzt wird, der sich dynamisch verändert.[299] Aktuell gilt der Schattenpreis nach § 8 KlimaG BW nur für Bauvorhaben des Landes und solche Bauvorhaben, bei denen sicher ist, dass diese in das Eigentum des Landes übergehen und ab Baukosten von (wiederraum nur !) mindestens EUR 150.000 netto[300]. Es dürfte sich aber nur um eine Frage der Zeit handeln bis auch weitere Bundesländer entsprechend CO_2-Schattenpreise einführen und die Pflicht zur Berücksichtigung dieser Schattenpreise auf alle staatlich geförderten Bauprojekte erweitert wird.

685   Es ist möglich, für das Zuschlagskriterium „Preis" und das Zuschlagskriterium „Kosten" unterschiedliche Gewichtungen festzulegen, um dem Umstand Rechnung zu tragen, dass die Berechnung der Lebenszykluskosten prognostische Elemente enthält. Das Ergebnis der Lebenszykluskostenbewertung kann aber auch ohne gesonderte

---

[297] https://www.umweltbundesamt.de/themen/wirtschaft-konsum/umweltfreundliche-beschaffung/lebenszykluskosten.
[298] Begründung zu § 3 CO2-SP-VO https://beteiligungsportal.baden-wuerttemberg.de/fileadmin/redaktion/beteiligungsportal/Dokumente/220920_CO2-Schattenpreis-Verordnung_01.pdf.
[299] § 2 Abs. 1 CO2-SP-VO.
[300] § 2 Abs. 2 CO2-SP-VO.

F. Herausforderungen durch Green Building **Kapitel 7**

Gewichtung mit dem Angebotspreis zu einer Wertungssumme saldiert werden.[301]

Zusammenfassend wird es auf absehbare Zeit dabei bleiben, dass nach Nachhaltigkeitsstandards errichtet Gebäude mit höheren Errichtungskosten verbunden sind als konventionelle Bauten. Der Blick sollte aber von den reinen Errichtungskosten weg hin zu den Lebenszykluskosten des Bauwerks gehen. Betrachtet man diese, sind nach Nachhaltigkeitsstandards errichtete Gebäude schnell konkurrenzfähig, sei es wegen geringer Betriebskosten oder besserer Verwertungschancen. Öffentliche Auftraggeber sind zum Teil bereits jetzt verpflichtet Lebenszykluskosten zu berücksichtigen und haben jedenfalls die Möglichkeit dazu. Auch private Bauherren sollte die Lebenszykluskosten bei ihren Entscheidungen stärker in den Blick nehmen.

II. Neue Bauprodukte

Mit der Veränderung zu einem nachhaltigeren Bauen sind auch Entwicklungen zu nachhaltigeren Bauprodukten verbunden. Dabei werden nicht nur bestehende Bauprodukte auf ihre Energieeffizienz, Kreislauffähigkeit, und den mit ihrer Produktion und Entsorgung verbundenen Rohstoffverbrauch überprüft und verbessert, sondern auch neue Bauprodukte entwickelt. Unter dem Begriff der „Bioökonomie am Bau" und „cradle to cradle" werden aktuell neue Bauprodukte und Ausführungsverfahren entwickelt, getestet und eingesetzt.

„Cradle to cradle", übersetzt mit „vom Ursprung zum Ursprung" geht von einem nachhaltigen Stoffkreislauf aus. Der japanische Professor Hideo Nanjyo hat hierzu den Begriff des „Urban Mining" geprägt, nach dem eine Stadt und ihre Gebäude ähnlich einem Bergwerk als Ansammlung wiederverwendbarer Wertstoffe betrachtet werden sollte.[302] Aktuell ist dies, aufgrund der vielfach vorhandenen Verklebungen, nur schwer bis wirtschaftlich gar nicht möglich.

Die Bioökonomie umfasst die Erzeugung, Erschließung und Nutzung biologischer Ressourcen, Prozesse und Systeme, um Produkte, Verfahren und Dienstleistungen in allen wirtschaftlichen Sektoren im Rahmen eines zukunftsfähigen Wirtschaftssystems bereitzustellen.[303] Biomasse, der zentrale Rohstoff der Bioökonomie, ist nicht nur eine

---

[301] OLG Düsseldorf, Beschl. v. 3.4.2008 – VII-Verg 54/07, BeckRS 2009, 5462= VPRRS 2013, 0470.
[302] Nakamura, T.; Halada, K. Urban Mining System, 2015.
[303] Bioökonomie in Deutschland- Chancen für eine biobasierte und nachhaltige Zukunft, abrufbar https://www.bmbf.de/SharedDocs/Publikationen/

Kapitel 7 Ideen und Denkanstöße für die Unternehmensleitung

nachwachsende Ressource. Sie ist im Vergleich zu anderen Rohstoffformen besonders dafür geeignet, um in Kreisläufen nachhaltig genutzt zu werden. Das Ziel der Bioökonomie ist eine Kreislaufwirtschaft, in der möglichst wenig Abfall und Reste entstehen.[304] Sie nutzt biologische Ressourcen und das Wissen darüber, um mithilfe innovativer Technologien Produkte und Prozesse zu entwickeln.[305] Für Baustoffe bedeutet dies, dass es um Baumaterialien geht, die (jedenfalls größtenteils) aus nachwachsenden Rohstoffen hergestellt werden oder um die Entwicklung von biobasierten, nachhaltigen Strategien für konventionelle Produkte, wie Beton.

690 Ein Baumaterial, dass seit vielen Jahren erfolgreich eingesetzt wird, und mit dem viel Erfahrung besteht, ist Holz. Es ist naheliegend, dass Holz auch in Zukunft das am meisten eingesetzte bioökonomische Baumaterial sein wird.[306] Allerdings wird Holz allein den Bedarf an nachhaltigen Bauprodukten nicht decken.

691 Es wird deshalb notwendig sein, auch auf andere Biomassen zurückzugreifen. Viele davon beruhen auf alten, in den jeweiligen Regionen vorhandenen Baustoffen wie Lehm, Flachs, Weiden, etc. Aber auch Paneele und Wände aus Popcorn werden inzwischen vertrieben.[307]

692 Im Gegensatz zu Holz mit Wachstumszyklen von 15 bis 30 Jahren können diese Pflanzen in wesentlich kürzeren Abständen geerntet werden. Parallel kommen Holzhybridlösungen auch den Markt, mit denen unter Berücksichtigung der Anforderungen von Schall- und Brandschutz eine Reduzierung der verbrauchten Primärenergie, auch als graue Energie bezeichnet, um 50 % erzielt werden kann.

693 Welche Produkte sich hier am Markt durchsetzen werden ist aktuell nicht absehbar. Die Entwicklungen in diesem Bereich zu beobachten oder sich sogar bei der Entwicklung neuer Bauprodukte zu engagieren, könnte für ein Bauunternehmen aber für seine Zukunftsfähigkeit relevant sein.

694 Allerdings ist die Zulassung neuer Bauprodukte in Deutschland Vorgaben unterworfen, die gewährleisten sollen, dass nur solche Bauprodukte im Markt zum Einsatz kommen, deren Eignung vorab geprüft und für gegeben befunden wurde. Dabei sind sowohl zivilrechtliche als auch öffentlich-rechtliche Vorgaben zu beachten. Re-

---

de/bmbf/7/30936_Biooekonomie_in_Deutschland.pdf?__blob=publicationFile&v=9, zuletzt abgerufen am 15.12.2023.

[304] Fn. 301.
[305] Fn. 301, ab Seite 32 ff. Anwendungsfälle Bau.
[306] Fn. 301, S. 34.
[307] https://www.uni-goettingen.de/de/3240.html?id=6749.

F. Herausforderungen durch Green Building **Kapitel 7**

gelmäßig erfolgen die Zulassungen durch allgemeine bauaufsichtliche Zulassungen und CE-Kennzeichen. Diese Zulassungsverfahren sind auf die bisherige Baupraxis ausgerichtet und vergleichsweise aufwändig. Manchen neuen Bauprodukten fällt es aus wirtschaftlichen bzw. technischen Gründen schwer, die Anforderungen zu erfüllen.

Die Einführung eines „Gebäudetyp E" wie „einfach oder Experiment" auf Initiative der Bayerischen Architektenkammer[308] versucht die bauordnungsrechtlichen Themen der Verwendung bei Verwendung vom Standard abweichender Bauprodukte anzugehen. Ziel ist es den Projektpartnern rechtssicher zu ermöglichen, zivil- und bauordnungsrechtliche Standards durch ihre privatautonome Entscheidung für einen solchen Gebäudetyp abzusenken. Allerdings ist bisher nicht klar geworden, was sich konkret hinter dem Begriff Gebäudetyp „E" verbirgt und welche, für die Bestimmung der geschuldeten Leistung maßgeblichen Standards an die Stelle derjenigen treten sollen, die man mit der Vereinbarung eines solchen Gebäudetyps beseitigen will.[309] 695

Auch die juristische Definition des Abfallbegriffs ist eine Hürde für die Einführung neuer Baustoffe, insbesondere solcher aus Recyclingmaterialien. Nach § 3 Abs. 1 KrWG sind Abfälle alle Stoffe oder Gegenstände, derer sich ihr Besitzer entledigt, entledigen will oder entledigen muss. In der Folge wird dann zwischen Abfällen zur Verwertung und Abfällen zur Beseitigung unterschieden. Maßgeblich ist also die Verwendungsabsicht des aktuellen Besitzers. Ob Dritter, wie das Abbruchunternehmen oder dessen Käufer, das Material wieder nutzen wollen, ist für die Einordnung als Abfall unerheblich. Diese Begriffsdefinition stößt bei Nichtjuristen oft auf Unverständnis und Ablehnung. Abfälle sind dann von Produkten zu unterscheiden. Der EuGH hat bereits 2002 entschieden, dass aus dem Betrieb eines Steinbruchs stammenden Bruchgestein, das von dem Besitzer auf unbestimmte Zeit gelagert wird, als Abfall einzuordnen ist.[310] Die Einordnung als Abfall hat eine Entsorgungspflicht für Abfälle aus Privathaushaltungen und für gewerbliche Abfälle zur Folge mit der Ausnahme, falls gewerbliche Abfallerzeuger die Abfälle in eigenen 696

---

[308] https://www.bayern.landtag.de/aktuelles/aus-den-ausschuessen/bau-ausschuss-fachgespraech-zur-einfuehrung-einer-gebaeudeklasse-e/, zuletzt abgerufen am 15.12.2023.

[309] Rn. 197, S. 39.

[310] EuGH (6. Kammer), Urt. v. 18.4.2002 – Rs. C-9/00 Palin Granit Oy u. Vehmassalon kansanterveystyön kuntayhtymän hallitus = EuZW 2002, 669 = BeckRS 2004, 77875 = BeckRS 2002, 70211.

Kapitel 7 Ideen und Denkanstöße für die Unternehmensleitung

Anlagen entsorgen können.[311] Zudem dürfen Abfälle nicht einfach ausgeführt werden[312].

697 Die Bundesregierung hat mit der seit 01.08.2023 geltenden Ersatzbaustoffverordnung, der der Bundesrat bereits am 10.06.2021 zugestimmt hat, versucht hier eine Verbesserung herbeizuführen. Allerdings blieb es bei der Einordnung der Stoffe als Abfall. Und wer möchte schon Abfall in seinen Neubau einbauen? Es ist daher absehbar, dass zeitnah weiterer Anpassungsbedarf besteht.

698 Daneben gestaltet sich die Verwendung von neuen Bauprodukten auf der Baustelle als häufig schwierig. Handwerker verwenden am liebsten Produkte, deren Handhabung ihnen vertraut ist und an deren grundsätzlicher Eignung keinerlei Zweifel bestehen, weil sie seit langem erprobt und bewährt sind. Dies ist bei neuen Bauprodukten naturgemäß nicht der Fall, selbst wenn eine bauaufsichtliche Zulassung vorliegt. Und selbst wenn einzelne Handwerker vom Einsatz eines neuen Bauprodukts (mit Zulassung) überzeugt werden können, kommt es zu Schnittstellenproblemen mit anderen Gewerken. Einen Elektriker davon zu überzeugen, seine Leitungen in einer aus Flachs und Weiden errichteten Wand oder Decke zu verlegen, benötigt viel Überzeugungsarbeit. Und da die Frage, wie hoch die Haftungsrisiken sind, bei Verwendung neuer Bauprodukte, eine besonders große Rolle spielt, muss auch diese vorab gestellt und beantwortet werden. Die Unternehmensleitung hat hier besonderen Einfluss darauf, wie ihre Mitarbeiter auf die Einführung neuer Baustoffe reagieren. Zwingend notwendig wird es sein, die Mitarbeiter entsprechend zu schulen und über die Bedeutung nachhaltiger Baustoffe aufzuklären.

699 Nicht zuletzt spielt auch der Preis bei der Auswahlentscheidung für ein bestimmtes Bauprodukt eine große Rolle. Regelmäßig in kleinerer Stückzahl produzierte neue Bauprodukte sind häufig jedenfalls in der Anschaffung teurer als klassische Bauprodukte. Ob sich diese Kosten über die Nutzungszeit amortisieren, hängt häufig auch von Faktoren ab, die für den Bauherrn nicht beeinflussbar sind, wie spätere Steuererleichterungen, längere Nutzungsmöglichkeiten, etc.

700 Das Beispiel der Photovoltaikanlagen zeigt, dass es Jahre bis Jahrzehnte dauern kann, bis von einem (teuren) Nischenprodukte eine solche große kritische Masse überzeugt ist, dass eine Massenproduktion entsteht, und damit verbunden die Einzelkosten erheblich sinken. Andererseits zeigt das Beispiel auch, dass es möglich ist, neue Produkte

---

[311] §§ 7,15 KrwG.
[312] VG Frankfurt/Oder, Beschl. v. 19.10.2021 – 5 L 269/21, BeckRS 2021, 33870.

so erfolgreich im Markt durchzusetzen, dass Bauherren es als Manko ansehen, wenn ihr Objekt nicht über dieses Produkt verfügt. Eine solche Konsumhaltung zu erzeugen, dürfte auch bei nachhaltigen Produkten nicht der Regelfall sein. Da menschliche Entscheidung aber auch durch ein „gutes Gewissen" mitgeprägt werden, habe solche Produkte hier besondere Chancen. Sog. Bürgerwindräder sind hier ein weiteres Praxisbeispiel.

Zusammenfassend wird es notwendig sein, den Prozess der Zulassung neuer Bauprodukte einfacher zu gestalten, ohne dabei am Postulat des sicheren Bauens zu rütteln. Hier bedarf es nach hiesiger Einschätzung keinesfalls noch mehr gesetzlicher Regelungen, sondern Hinweisen zur effektiven Umsetzung auf Verwaltungsebene. Baustoffhersteller sind aufgrund ihrer Erfahrung und ihres Netzwerkes am besten geeignet neue, nachhaltige Bauprodukte zu entwickeln und im Markt zu etablieren. Es handelt sich dabei um ein aktuelles Thema, nicht um eines, dass erst in zehn Jahren relevant wird. Der erste kommunale Neubau aus Holz, Stroh und Lehm, ein Schulhort in Lüneburg, soll 2024 in Betrieb genommen werden.[313] **701**

G. Green Building und BIM

Digitalisierung und damit verbundene Innovationen verändern bereits jetzt die Welt des Planens und Bauens. **702**

BIM, eine Arbeitsmethode für die softwaregestützte vernetze (kooperative) Planung, den Bau und die Bewirtschaftung von Gebäuden, hat sich dabei weltweit in einer ansonsten eher konservativ agierenden Branche durchgesetzt. Der Megatrend Digitalisierung[314] hat auch die Baubranche erfasst. **703**

Mit BIM werden alle relevanten Gebäudedaten digital erfasst, modelliert und kombiniert. Hierzu wird ein digitales dreidimensionales Bauwerksmodell erstellt, welches neben den geometrischen Eigenschaften der Einzelbauteile alle relevanten Informationen enthält. Idealerweise kann das stets aktuelle, digitale Abbild des Gebäudes, von manchen auch digitaler Zwilling genannt, von allen Projekte- **704**

---

[313] https://www.ardmediathek.de/video/ndr_info/nachhaltiges-bauen-lueneburger-hort-aus-holz-stroh-und-lehm/ndr/Y3JpZDovL25kci5kZS8zOThjNDc4Zi1jZDRiLTQ5Y2UtODhiNC00YjM1Yjc4YzdlODE, zuletzt abgerufen am 17.12.2023.

[314] https://www.zukunftsinstitut.de/dossier/megatrend-konnektivitaet/, zuletzt abgerufen am 17.12.2023.

Kapitel 7 Ideen und Denkanstöße für die Unternehmensleitung

beteiligten als Informationsquelle verwendet werden und auch in der Nutzungsphase des Objekts über den gesamten Lebenszyklus der Immobilie weiter mit Daten gefüttert werden. Facility Manager sollen Fragen wie danach, welche und wie viele Leuchten seit wann in der Immobilie vorhanden sind auf Knopfdruck beantworten können.

705   Die Arbeitsmethode ermöglicht eine transparente und vernetzte Zusammenarbeit aller am Bau beteiligten Akteure und eine bestmögliche Koordination der verschiedene (Ausführungs-)Planungen der verschiedenen Gewerke. Ziel des Einsatzes von BIM ist es, dass Bauprojekte im Hinblick auf Zeit, Qualität und Kosten effizienter umgesetzt werden können als dies bei herkömmlichen Arbeitsweisen der Fall ist. Die positiven Effekte des Einsatzes von BIM sollen aber nicht mit der Fertigstellung des Objektes enden. Auch der spätere Betrieb, Umbaumaßnahmen, Erweiterungen oder Rückbauten sollen effizienter, aber auch nachhaltiger und ressourcenschonender[315] erfolgen, weil alle relevanten Daten zur Verfügung stehen. Mit dem Einsatz von BIM verbunden ist aber auch, dass detaillierte (Ausführungs-)Planungsleistungen bereits in einer viel früheren Projektphase erbracht werden müssen, als dies nach dem Leistungsphasenmodell der HOAI vorgesehen ist. Beim Arbeiten nach BIM wird regelmäßig bereits zum Zeitpunkt den Leistungsphasen 2 und 3 der Objektplanung nach HOAI ein Gebäudemodell erstellt, das es ermöglicht, die Gebäudetechnikflächen nebst Leitungstrassen (grob) zu definieren und Raumprogramme zu erstellen. Dieses sog. Frontloading kann sich aber kostensenkend auf nachfolgende Leistungen auswirken und auch mit Blick auf Nachhaltigkeitsaspekte sehr hilfreich sein.

706   Insbesondere Planungs- aber auch Bauleistungen werden inzwischen häufig mit der BIM-Methode umgesetzt[316]. Bei der Bewirtschaftung und Verwertung von Gebäude besteht dagegen noch Nachholbedarf. Einen starken Schub erhielt BIM Anfang 2017 als das Bundesbauministerium per Runderlass festlegte, dass bei zivilen Neubau-, Umbau- und Erweiterungsprojekten des Bundes ab geschätzten Baukosten von fünf Millionen Euro brutto geprüft werden soll, ob sie sich für den Einsatz der Arbeitsmethode BIM eignen[317]. Im

---

[315] Teizer/Hensing, BIM und Nachhaltigkeit in Forschung, Technologie und Praxis, S. 12.

[316] https://bmdv.bund.de/DE/Themen/Digitales/Building-Information-Modeling/BIM/building-information-modeling.html, zuletzt abgerufen am 15.12.2023.

[317] https://www.buildingsmart.de/sites/default/files/aktuelles/2017-01-16_BMUB-Erlass-BIM.pdf, zuletzt abgerufen am 15.12.2023.

G. Green Building und BIM **Kapitel 7**

Anschluss wurden auch die Landesbauverwaltungen aufgefordert, bei den eigenen Bau- und Planungsprojekten mit geschätzten Baukosten von fünf Millionen Euro brutto die Anwendung von BIM zu prüfen. Der „Masterplan BIM für Bundesbauten" und der „Masterplan BIM Bundesfernstraßen" aus September 2021 sehen die Einführung der BIM Methode für alle Bundesbauten ab Ende 2022 und eine vollständige Implementierung bis 2027 vor. Für Bundesfernstraßen werden ähnliche Zeitschienen vorgesehen.

Es ist daher naheliegend zwei Megatrends zu verbinden und nach- 707
haltiges Bauen auch unter Berücksichtigung dieser Arbeitsmethode zu betrachten.

Die Planung nimmt dabei eine besonders wichtige Rolle ein, den 708
hier werden die Weichen dafür gestellt, wie nachhaltig ein Gebäude später ist und ob die angestrebten Nachhaltigkeitsstandards, z.B. definiert durch eine bestimmte Green-Building Zertifizierung in der Bauphase auch erreicht werden können. Da bei einem Neubau die Rohbaugewerke den mit Abstand größten Energieverbrauch haben, ist hier auch das größte Einsparpotential vorhanden.

Die BIM Methode und die damit verbundene Verfügbarkeit von 709
Daten zur Planung und Bestand, aber idealerweise auch den verwendeten Bauprodukten, haben auch für Nachhaltigkeitsaspekte und den Erhalt oder die Erneuerung von Green-Building Zertifikaten erhebliche Bedeutung. .[318] Aufgrund der Anwendung der BIM Methode bei Planung und Errichtung sollen relativ einfach die auch für eine Green-Building Zertifizierung notwendigen Informationen, zB zu den verwendeten Bauprodukten und deren Produktion (Unterkriterium ENV1.3 Verantwortungsvolle Ressourcengewinnung) ermittelt werden. Wenn sie den erfasst und zur Verfügung gestellt werden können.

Auch die energetischen Bewertungen und thermische Gebäudesi- 710
mulationen sollen aufgrund der hinterlegten Daten zu den Bauteilen möglich sein und es Objektplanern und haustechnischen Fachplanern somit ermöglichen einen auch unter energetischen Gesichtspunkten hochwertigen Entwurf immer weiterzuentwickeln, ohne dass dafür das gleiche Gebäude mehrfach modelliert und Änderungen aufwendig nachgeführt werden müssen.

Für den nachhaltigen Betrieb eines Bauwerkes ist das Vorliegen 711
von Daten, zB zu den verbauten Leuchten, deren Energiebedarf, Wartungsintervall etc, sehr vorteilhaft. Die Ökobilanzierung von Ge-

---

[318] Teizer/Hensing, BIM und Nachhaltigkeit in Forschung, Technologie und Praxis, 38 ff.

Kapitel 7 Ideen und Denkanstöße für die Unternehmensleitung

bäuden, die vor einigen Jahren aufgrund fehlender Daten zur Bauprodukten in der Entwurfsphase, noch mit erheblichen Schwierigkeiten verbunden war, ist mit BIM deutlich einfacher möglich.

712 Auch die Simulation der Energieverbräuche eines Gebäudes, ein Thema, das in den letzten Jahren an besonderer Brisanz gewonnen hat und das den Wert einer Immobilie mitbestimmen kann, kann mit BIM erreicht werden.

713 Es ist deshalb ratsam bei Bauprojekten, die eine Green-Building Zertifizierung anstreben, vertraglich ein Arbeiten nach der BIM Methode zu vereinbaren. Bauunternehmen sollten dies ihren Auftraggebern auch vorschlagen. Damit die mit einem Arbeiten nach der BIM Methode verbundenen Hoffnungen in Bezug auf die Errichtung und besonders den Betrieb nachhaltiger Gebäude erfüllt werden, ist aber zwingend erforderlich, dass im Rahmen von BIM die für Nachhaltigkeit notwendigen Daten auch erfasst werden. Dies ist aktuell im Regelfall nicht, jedenfalls nicht in ausreichendem Umfang, der Fall.[319] Es ist daher erforderlich genau zu regeln, welche Daten für eine Green-Building Zertifizierung und einen nachhaltigen Betrieb im Rahmen von BIM erfasst werden müssen. Allgemein anerkannte Regeln der Technik gibt es auch hierzu nicht. Wer also glaubt, durch die Vereinbarung eines Arbeiten nach BIM alle für nachhaltiges Bauen erforderlichen Daten quasi „automatisch" zur Verfügung zu haben irrt. Auch hier gilt nichts anders als beim konventionellen Bauen und dessen Verträgen. Notwendige Leistungen sollen möglichst im Vertrag niedergeschrieben werden, nachdem sie zuvor zwischen den Parteien besprochen und ein gemeinsames Verständnis gefunden wurde.

714 Auch bei öffentlichen Aufträgen ist die Forderung der Beachtung der Arbeitsmethode BIM möglich. Die Art der Arbeitsmethode fällt unter das Leistungsbestimmungsrecht des Auftraggebers. § 11a Abs. 7 VOB/A EU für Bauleistungen und § 12 Abs. 2 VgV für Planerleistungen regeln die Zulässigkeit der Forderung des Einsatzes von Bauwerksmodellierungsmodellen und damit BIM ausdrücklich.

§ 11a EU Abs. 7 VOB/A

715 Der Auftraggeber kann für die Vergabe von Bauleistungen und für Wettbewerbe die Nutzung elektronischer Mittel im Rahmen der Bauwerksdatenmodellierung verlangen. Sofern die verlangten elektronischen Mittel für die Bauwerksdatenmodellierung nicht allgemein verfügbar sind, bietet der Auftraggeber einen alternativen Zugang zu ihnen gemäß Absatz 6 an.

---

[319] Rn. 318, S. 41.

G. Green Building und BIM Kapitel 7

§ 12 Abs. 2 VgV

Der öffentliche Auftraggeber kann im Rahmen der Vergabe von 716
Bauleistungen und für Wettbewerbe die Nutzung elektronischer Mittel für die Bauwerksdatenmodellierung verlangen. Sofern die verlangten elektronischen Mittel für die Bauwerksdatenmodellierung nicht allgemein verfügbar sind, bietet der öffentliche Auftraggeber einen alternativen Zugang zu ihnen gemäß Absatz 1 an.

Die Forderung des Einsatzes von BIM kann an mehreren Stellen 717
verankert werden. Die Leistungsbeschreibung, den Eignungskriterien, den Zuschlagskriterien und den Vertragsbedingungen.

Allerdings funktioniert auch die Arbeit nach BIM besser, wenn 718
Planer, Fachplaner und ausführende Unternehmen frühzeitig zusammenarbeiten. Aufgrund des bereits dargestellten Frontloadings von Planungsleistungen in einer frühere Leistungsphase als in der HOAI vorgesehen, passt es zur Arbeitsweise BIM auch nicht, die ausführenden Unternehmen erst nach Fertigstellung der Ausführungsplanung überhaupt in die Planung einzubinden. Zurecht wird deshalb die Frage gestellt, ob die übliche Vergabekonzeption auch in Zukunft die erste Wahl darstellen sollte.[320] Es sollte auch geprüft, werden, ob der Einsatz eine Generalunternehmers oder Generalübernehmers sinnvoll und zulässig ist. Hier sind die Voraussetzungen in den letzten Jahren gelockert worden, eine tiefergehende Darstellung soll an dieser Stelle aufgrund der Zielsetzung dieses Buches, sich v. a. an Bauunternehmen zu richten unterbleiben. Private Auftraggeber, die hier über einen größeren Spielraum verfügen, sollten beim Arbeiten nach BIM aber sowohl die Fachplaner, als auch die beteiligten wesentlichen ausführenden Gewerke, insbesondere auch die TGA-Gewerke, viel frühzeitiger Einbinden, als dies bisher erfolgt. Mangels Ausführungsplanung wird dies regelmäßig nur mit funktionalen Leistungsbeschreibungen funktionieren verbunden häufig mit anderen Arten der Vergütung, z. B. Open-Book Modellen oder anderen Arten der Preisbewertung, insbesondere der Berücksichtigung von Lebenszykluskosten (hierzu unter F.I). Öffentliche Auftraggeber könnten die Fachplanungs- und Bauleistungen zu einem Zeitpunkt ausschreiben, in dem der Objektplaner den Leistungsstand der Leistungsphase 3 erreicht hat. Auch hier sind (teil-)funktionale Leistungsbeschreibungen nach § 7c VOB/A EU möglich.[321]

Ziel sollte aber sein, die bisher häufig notwendig werdenden erheb- 719
lichen Änderungen der Ausführungsplanung nach der Beauftragung

---
[320] Kemper, BIM und Vergaberecht Alte und neue Wege ZfBR 2020, 36.
[321] Rn. 320.

Kapitel 7 Ideen und Denkanstöße für die Unternehmensleitung

der ausführenden Unternehmen zu vermeiden, weil Bauproduktspezifika vom jeweiligen Unternehmen bereits frühzeitig kommuniziert und in der Planung berücksichtigt werden können.

H. Eskalationsebenen

720 Die vertragliche Installation von Eskalationsebenen (bereits im Ursprungsvertrag oder im Wege einer nachträglichen Vereinbarung) kann die Geschäftsführungen auf beiden Seiten eines Vertrags effektiv entlasten. Dabei sollte zunächst definiert werden, bei welchen Projektsituationen der Eskalationsmechanismus greifen soll, wobei natürlich alle Varianten möglich sind und sich das Spektrum von jeder denkbaren Auseinandersetzung über die Benennung von Einzelbereichen wie Konflikten zu Nachträgen oder der terminlichen Situation bis hin zur Begrenzung auf einzelne, als besonders wichtig empfundene Bereiche erstreckt. Letzteres könnte sich beispielsweise auf die Anordnung zusätzlicher oder geänderter Leistungen, die vergütungsrelevant sind, beschränken.

721 Als „Ebene" in diesem Sinne wird in der Praxis teilweise die „Arbeitsebene" definiert, was allerdings häufig mangels weiterer Differenzierung nicht wirklich weiterhilft. Effektiver sind Bezeichnungen und Abstufungen wie die Bauleiterebene, die Projektleiterebene und die Geschäftsführungsebene. Es könnte also vereinbart werden, dass die Bauleiterebene 5 Werktage Zeit hat, ein Problem einvernehmlich zu lösen; gelingt dies nicht, hat die Projektleiterebene binnen gleicher Frist die Möglichkeit, den Streitpunkt zu klären. Erst, wenn auch diese Ebene nicht erfolgreich ist, ist auf beiden Seiten die Geschäftsführung „am Zug". Die Zeiträume, die der jeweiligen Ebene zur Konfliktlösung zur Verfügung stehen, sollten je nach Thema und insbesondere je nach terminlicher Drucksituation variieren und in der Vereinbarung entsprechend klar festgelegt werden. Über das Ergebnis der jeweiligen Ebene sollte zumindest ein kurzes Protokoll gefertigt werden.

I. Kooperation, Kommunikation und Gesprächsführung

722 Hinsichtlich dieser, von Geschäftsführerinnen und Geschäftsführern manchmal als eher „weiche" Faktoren verstandenen Faktoren ist zunächst auf die Erläuterungen im *Baurecht für die Projektleitung* zu

I. Kooperation, Kommunikation und Gesprächsführung **Kapitel 7**

verweisen.[322] Die Ausführungen an dieser Stelle sollen sich auf den dringenden Hinweis beschränken, dass die in der Überschrift genannten Faktoren sämtliche „harten" Faktoren, zum Beispiel Gewinn und Verlust, nicht nur beeinflussen, sondern im schlechtesten Fall zerstören können. So hat die Rechtsprechung wiederholt klargestellt, dass sowohl fehlende Kooperation als auch fehlende Kommunikationsbereitschaft geeignet sind, das Vertrauensverhältnis zwischen den Vertragsparteien nachhaltig zu belasten und im Extremfall einen wichtigen Grund zur Vertragskündigung darstellen können.[323] Die intensive Beschäftigung mit diesen alles andere als „weichen" Faktoren lohnt sich also und kann für den Erfolg eines Projekts von entscheidender Bedeutung sein.

Der Bauvertrag ist ein Kooperationsvertrag. Die Kooperationsrechtsprechung trägt der Tatsache Rechnung, dass die Vertragsparteien oft über einen langen, häufig jahrelangen Zeitraum nicht nur miteinander verbunden, sondern voneinander abhängig sind. Beim Management gegenseitiger Rechte und Pflichten kommt es im beiderseitigen Interesse unter anderem darauf an, **723**

- miteinander zu kommunizieren und zum Dialog bereit zu sein
- die berechtigten Interessen der anderen Seite zu würdigen
- leistungsbereit und -willig zu sein
- zur Diskussion streitiger Forderungen der anderen Seite bereit zu sein
- im Falle von Störungen im Bauablauf das Bauprojekt trotzdem oder gerade deshalb maximal möglich nach vorne zu bringen
- flexibel zu sein.

Die Geschäftsführung sollte folgende Punkte beachten, vorleben und controllen: **724**

- Beim Management der verschiedenen Vertragsbeziehungen, auch in der Beziehung zum möglicherweise "kleinen" Nachunternehmer, auf Dialog- und Kooperationsbereitschaft Wert legen.

---

[322] Rn. 178 ff. zur Kooperationsrechtsprechung, Rn. 286 ff. zur bewussten Kommunikation in Schlüsselsituationen, Rn. 309 ff. zur effektiven Gesprächsführung.
[323] Beispiele für die Kooperationsrechtsprechung finden sich bei: BGH, Urt. v. 28.10.1999 – VII ZR 393/98, NZBau 2000, 130 = NJW 2000, 807; OLG Brandenburg, Urt. v. 7.5.2002 – 11 U 77/01, IBR 2003, 662 = IBRRS 2003, 2231; OLG Brandenburg, Urt. v. 16.3.2011 – 13 U 5/10, IBR 2011, 451 = BeckRS 2011, 20829.

Kapitel 7 Ideen und Denkanstöße für die Unternehmensleitung

– Keine Stellung von Nachträgen, die überzogen und ungerechtfertigt sind. Eine solche Vorgehensweise ist nicht nur unseriös und kann dem Ruf des Unternehmens schaden, sondern sie führt auch nicht zum Erfolg. „Hoch reingehen, um einen guten Kompromiss zu schließen" funktioniert insbesondere dann nicht, wenn man es auf der anderen Seite mit Profis zu tun hat.
– Keine Blockadehaltung hinsichtlich seriöser Nachträge „aus Prinzip".
– Bei wichtigen Gesprächen für gute Vorbereitung, einvernehmliche und sorgfältige Abstimmung der Teilnehmenden und ihrer Vollmachten, eine Agenda, einen klaren Zeitrahmen und eine positive Gesprächsumgebung und -atmosphäre[324] sorgen.
– Für eine positive E-Mail-Kultur sorgen, beispielsweise mittels eines darauf bezogenen Code of Conducts, der Höflichkeit, Sachlichkeit, Verständlichkeit, Sorgfalt bei Formulierung und Rechtschreibung, den angemessenen Gebrauch von cc, bcc und fyi und die Beschränkung auf das Wesentliche regelt.

J. Dokumentation

I. Die Dokumentation „im weiteren Sinne"

725 „Dokumentation" ist hier nicht im Zusammenhang mit einer bestimmten Situation, zum Beispiel der Dokumentation von Bauablaufstörungen[325], oder als Abnahmevoraussetzung (dazu unten II.) gemeint, sondern als alle Phasen eines Bauprojekts umfassender, genereller Oberbegriff für die Geschäftsleitung.

726 Ohne eine ausreichende Dokumentation ist wirtschaftlicher Misserfolg im Bauprojekt vorprogrammiert. Der Auftragnehmer hat prüfbar abzurechnen, § 14 Abs. 1 VOB/B. Will er – natürlich will er, aber er muss es auch können, vor allem substantiiert und nachvollziehbar darlegen und im Streitfall beweisen – wirklich jede von ihm erbrachte Leistung vergütet bekommen, setzt das im Regelfall einen hohen Dokumentationsaufwand voraus. Was für den nicht in der Baubranche beheimateten unbeteiligten Dritten geradezu absurd klingt, ist in

---

[324] Bei sehr wichtigen Gesprächen kann zum Beispiel der Konferenzbereich eines Hotels genutzt werden, eine Möglichkeit, die in der Praxis häufig ungenutzt bleibt.
[325] Dazu näher Stoltefuß, Rn. 329 ff.

J. Dokumentation **Kapitel 7**

der Baurealität beinahe Normalität und doch wirklich unglaublich ärgerlich: Fristgemäß und mangelfrei erbrachte Leistungen werden nicht bezahlt und müssen auch nicht bezahlt werden, da sie nicht ausreichend belegt und nachgewiesen werden können. Entsprechendes gilt für Nachträge, gleich ob sie Mengenmehrungen, zusätzliche oder geänderte Leistungen, Behinderungen oder Schadensersatzansprüche betreffen. Die lediglich beispielhaft zu nennenden §§ 2 Abs. 5 VOB/B (Änderung der Grundlagen des Preises durch Änderung des Bauentwurfs oder andere Anordnungen des Auftraggebers), 2 Abs. 6 VOB/B (Anspruch auf besondere Vergütung bei Forderung von im Vertrag nicht vorgesehenen Leistungen), 6 Abs. 6 VOB/B (Schadensersatz bei Behinderungen) oder auch 642 BGB (Entschädigung wegen unterlassener Mitwirkung des Auftraggebers) betreffen nicht Situationen, die in der Praxis so gut wie nie vorkommen, sondern Situationen, die in der Praxis ständig und immer wieder vorkommen. Die genannten Bestimmungen gehören zu den meist frequentierten Normen des Baurechts. Das kann nicht verwundern – Bauprojekte sind nun einmal häufig schwierig und komplex, es bestehen vielfältige Abhängigkeiten, ein Rädchen muss ins andere greifen. Dass ein derart anspruchsvoller Mechanismus Störungen hervorrufen kann, liegt auf der Hand. Diese Selbstverständlichkeit findet in der praktischen Umsetzung, bzw. der erfolgreichen, angemessenen praktischen Umsetzung, leider keine Entsprechung. Die Praxis ist von außergerichtlichen und gerichtlichen Streitigkeiten geprägt, von Zeit- und Geldverschwendung, von der Belastung oder im Extremfall Zerstörung bis dahin vielversprechender Geschäftsbeziehungen. Im Regelfall muss ein Anspruchsteller seinen Anspruch darlegen und im Bestreitensfall beweisen. Das ist konsequent, denn es kann – im Regelfall – ja nicht der Anspruchsgegner sein, also die Person, die zahlen soll, der beweisen muss, dass ein gegen ihn geltend gemachter Anspruch **nicht** besteht. Wenn der Auftragnehmer also geänderte oder zusätzliche Leistungen vergütet haben möchte, muss er zunächst einmal ihren Umfang nachweisen. Das wiederum setzt, so banal es auch klingen mag, die strikte Abgrenzung des ursprünglichen Leistungssolls zu den Änderungen bzw. Erweiterungen voraus. Und schon beginnen die Probleme. Die notwendige Dokumentation muss früh einsetzen und dann die Leistungserbringung stringent begleiten, wenn die Realisierung der Forderung gelingen soll.

Bei diesem Beispiel wie auch in allen anderen eine gute Dokumentation erfordernden Zusammenhängen ist für die Geschäftsleitung wichtig, die Gründe für die immer wieder unzureichende Dokumentation zu verstehen (vorausgesetzt sie hat die fundamentale Bedeutung **727**

Kapitel 7 Ideen und Denkanstöße für die Unternehmensleitung

einer guten Dokumentation selbst nachvollzogen). Das Management von Qualität, Fristen und Budget, „Feuerwehreinsätze" in Ausnahmesituationen, die Notwendigkeit, sich als Nichtjurist in juristischen Rahmenbedingungen zu bewegen, all dies führt bei Projekt- und Bauleiterinnen und -bauleitern zu verständlichem Stress und erheblicher zeitlicher Belastung. Und dann soll man auch noch für eine durchgehend gute Dokumentation sorgen? Wann denn eigentlich? Der Widerwillen ist nur allzu verständlich. Er wird erfahrungsgemäß umso kleiner, je mehr die Vorteile und der Charakter einer qualitativ hochwertigen Dokumentation als effektives Mittel zur Stressverringerung nachvollzogen werden. Dokumentation erleichtert die erfolgreiche Durchsetzung berechtigter und die Abwehr unberechtigter Ansprüche, sie verhindert zeitraubende Diskussionen, sie kann die andere Seite von der Richtigkeit der eigenen Position überzeugen und entscheidend für den wirtschaftlichen Erfolg des Projekts und damit für den eigenen Erfolg sein.

728 Dokumentation zum Beispiel hinsichtlich
- getroffener Anordnungen zum Bausoll
- ordnungsgemäß ausgefüllter Stundenzettel und Bautagebücher
- vorhandener (Auftragnehmer) bzw. nicht existierender (Auftraggeber)

729 Erschwernisse und Behinderungen
- vollständiger und inhaltlich richtiger (Bau-)Besprechungsprotokolle
- getroffener Vereinbarungen während der Projektabwicklung
- vorhandener oder eben nicht vorhandener Mängel
- des gemeinsamen Aufmaßes
- schriftlicher bzw. zumindest elektronischer Bestätigung mündlicher Erklärungen
- der erfolgten oder nicht erfolgten Abnahme

ist umso wertvoller für das Projektmanagement, den wirtschaftlichen Erfolg und die Stärkung der eigenen Rechtsposition, je detaillierter und überzeugender sie ist. Und sie verhindert Auseinandersetzungen, indem sie dazu beiträgt, die andere Seite zu überzeugen. Wer überzeugt ist, klagt nicht bzw. lässt sich nicht verklagen. Und jeder Rechtsstreit, der nicht geführt wird, spart viel Zeit und viel Geld.

II. Die Dokumentation „im engeren Sinne"

Soweit zur Dokumentation im weiteren Sinne. Allerdings gibt es, wie die Geschäftsleitung eines Bauunternehmens natürlich weiß, darüber hinaus noch die Dokumentation im engeren Sinne, die „Doku", deren Übergabe an den Auftraggeber in vielen Fällen Voraussetzung für die Abnahme und leider allzu oft Anlass für streitige Diskussionen ist. Allgemein formuliert: Ist die Dokumentation für die sachgerechte Nutzung einer technischen Anlage unbedingt nötig, liegt keine Abnahmefähigkeit vor, wenn die Dokumentation fehlt.[326] Dabei ist die fehlende Funktionsfähigkeit das entscheidende Kriterium,[327] ob es sich nun um ein Handbuch oder um Bestands- und Revisionspläne handelt. 730

Eine entweder allgemein so bezeichnete oder im Einzelnen spezifizierte Dokumentation ist in Bauverträgen häufig sogar ausdrücklich als Abnahmevoraussetzung benannt. Umso unverständlicher und ärgerlicher ist es vor diesem Hintergrund, dass der „Doku" oft so wenig Sorgfalt gewidmet wird, sie gewissermaßen als „Anhängsel" der eigentlichen Abnahme verstanden wird, mit der Folge, dass die Abnahme ggf. berechtigt verweigert und die Zahlung der Schlussrechnung damit nicht fällig wird. Das gilt für das Verhältnis zum Kunden ebenso für das zum Nachunternehmer. 731

In diesem Zusammenhang nur eine kurze Ergänzung, gewissermaßen für den „umgekehrten" Fall: Wird in Allgemeinen Geschäftsbedingungen einfach schematisch eine Dokumentation gefordert, ohne die Frage der Funktionalität zu bewerten, ist eine solche Klausel nach der Rechtsprechung des BGH[328] unwirksam. 732

K. Vertragsverhandlung und Vertragshighlights

Die Zeit der Geschäftsführung für Vertragsverhandlungen ist begrenzt. Natürlich ist es auf Grundlage der optimalen Arbeitsteilung perfekt, wenn man als Geschäftsführung im eigenen Haus auf Mitarbeiterinnen und Mitarbeiter zurückgreifen kann, auf die man sich 733

---

[326] Beck'scher VOB-Kommentar/Bröker, Vorbemerkung § 12 Rn. 127 mit Verweis auf BGH, Urt. v. 29.6.1994 – X ZR 60/92, NJW-RR 1993, 1461.
[327] Vgl. auch Kapellmann/Messerschmidt/Havers VOB/B § 12 Rn. 95.
[328] Kapellmann/Messerschmidt/Havers VOB/B § 12 Rn. 95 mit Verweis auf BGH, Nicht-Annahmebeschl. v. 5.6.1997 – VII ZR 54/95, Baurecht Report 9/97.

Kapitel 7 Ideen und Denkanstöße für die Unternehmensleitung

verlassen kann und bei denen man weiß, dass sie es „können", wobei sich dieses Attribut nicht nur auf materiellrechtliche juristische Kenntnisse bezieht, sondern auch auf die so wichtige Fähigkeit, die Interessen des eigenen Unternehmens optimal zu vertreten, ohne den gewünschten Vertragsschluss zu gefährden oder gar zu verhindern. Wer einen Bauvertrag verhandelt, muss schlicht und einfach wissen, was er tut; nur dann ist er dazu in der Lage, bei Einzelthemen hart zu bleiben oder nachzugeben, Alternativvorschläge zu unterbreiten, Alternativformulierungen anzubieten, die Folgen des Akzeptierens von für das eigene Unternehmen ungünstigen Regelungen im Vertragsentwurf abzuschätzen. Aber natürlich kann es aus Sicht der Geschäftsführung keine Option sein, die Verhandlung wichtiger Verträge vollständig auf Angestellte zu delegieren, und seien sie noch so kompetent. Die effektive Überwachung und Steuerung von Vertragsverhandlungen setzt voraus, dass die Geschäftsführung dazu in der Lage ist, Risiken und Chancen zu erkennen, den Rahmen eines möglichen Entgegenkommens abzustecken, „Schmerzgrenzen" zu definieren, die Umsetzung der vertraglichen Regelungen im Rahmen der Realisierung des Projekts vorausschauend beurteilen zu können.

734 Insbesondere die Vertragsgrundlagen, ihre Bedeutung und die Regelung ihrer Rangfolge bei Widersprüchen oder Lücken, die Vertragsfristen und ihre Abgrenzung zu nicht verbindlichen Fristen sind neben den

735 Vergütungsregeln sind essenzielle Bestandteile eines Vertrags und beeinflussen den wirtschaftlichen Erfolg oder eben Misserfolg eines Bauprojekts ganz wesentlich.

736 Und noch einmal zum Stichwort Sonderfachleute: Wenn es keine interne Rechtsabteilung gibt, ist die Einschaltung von externen Rechtsanwälten bereits im Stadium der Vertragsverhandlung zwar unpopulär (da mit Kosten verbunden), aber häufig extrem sinnvoll. Qualitativ hochwertige anwaltliche Beratung und Vertretung in diesem frühen Stadium kostet auf den ersten Blick Geld, kann aber auf lange Sicht zu erheblichen Ersparnissen führen, wenn eine gute, die berechtigten Interessen beider Seiten berücksichtigende Vertragsgrundlage geschaffen und auf diese Weise Unklarheiten, Unsicherheiten, eigentlich sinnlose Auseinandersetzungen und Eskalationen und letztlich nun wirklich kostenintensive Rechtsstreitigkeiten am Gericht vermieden werden.

L. Vereinbarung der VOB/B – ja oder nein?

Im Rahmen von Vertragsverhandlungen taucht immer wieder die 737
Frage auf, ob die Geltung der VOB/B vereinbart werden sollte, ob das
„gut" für den Auftraggeber oder für den Auftragnehmer ist und für
wen die VOB/B letztlich „besser" ist. Man kann sich des Eindrucks
nicht erwehren, dass die Praxis hier von eher irrationalen Schwankungen in den Sichtweisen geprägt ist; an Phasen der unterstellten
„AG-Freundlichkeit" schließen sich solche der als völlig selbstverständlich akzeptierten „AN-Freundlichkeit" an. Aktuell überwiegt
wohl eher die zuletzt genannte Auffassung, was unterschiedliche
Gründe haben mag. Der Fokus der Aufmerksamkeit auf Behinderungsanzeigen und Bedenkenanmeldungen könnte ebenso eine Rolle
spielen wie die Einschätzung, dass die Flexibilität des Auftraggebers hinsichtlich der Änderung des Bauentwurfs und der Anordnung
nicht vereinbarter Leistungen, § 1 Abs. 3 und 4 VOB/B, durch die
immer noch relative neue Bestimmung in § 650b BGB, Änderung
des Vertrags und Anordnungsrecht des Bestellers, gewissermaßen
an Wert verloren hat, dass man insoweit (ungeachtet der insoweit in
der Literatur geführten Diskussionen zum Verhältnis der jeweiligen
Regelungen) aus Sicht des Auftraggebers also „auch gleich beim BGB
bleiben" kann.

All das ist müßig. Zwar hat das BGB durch die Aufnahme zusätz- 738
licher Regeln zum Bauvertrag etc. eine substanzielle Aufwertung des
Baurechts erfahren; dies ändert aber nichts daran, dass die VOB/B
nach wie vor eine valide Grundlage für beide Vertragsparteien enthält.

Nochmals zur Verdeutlichung und aufgrund ihrer immensen Aus- 739
wirkungen im Teil dieses Handbuchs für die Geschäftsleitung:

Bei der VOB/B handelt es sich ihrer Rechtsnatur nach nicht um 740
ein Gesetz oder eine Rechtsverordnung, sondern um Allgemeine
Geschäftsbedingungen.[329] Die einschlägige Bestimmung dazu, wann
eine Bestimmung als Allgemeine Geschäftsbedingung zu werten ist,
findet sich in § 305 (nachfolgend: Abs. 1 und 2) BGB lautet:

§ 305 Einbeziehung Allgemeiner Geschäftsbedingungen in den Vertrag

(1) Allgemeine Geschäftsbedingungen sind alle für eine Vielzahl 741
von Verträgen vorformulierten Vertragsbedingungen, die eine Vertragspartei (Verwender) der anderen Vertragspartei bei Abschluss eines

---
[329] Vgl. dazu und zum Weiteren instruktiv Kapellmann/Langen/Berger, Rn. 12; ferner Stoltefuß, Rn. 148 ff.

Kapitel 7 Ideen und Denkanstöße für die Unternehmensleitung

Vertrags stellt. Gleichgültig ist, ob die Bestimmungen einen äußerlich gesonderten Bestandteil des Vertrags bilden oder in die Vertragsurkunde selbst aufgenommen werden, welchen Umfang sie haben, in welcher Schriftart sie verfasst sind und welche Form der Vertrag hat. Allgemeine Geschäftsbedingungen liegen nicht vor, soweit die Vertragsbedingungen zwischen den Vertragsparteien im Einzelnen ausgehandelt sind.

742 (2) Allgemeine Geschäftsbedingungen werden nur dann Bestandteil eines Vertrags, wenn der Verwender bei Vertragsschluss

1. die andere Vertragspartei ausdrücklich oder, wenn ein ausdrücklicher Hinweis wegen der Art des Vertragsschlusses nur unter unverhältnismäßigen Schwierigkeiten möglich ist, durch deutlich sichtbaren Aushang am Ort des Vertragsschlusses auf sie hinweist und

2. der anderen Vertragspartei die Möglichkeit verschafft, in zumutbarer Weise, die auch eine für den Verwender erkennbare körperliche Behinderung der anderen Vertragspartei angemessen berücksichtigt, von ihrem Inhalt Kenntnis zu nehmen, und wenn die andere Vertragspartei mit ihrer Geltung einverstanden ist.

743 Liest man sich das in Ruhe durch, wird deutlich: Das passt auch für die VOB/B. Sie ist „für eine Vielzahl von Fällen vorformuliert" und eine Vertragspartei „stellt" sie der anderen Vertragspartei bei Abschluss eines Vertrags. Der Sinn und Zweck hinter der Einordnung einer Bestimmung als Allgemeine Geschäftsbedingung liegt im Schutz der anderen Vertragsseite, die sich bei der Konfrontation mit vorformulierten Geschäftsbedingungen häufig nicht „wehren" kann bzw. vor die Wahl gestellt ist, im von Allgemeinen Geschäftsbedingungen umfassend geprägten Alltag z. B. den Fernseher eben nicht zu kaufen, sondern die ihr vorgelegten Allgemeinen Vertragsbedingungen zunächst einmal von einem Rechtsanwalt prüfen zu lassen. In dieser Situation helfen die §§ 307 bis 309 BGB, also die Regeln zur Inhaltskontrolle von Bestimmungen in Allgemeinen Geschäftsbedingungen, die bestimmen, welche Regelungen unwirksam sind oder im Einzelfall sein können.

744 Für die VOB/B könnte das bedeuten, dass sich aufgrund ihrer Rechtsnatur als AGB die Frage stellen könnte, ob und wenn ja welche ihrer Normen ggf. unwirksam sind. Dieses Thema soll an dieser Stelle nur für die Situation, dass **keine** Inhaltskontrolle der VOB/B stattfindet, also gar nicht erst (wie im Normalfall beim Vorliegen von AGB) geprüft wird, ob eine Bestimmung vielleicht unwirksam ist oder nicht, beleuchtet werden: Bei Verwendung der VOB/B gegenüber einem Unternehmer oder der öffentlichen Hand findet keine Inhalts-

kontrolle statt, wenn die VOB/B „als Ganzes" vereinbart wird. „Als Ganzes" bedeutet dabei, dass ihre Regeln nicht verändert werden, sondern uneingeschränkt für den jeweiligen Einzelvertrag gelten.[330] Die Inhaltskontrolle findet in diesem Fall deswegen nicht statt, weil die VOB/B nach der Rechtsprechung ein ausgewogenes Gleichgewicht der Interessen von Auftraggeber und Auftragnehmer wahrt, für den Auftragnehmer zum Beispiel zum Beispiel mittels der Möglichkeit von Behinderungsanzeigen und Bedenkenanmeldungen und der Zurverfügungstellung von Regeln für Ansprüche auf besondere Vergütung bei der Forderung im Vertrag nicht vorgesehener Leistungen, Dem Auftraggeber helfen, ebenfalls nur beispielhaft, Regelungen zur Flexibilität beim Leistungssoll, zu Rechten bei Mängeln vor Abnahme, zum Verzug des Auftragnehmers, zu außerordentlichen Kündigungsformen mit klar geregelten Schadensersatzansprüchen. Und so weiter. Nach hier vertretener Auffassung ist die Vereinbarung der VOB/B also grundsätzlich sinnvoll, weil

- sie ein ausgewogenes System von Rechten und Pflichten beider Vertragsparteien zur Verfügung stellt und
- trotz der seit Anfang 2018 geltenden Regelungen des „neuen Bauvertragsrechts" im BGB Bestimmungen enthält, die im BGB eben schlicht und einfach nach wie vor nicht vorhanden sind.

Aktuell ist eine Entwicklung in der Vertragspraxis zu beobachten, die besonderer Aufmerksamkeit bedarf. Immer häufiger wir die VOB/B nicht vereinbart, weder „als Ganzes", also unverändert, noch als ausdrücklicher Vertragsbestandteil, der ggf. durch vorrangige Regelungen anderer Vertragsgrundlagen abgeändert wird. Vielmehr wird die Bezeichnung „VOB/B" gar nicht benutzt; stattdessen wird der Text einzelner Normen der VOB/B, soweit er als vorteilhaft empfunden wird, in den Vertrag eingefügt.

M. Überblick: Außergerichtliche Inanspruchnahme Dritter

Nicht „Sonderfachleute" im eigentlichen Sinne sind Dritte, die, ohne einer Vertragspartei zugeordnet werden zu können, zur Herbeiführung der einvernehmlichen Lösung einer entstandenen Streitigkeit

---
[330] Zur Veränderung der VOB/B mittels Regelung der Rang- und Reihenfolge der Vertragsgrundlagen vgl. Stoltefuß, Rn. 19 ff., 157.

Kapitel 7 Ideen und Denkanstöße für die Unternehmensleitung

eingeschaltet werden. Ganz grundsätzlich sind die Vertragspartner darin frei, gemeinsam eine Dritte Person (oder mehrere Personen) damit zu beauftragen, ihnen beim Erreichen einer einvernehmlichen Regelung zu welchem Thema auch immer zu helfen. Es besteht sogar die Möglichkeit, dass solche Dritte nicht nur helfen, sondern die Streitigkeit verbindlich entscheiden.

I. Die Bestimmung der Leistung durch einen Dritten

§ 317 BGB Bestimmung der Leistung durch einen Dritten

747 (1) Ist die Bestimmung der Leistung einem Dritten überlassen, so ist im Zweifel anzunehmen, dass sie nach billigem Ermessen zu treffen ist.

748 (2) Soll die Bestimmung durch mehrere Dritte erfolgen, so ist im Zweifel Übereinstimmung aller erforderlich; soll eine Summe bestimmt werden, so ist, wenn verschiedene Summen bestimmt werden, im Zweifel die Durchschnittssumme maßgebend.

749 Ganz grundsätzlich kann „Dritter" in diesem Sinne jede natürliche oder juristische (GmbH etc.) Person sein.[331]

750 Der Anwendungsbereich dieser Art von Leistungsbestimmung durch Dritte ist sehr weit und unterliegt im Wesentlichen dem Bestimmungsrecht der Parteien. Beispielsweise kann sich im Verlauf des Bauvorhabens herausstellen, dass es die Parteien versäumt haben, ein bestimmtes Thema im Bauvertrag zu regeln. Dann kann ein Dritter von ihnen beauftragt werden, diese Lücke zu schließen. Die von ihm erwartete Vertragsergänzung kann sich dann zum Beispiel auf die Leistung selbst oder auf Einzelaspekte beziehen. Die Partien können auch vereinbaren, dass der Dritte einfach nur bestimmte Umstände klarstellen, streitige Anspruchsvoraussetzungen feststellen oder über das Vorliegen oder Nichtvorliegen von Mängeln entscheiden soll.[332]

751 Der Gedanke, eine neutrale Instanz mit der Entscheidung eines Streitpunkts zu beauftragen, entwickelt sich immer dann, wenn die Vertragsparteien selbst bei der Lösung des Problems (endgültig) nicht mehr weiterkommen. Die Regelungen des BGB zu dieser Situation sind gut und können sehr hilfreich sein; die Parteien müssen sich aber darüber im Klaren sein, dass sie ihren ureigendsten Bereich, nämlich die Umsetzung des Vertrags und ein selbstbestimmtes Projektmanagement, zumindest teilweise aus der Hand geben, was einen durchaus schwerwiegenden Eingriff in den Projektverlauf bedeutet. Dabei müssen sich die Parteien darüber bewusst sein, dass es auch bei

---

[331] Vgl. MüKoBGB/Würdinger § 317 Rn. 14.
[332] Vgl. auch MüKoBGB/Würdinger § 317 Rn. 6.

M. Überblick: Außergerichtliche Inanspruchnahme ... **Kapitel 7**

diesem Verfahren, also der Leistungsbestimmung durch Dritte, zu Meinungsverschiedenheiten zwischen ihnen kommen kann. Wichtig ist also, dass beide Parteien auch wirklich uneingeschränkt dazu bereit sind, die Entscheidung des Dritten zu akzeptieren. Zentrale Bedeutung kommt in diesem Zusammenhang der Regelung des § 319 BGB zu.

§ 319 BGB Unwirksamkeit der Bestimmung; Ersetzung

(1) Soll der Dritte die Leistung nach billigem Ermessen bestimmen, **752** so ist die getroffene Bestimmung für die Vertragschließenden nicht verbindlich, wenn sie offenbar unbillig ist. Die Bestimmung erfolgt in diesem Falle durch Urteil; das Gleiche gilt, wenn der Dritte die Bestimmung nicht treffen kann oder will oder wenn er sie verzögert.

(2) Soll der Dritte die Bestimmung nach freiem Belieben treffen, **753** so ist der Vertrag unwirksam, wenn der Dritte die Bestimmung nicht treffen kann oder will oder wenn er sie verzögert.

Formuliert man den ersten Satz des ersten Absatzes dieser Norm **754** positive statt negativ, gilt also: Die Entscheidung des Dritten ist verbindlich und gilt. Nur, wenn sie „offenbar unbillig" ist, müssen sich die Vertragsparteien nicht daran halten. Zentrale Frage bei dieser Art von Leistungsbestimmung durch Dritte ist also, was den eigentlich „offenbar unbillig" bedeutet. Wie so oft gilt: Das ist im Gesetz nicht näher geregelt. Das allerdings ist auch kein Wunder und logisch, da es in der Realität so viele unterschiedliche Situationen gibt, dass sich zum Beispiel eine enumerative Aufzählung von Situationen offenbarer Unbilligkeit im Gesetz verbietet – sie ist schlicht unmöglich. Gefragt ist also die Beurteilung des konkreten Einzelfalls. Diese Einzelfälle werden, wenn sie klageweise geltend gemacht werden, von der Rechtsprechung entschieden und so weit möglich verallgemeinerbar definiert. Und genau an dieser Stelle findet sich ein wesentlicher, im Grunde widersprüchlicher Aspekt dieser Vorgehensweise: Muss gerichtlicherseits entschieden werden, ob im Einzelfall „offenbare Unbilligkeit" vorliegt, weil die Parteien sich darüber nicht einigen konnten, ist eben doch wieder das Gericht am Zug. Trotz der Entscheidung der Parteien, bei einem bestimmten Streitpunkt gerade **kein** Klageverfahren mit den damit verbundenen Kosten und der damit verbundenen Zeitdauer einzuleiten, sondern den „kurzen Dienstweg" der Entscheidung durch einen Dritten zu wählen, „landen" sie doch wieder bei Gericht! Diesmal nicht wegen des ursprünglichen Streitpunkts, sondern wegen der neuen Thematik der offenbaren Unbilligkeit, die ursprünglich gar nicht Thema war, sondern erst im Nachhinein entstanden ist!

Aber einen Schritt zurück: Wann ist die Entscheidung des Dritten **755** denn nun „offenbar unbillig"? Das ist der Fall, wenn die Maßstäbe

Kapitel 7 Ideen und Denkanstöße für die Unternehmensleitung

der Einzelfallgerechtigkeit in so grober Weise verletzt sind, dass sich die Unbilligkeit einem unbefangenen, aber sachkundigen Beurteiler aufdrängt[333].

756 Es geht dabei also um eine möglicherweise erst nach umfassender Prüfung zu Tage tretende, vor diesem Hintergrund dann aber evidente Unbilligkeit.[334] Hierzu gibt es wie gesagt eine erhebliche Anzahl gerichtlicher Entscheidungen und weiterer Definitionsansätze.

757 Hier zeigt sich zugleich das ganze Dilemma dieser Vorgehensweise: Man möchte ein langwieriges, sich oft über mehrere Jahre und Instanzen hinziehendes Gerichtsverfahren mit Kosten für Anwälte, Sachverständige, das Gericht etc. vermeiden – und findet sich in einem sich oft über mehrere Jahre und Instanzen hinziehendes Gerichtsver-fahren mit Kosten für Anwälte, Sachverständige, das Gericht etc. wieder. Nur, dass der Sachverständige (oder die Sachverständigen) im Rahmen dieses Gerichtsverfahrens nicht zur Frage einer Mangelhaftigkeit, sondern dazu Stellung nehmen soll, ob die Entscheidung des von den Parteien eingeschalteten Dritten unbillig ist oder nicht.

758 Vorläufiges Fazit: Die Wahl der Vorgehensweise gemäß §§ 317 ff. BGB, also die Bestimmung der Leistung durch einen Dritten, birgt Möglichkeiten, aber auch Risiken. Gelingt es, den Disput abschließend zu klären, ist es genau die richtige Entscheidung gewesen. Gelingt dies nicht und macht eine der Parteien die Frage der offenbaren Unbilligkeit zum Gegenstand eines Rechtsstreits, kann die ursprüngliche Intention der Parteien in ihr Gegenteil verkehrt werden. Man wollte keinen Rechtsstreit, bekommt ihn aber. Man wollte Zeit und Prozesskosten sparen, hat sie nun aber doch „am Hals".

759 Und nun? Die Lösung dieses Problems kann lauten, dass die Norm des § 319 BGB abdingbar ist. Abdingbar bedeutet, dass die Parten entgegen § 319 BGB vereinbaren können, dass auch eine offenbar unbillige oder unrichtige Leistungsbestimmung gültig ist,[335] wenn ihnen deren Anfechtbarkeit bewusst ist.[336] Geht man mit guten Gründen davon aus, dass eine solche Vereinbarung im Rahmen von Allgemeinen Geschäftsbedingungen unwirksam ist[337], muss dies kein Hindernis sein. Gerade im Rahmen eines Bauprojekts wird die Diskussion, ob

---

[333] BGH, Urt. v. 26.4.1991 – V ZR 61/90, NJW 1991, 2761 = IBRRS 1991, 0238 = BeckRS 1991, 1672; BeckOK BGB/Gehrlein § 319 Rn. 2 mwN.
[334] BGH, Urt. v. 16.11.1987 – II ZR 111/87, NJW-RR 1988, 506 = BeckRS 1987, 2994.
[335] BGH, Urt. v. 28.2.1972, – II ZR 151/69, NJW 1972, 827.
[336] BeckOK BGB/Gehrlein § 319 Rn. 6.
[337] So AG Leipzig, Urt. v. 8.5.2014 – 166 C 3153/13, NJW-RR 2015, 268.

M. Überblick: Außergerichtliche Inanspruchnahme ... **Kapitel 7**

man gemäß §§ 317 ff. BGB vorgehen und einen Dritten einschalten sollte, häufig situativ entstehen und von den Parteien vereinbart[338] werden. Dies kann dann im Wege einer ggf. mit anwaltlicher Hilfe für den Einzelfall ausgearbeiteten Regelung geschehen.

Wie oben formuliert: Die Lösung des Problems **kann** in einer solchen, § 319 BGB ganz oder teilweise ausschließenden Vereinbarung bestehen. Die Vertragsparteien müssen sich darüber im Klaren sein, dass möglicherweise (fast mit Sicherheit) eine von ihnen (oder sogar beide) mit dem Ergebnis des Dritten – häufig einem Sachverständigen – nicht zufrieden sein wird. Dann gilt das Ergebnis trotzdem. Die Praxis zeigt, dass die Parteien mit dieser Situation häufig nur sehr schlecht umgehen können, egal, wie intensiv zwischen ihnen im Vorfeld des Abschlusses der Vereinbarung genau über dieses Thema gesprochen wurde. Das kann so weit gehen, dass die ursprünglich eskalationsvermeidend gedachte Vorgehensweise über die §§ 317 ff. BGB zu einer Belastung des weiteren Projektverlaufs werden kann. 760

Die Parteien sollten im Vorfeld einer solchen Vereinbarung also nicht nur jede für sich in sich gehen, sondern auch gemeinsam und im offenen Dialog miteinander erörtern, was man durch die Beauftragung eines Dritten genau klären und letztlich erreichen will und ob man sich die „Hintertür" der offenbaren Unbilligkeit offenhalten oder, komme was da wolle, damit leben (und auf dieser Basis weiter zusammenarbeiten) will. 761

Aber nicht nur das BGB, sondern auch die Zivilprozessordnung (ZPO) hält Möglichkeiten bereit, Dispute ohne die Inanspruchnahme staatlicher Gerichte zu lösen. Hier ein Auszug relevanter Regelungen: 762

II. Die Schiedsvereinbarung

1. § 1029 ZPO *Begriffsbestimmung*

(1) Schiedsvereinbarung ist eine Vereinbarung der Parteien, alle oder einzelne Streitigkeiten, die zwischen ihnen in Bezug auf ein bestimmtes Rechtsverhältnis vertraglicher oder nichtvertraglicher Art entstanden sind oder künftig entstehen, der Entscheidung durch ein Schiedsgericht zu unterwerfen. 763

(2) Eine Schiedsvereinbarung kann in Form einer selbständigen Vereinbarung (Schiedsabrede) oder in Form einer Klausel in einem Vertrag (Schiedsklausel) geschlossen werden. 764

---

[338] Im Fall des AG Leipzig, Fn. 71, ging es um eine in einem Mietvertrag enthaltene Regelung.

Kapitel 7 Ideen und Denkanstöße für die Unternehmensleitung

765 Hierbei handelt es sich also um eine weitere Möglichkeit der Vertragsparteien, aufgetretene Konflikte weder selbst noch mit „klassischer" gerichtlicher Hilfe zu regeln. Ein Schiedsgericht soll entscheiden, die Parteien „unterwerfen" sich dessen Entscheidung, was bereits auf eine erhebliche Verbindlichkeit dieser Entscheidung hindeutet. Dabei können die Parteien wählen, ob sie bereits zu Beginn ihrer Beziehung eine Schiedsklausel in den Vertrag aufnehmen oder ob sie auch hier situativ reagieren und eine Schiedsabrede abschließen, „wenn es soweit ist". Das Gesetz gibt den Parteien also, wie bei den §§ 317 ff. BGB, eine große Dispositionsfreiheit. Dies ist auch richtig und wichtig, denn was gibt es bei einem Bauprojekt Besseres, als einen Streit, der erhebliches Eskalationspotenzial enthalten kann, möglichst schnell und möglichst kostengünstig beizulegen?

766 Gegenstand eines solchen Schiedsverfahrens kann gemäß § 1030 ZPO jeder vermögensrechtliche Anspruch (Zum Beispiel: Ist die Abschlagsrechnung berechtigt?) sein. Nicht vermögensrechtliche Ansprüche können unter bestimmten Voraussetzungen ebenfalls erfasst werden.

2. § 1032 ZPO Schiedsvereinbarung und Klage vor Gericht

767 (1) Wird vor einem Gericht Klage in einer Angelegenheit erhoben, die Gegenstand einer Schiedsvereinbarung ist, so hat das Gericht die Klage als unzulässig abzuweisen, sofern der Beklagte dies vor Beginn der mündlichen Verhandlung zur Hauptsache rügt, es sei denn, das Gericht stellt fest, dass die Schiedsvereinbarung nichtig, unwirksam oder undurchführbar ist.

768 Auch hier wird wieder das Prinzip „entweder/oder" deutlich. Es ist danach also im Regelfall nicht möglich, sein Glück erst in einem Schiedsverfahren und dann, wenn das Ergebnis eher nicht zufriedenstellend ist, ein gerichtliches Klageverfahren durchzuführen. Wenn die andere Seite (hier in der prozessualen Rolle als Beklagter) die entsprechende Rüge erhebt, wird die Klage (kostenpflichtig!) als unzulässig abgewiesen.[339]

769 Kurz zum weiteren Verfahren:

770 Gemäß § 1034 ZPO können die Parteien frei die Anzahl der Schiedsrichter vereinbaren. Treffen sie keine Vereinbarung, besteht das Schiedsgericht aus drei Schiedsrichtern. Hinsichtlich der Auswahl der Schiedsrichter haben die Parteien weitestgehend freie Hand. Vor-

---

[339] Zu den Grenzen der Unzulässigkeitseinrede im Einzelfall vgl. MüKo-ZPO/Münch § 1032, Rn. 9 ff.

M. Überblick: Außergerichtliche Inanspruchnahme ... **Kapitel 7**

aussetzung ist, dass es sich bei einem Schiedsrichter um eine natürliche Person handelt.[340] Wenn die Parteien trotzdem Institutionen anstelle von bestimmten Personen benennen, wird die Benennung ausgelegt; hier wird dann im Regelfall und bei Nichtvorliegen weiterer Hinweise die vertretungsberechtigte Person als bestellt anzusehen sein, bei Behörden also zum Beispiel der Behördenleiter.[341] Wenn die Parteien einen Richter oder eine Richterin als Schiedsrichter auswählen wollen, ist dies grundsätzlich möglich; die ausgewählte Person bedarf dann allerdings einer Genehmigung gemäß § 40 DRiG; danach darf eine solche Nebentätigkeit nur genehmigt werden, wenn die Parteien des Schiedsvertrags den Schiedsrichter oder Schiedsgutachter gemeinsam beauftragen oder wenn er von einer unbeteiligten Stellen benannt wurde. Die Genehmigung ist zu versagen, „wenn der Richter zur Zeit der Entscheidung über Erteilung der Genehmigung mit der Sache befasst ist oder nach der Geschäftsverteilung befasst werden kann." Solche Einschränkungen sind natürlich nachvollziehbar, um Interessenkonflikte der Richterin bzw. des Richters zu vermeiden. Andererseits: Der Schiedsrichter muss kein Jurist sein, was Möglichkeiten hinsichtlich einer isoliert technischen oder wirtschaftlichen Betrachtung eröffnet und den Kreis möglicher Schiedsrichter erweitert. Der Schiedsrichter kann Jurist sein, muss es aber nicht.

Es besteht das Recht, Rechtsanwälte mit der Interessenswahrnehmung zu beauftragen, § 1042 ZPO. **771**

Gemäß § 1043 Abs. 1 ZPO können die Parteien eine Vereinbarung über den Ort des schiedsrichterlichen Verfahrens treffen. Fehlt eine solche Vereinbarung, wird der Ort des schiedsrichterlichen Verfahrens vom Schiedsgericht bestimmt. **772**

3. § 1046 ZPO Klage und Klagebeantwortung

(1) Innerhalb der von den Parteien vereinbarten oder vom Schiedsgericht bestimmten Frist hat der Kläger seinen Anspruch und die Tatsachen, auf die sich dieser Anspruch stützt, darzulegen und der Beklagte hierzu Stellung zu nehmen. Die Parteien können dabei alle ihnen erheblich erscheinenden Dokumente vorlegen oder andere Beweismittel bezeichnen, derer sie sich bedienen wollen. **773**

Hier wird die verfahrensrechtliche Nähe zum gerichtlichen Rechtsstreit deutlich. Die Parteien sollen auch gegenüber dem Schiedsgericht die Möglichkeit haben, ihren Anspruch und ihre Argumente darzule- **774**

---
[340] Musielak/Voit/Voit ZPO § 1035 Rn. 16.
[341] Musielak/Voit/Voit ZPO § 1035 Rn. 16.

Kapitel 7   Ideen und Denkanstöße für die Unternehmensleitung

gen und diesen mit den ihnen zur Verfügung stehenden Beweismitteln zu stützen. Im Sinne des rechtlichen Gehörs besteht ebenso natürlich, zu den Ausführungen der anderen Seite Stellung zu nehmen.

775 Vor allem im Baubereich ist wichtig, dass insbesondere auch Sachverständige vom Schiedsgericht bestellt werden können:

4. § 1049 ZPO Vom Schiedsgericht bestellter Sachverständiger

776 (1) Haben die Parteien nichts anderes vereinbart, so kann das Schiedsgericht einen oder mehrere Sachverständige zur Erstattung eines Gutachtens über bestimmte vom Schiedsgericht festzulegende Fragen bestellen. Es kann ferner eine Partei auffordern, dem Sachverständigen jede sachdienliche Auskunft zu erteilen oder alle für das Verfahren erheblichen Dokumente oder Sachen zur Besichtigung vorzulegen oder zugänglich zu machen.

777 (2) Haben die Parteien nichts anderes vereinbart, so hat der Sachverständige, wenn eine Partei dies beantragt oder das Schiedsgericht es für erforderlich hält, nach Erstattung seines schriftlichen oder mündlichen Gutachtens an einer mündlichen Verhandlung teilzunehmen. Bei der Verhandlung können die Parteien dem Sachverständigen Fragen stellen und eigene Sachverständige zu den streitigen Fragen aussagen lassen.

778 Auch vor dem Schiedsgericht ist es selbstverständlich möglich, das Verfahren abzukürzen und durch Vergleich zu beenden:

5. § 1053 ZPO Vergleich

779 (1) Vergleichen sich die Parteien während des schiedsrichterlichen Verfahrens über die Streitigkeit, so beendet das Schiedsgericht das Verfahren.

780 Und wenn es keinen Vergleich, sondern einen Schiedsspruch gibt?

6. § 1054 ZPO Form und Inhalt des Schiedsspruchs

781 (1) Der Schiedsspruch ist schriftlich zu erlassen und durch den Schiedsrichter oder die Schiedsrichter zu unterschreiben. In schiedsrichterlichen Verfahren mit mehr als einem Schiedsrichter genügen die Unterschriften der Mehrheit aller Mitglieder des Schiedsgerichts, sofern der Grund für eine fehlende Unterschrift angegeben wird.

782 (2) Der Schiedsspruch ist zu begründen, es sei denn, die Parteien haben vereinbart, dass keine Begründung gegeben werden muss, oder es handelt sich um einen Schiedsspruch mit vereinbartem Wortlaut im Sinne des § 1053.

M. Überblick: Außergerichtliche Inanspruchnahme ... **Kapitel 7**

7. § 1055 ZPO Wirkungen des Schiedsspruchs

Der Schiedsspruch hat unter den Parteien die Wirkungen eines rechtskräftigen gerichtlichen Urteils.

Das bedeutet, dass keine weitere inhaltliche Überprüfung des Schiedsspruchs durch eine andere, höhere Instanz mehr möglich ist. Auch dies ist ja gerade der Sinn der Sache; wären weitere Instanzen möglich, hätten die Parteien auch gleich den Weg zu den ordentlichen Gerichten wählen können.

Gemäß § 1059 ZPO kann man gegen einen Schiedsspruch nur einen Antrag auf gerichtliche Aufhebung stellen, und zwar nur in Extremfällen, die Grundsätze rechtsstaatlicher Verfahren oder wesentliche Formalien berühren, zum Beispiel also dann, wenn eine der Parteien von der Bestellung eines Schiedsrichters gar nicht ausreichend in Kenntnis gesetzt wurde, wenn die Vollstreckung des Schiedsspruchs der öffentlichen Ordnung widerspräche oder der Schiedsspruch streitige Themen regelt, die in der Schiedsabrede gar nicht erwähnt sind.

Und wie werden die entstandenen Kosten verteilt? Möglichst gerecht und dem Ergebnis des Schiedsspruchs entsprechend.

8. § 1057 ZPO Entscheidung über die Kosten

(1) Sofern die Parteien nichts anderes vereinbart haben, hat das Schiedsgericht in einem Schiedsspruch darüber zu entscheiden, zu welchem Anteil die Parteien die Kosten des schiedsrichterlichen Verfahrens einschließlich der den Parteien erwachsenen und zur zweckentsprechenden Rechtsverfolgung notwendigen Kosten zu tragen haben. Hierbei entscheidet das Schiedsgericht nach pflichtgemäßem Ermessen unter Berücksichtigung der Umstände des Einzelfalles, insbesondere des Ausgangs des Verfahrens.

Die obigen Ausführungen sollten verdeutlichen, dass der Gesetzgeber den Parteien sehr freie Hand darin lässt, ihren Versuch, aufgetretene Dissonanzen einvernehmlich zu regeln, nach ihren Bedürfnissen und Vorstellungen zu gestalten. Die beiden beschriebenen Verfahren sind auch nicht abschließend zu verstehen; neben gesetzlichen Varianten können auch die Parteien mittels Vereinbarung für ihr Projekt und ihre Situation maßgeschneiderte Vorgehensweisen entwickeln. Auch dabei gilt wie so oft in unserem Bereich: Gefragt sind Kommunikation, Offenheit, Partnerschaftlichkeit und Bereitschaft zum Kompromiss. Und die Inanspruchnahme anwaltlicher Hilfe wird sicher auch nicht schaden.

Kapitel 7 Ideen und Denkanstöße für die Unternehmensleitung

N. Überblick: Gerichtliche Verfahren

789 Und wenn alles nichts mehr hilft, müssen eben die Gerichte einspringen. Dass Gerichtsverfahren häufig sehr lange dauern und oft viel Geld kosten, ist natürlich eine Binsenweisheit. Die Gründe dafür liegen gerade in unserem Bereich, dem Baurecht, auf der Hand: In vielen Fällen handelt es sich um komplizierte Sachverhalte, die nicht nur eine einzige Rechtsfrage zum Gegenstand haben, sondern bei denen zunächst einmal vielfältige tatsächliche Vorfragen zu klären sind. Und dann geht es beispielsweise nicht um das Vorliegen bloß eines, sondern mehrerer Mängel. Die Prüfbarkeit einer Schlussrechnung wird sich in den seltensten Fällen anhand eines einzigen Kriteriums beurteilen lassen. Das Vorliegen von Verzug, der vielleicht zur Kündigung des Bauvertrags, deren Wirksamkeit nun Gegenstand gerichtlicher Überprüfung ist geführt hat, wird oft durch eine Vielzahl von Faktoren bestimmt. Und so weiter. Dass solche komplexen Sachverhalte nicht in zwei Monaten und im Rahmen der ersten mündlichen Verhandlung abschließend zu klären sind, ist sicher nachvollziehbar. Schließlich muss den Parteien (und dem Gericht!) ja auch genügend Zeit eingeräumt werden, die eigenen Ausführungen vorzubereiten und vorzutragen und zu den Ausführungen der anderen Prozessbeteiligten Stellung zu nehmen. Hinzu kommt, dass am Bauprozess häufig nicht nur ein Kläger und ein Beklagter beteiligt sind, sondern weitere Protagonisten, nämlich beispielsweise weitere Beklagte, Streitverkündete (dazu unten mehr) oder eine Vielzahl von Antragsgegnern im Falle eines einem Selbständigen Beweisverfahrens (auch dazu unten mehr).

790 Auch vor diesem Hintergrund ist es von großer Wichtigkeit, erst wirklich alle sich bietenden Möglichkeiten zu nutzen, einen Prozess zu verhindern, und zwar am besten schon auf der Baustelle durch ein effektives, die berechtigenden Interessen aller Seiten berücksichtigendes Konfliktmanagement.[342]

791 Manchmal jedoch lassen sich ein gerichtliches Klageverfahren oder ein Selbständiges Beweisverfahren eben trotz größter Anstrengung nicht verhindern. Deshalb sollen im Folgenden einige Normen (auszugsweise) und Vorgehensweisen skizziert werden, die dem Nichtjuristen hoffentlich dabei helfen, ein besseres Verständnis von solchen gerichtlichen Verfahren zu erhalten.

---

[342] Zu den vielfältigen Möglichkeiten und Vorteilen eines effektiven Konfliktmanagements vgl. Stoltefuß, Rn. 178 ff.

N. Überblick: Gerichtliche Verfahren **Kapitel 7**

I. Das Klageverfahren

§ 78 ZPO Anwaltsprozess

(1) Vor den Landgerichten und Oberlandesgerichten müssen sich 792
die Parteien durch einen Rechtsanwalt vertreten lassen.

Vor den Landgerichten und Oberlandesgerichten kann sich der 793
Nichtjurist (genauer: eine nicht als Rechtsanwalt zugelassene Person)
also nicht selbst vertreten. Auch dem Geschäftsführer einer GmbH
oder dem CEO eines Großkonzerns ist dies also verwehrt. Und wann
findet ein Rechtsstreit wegen ausstehender Vergütung oder streitigen
Ersatzvornahmekosten vor dem Landgericht statt? Die Abgrenzung
zwischen den Gerichten findet sich in § 23 des Gerichtsverfassungsgesetzes: Wenn es um Ansprüche geht, deren

Gegenstand „an Geld oder Geldeswert" die Summe von 5000 € 794
nicht übersteigt, ist das Amtsgericht zuständig, darüber das Landgericht.

Ohne Rücksicht auf den Streitwert ist das Amtsgericht auch bei 795
bestimmten anderen Streitigkeiten zuständig, beispielsweise bei Streitigkeiten, die ein Mietverhältnis über Wohnraum betreffen.

Gehen wir in unserem baurechtlichen Zusammenhang von einer 796
Zahlungsklage aus, gilt aber jedenfalls die 5000 €-Grenze. Liegt der
Streitwert darüber, muss man anwaltliche Hilfe in Anspruch nehmen.

§ 253 ZPO Klageschrift

(1) Die Erhebung der Klage erfolgt durch Zustellung eines Schrift- 797
satzes (Klageschrift).

Der Rechtsstreit beginnt mit der Einreichung einer Klageschrift, 798
die gemäß § 253 ZPO u.a. einen bestimmten Antrag (in unserem
Beispiel einen Antrag auf Verurteilung des Beklagten zur Zahlung
eines Betrages in Höhe von x € an den Kläger nebst Zinsen in Höhe
von x %) und die Klagebegründung enthalten muss. Die Klageschrift
ist also die Grundlage des gesamten weiteren Rechtsstreits und daher
von großer Bedeutung. Der Mandant tut also gut daran, seinem Anwalt den Sachverhalt und die Hintergründe des geltend zu machenden
Anspruchs umfassend und sorgfältig darzulegen. Zu berücksichtigen
sind dabei nämlich auch Verspätungsvorschriften; relevanter Sachverhalt ist, vereinfacht ausgedrückt, so früh wie möglich vorzutragen,
wenn man nicht das Risiko eingehen will, eine Zurückweisung wegen
Verspätung zu erhalten.

Das Gericht kann dann einen sog. „frühen ersten Termin" anberau- 799
men und dem Beklagten eine Frist zur schriftlichen Klageerwiderung
setzen, § 275 ZPO.

Kapitel 7 Ideen und Denkanstöße für die Unternehmensleitung

800 Bestimmt das Gericht keinen frühen ersten Termin, so fordert es, vgl. § 276 ZPO, „den Beklagten mit der Zustellung der Klage auf, wenn er sich gegen die Klage verteidigen wolle, dies binnen einer Notfrist von zwei Wochen nach Zustellung der Klageschrift dem Gericht schriftlich anzuzeigen; der Kläger ist von der Aufforderung zu unterrichten. Zugleich ist dem Beklagten eine Frist von mindestens zwei weiteren Wochen zur schriftlichen Klageerwiderung zu setzen." Für die Klageerwiderung gilt dann § 277 ZPO.

§ 277 ZPO Klageerwiderung; Replik

801 (1) In der Klageerwiderung hat der Beklagte seine Verteidigungsmittel vorzubringen, soweit es nach der Prozesslage einer sorgfältigen und auf Förderung des Verfahrens bedachten Prozessführung entspricht.

802 Auch dabei wird wieder deutlich, dass es auch für den Beklagten gefährlich ist, beispielsweise aus taktischen Gründen entscheidende Angaben zum Sachverhalt zurückzuhalten und erst am Ende der letzten mündlichen Verhandlung und kurz vor dem Urteil „aus dem Hut zu zaubern".

§ 278 ZPO Gütliche Streitbeilegung, Güteverhandlung, Vergleich

803 (1) Das Gericht soll in jeder Lage des Verfahrens auf eine gütliche Beilegung des Rechtsstreits oder einzelner Streitpunkte bedacht sein.

804 Gut so. Ist ein Güteversuch nicht erkennbar aussichtslos, führt er ja möglicherweise dazu, dass sich die Parteien einigen und ein Vergleich geschlossen werden kann, der beide Parteien zumindest soweit zufriedenstellen kann, dass sie ihn der Fortsetzung des Prozesses und der weiteren Investition von Zeit und Geld vorziehen. Die Qualität des Gerichts bemisst sich sicherlich auch daran, wie gut der Güteversuch vorbereitet wird. Kann das Gericht den Parteien das Für und Wider der jeweiligen Rechtspositionen substantiiert erläutern und ihre bisherige Argumentation nachvollziehbar hinsichtlich ihrer Erfolgsaussichten und dem möglichen oder wahrscheinlichen weiteren Verlauf des Rechtsstreits transparent bewerten, kann dies im Einzelfall sicherlich den Weg für einen guten Vergleich aufzeigen.

805 Kurz zum weiteren Verlauf, wenn keine Einigung erzielt werden kann:

§ 286 ZPO Freie Beweiswürdigung

806 (1) Das Gericht hat unter Berücksichtigung des gesamten Inhalts der Verhandlungen und des Ergebnisses einer etwaigen Beweisaufnahme nach freier Überzeugung zu entscheiden, ob eine tatsächliche Behauptung für wahr oder für nicht wahr zu erachten sei. In dem Urteil sind

N. Überblick: Gerichtliche Verfahren **Kapitel 7**

die Gründe anzugeben, die für die richterliche Überzeugung leitend gewesen sind.

§ 300 ZPO Endurteil

(1) Ist der Rechtsstreit zur Endentscheidung reif, so hat das Gericht sie durch Endurteil zu erlassen.

§ 404 ZPO Sachverständigenauswahl

(1) Die Auswahl der zuzuziehenden Sachverständigen und die Bestimmung ihrer Anzahl erfolgt durch das Prozessgericht. Es kann sich auf die Ernennung eines einzigen Sachverständigen beschränken. Anstelle der zuerst ernannten Sachverständigen kann es andere ernennen.

(2) Vor der Ernennung können die Parteien zur Person des Sachverständigen gehört werden.

(3) Sind für gewisse Arten von Gutachten Sachverständige öffentlich bestellt, so sollen andere Personen nur dann gewählt werden, wenn besondere Umstände es erfordern.

(4) Das Gericht kann die Parteien auffordern, Personen zu bezeichnen, die geeignet sind, als Sachverständige vernommen zu werden.

(5) Einigen sich die Parteien über bestimmte Personen als Sachverständige, so hat das Gericht dieser Einigung Folge zu geben; das Gericht kann jedoch die Wahl der Parteien auf eine bestimmte Anzahl beschränken.

§ 411 ZPO Schriftliches Gutachten

(1) Wird schriftliche Begutachtung angeordnet, setzt das Gericht dem Sachverständigen eine Frist, innerhalb derer er das von ihm unterschriebene Gutachten zu übermitteln hat.

(3) Das Gericht kann das Erscheinen des Sachverständigen anordnen, damit er das schriftliche Gutachten erläutere. Das Gericht kann auch eine schriftliche Erläuterung oder Ergänzung des Gutachtens anordnen.

(4) Die Parteien haben dem Gericht innerhalb eines angemessenen Zeitraums ihre Einwendungen gegen das Gutachten, die Begutachtung betreffende Anträge und Ergänzungsfragen zu dem schriftlichen Gutachten mitzuteilen. Das Gericht kann ihnen hierfür eine Frist setzen; § 296 Abs. 1, 4 gilt entsprechend.

§ 412 ZPO Neues Gutachten

(1) Das Gericht kann eine neue Begutachtung durch dieselben oder durch andere Sachverständige anordnen, wenn es das Gutachten für ungenügend erachtet.

Die Einholung eines Sachverständigengutachtens ist im Bereich des Baurechts natürlich von erheblicher Bedeutung. Das Gericht hat

Kapitel 7 Ideen und Denkanstöße für die Unternehmensleitung

keine ausreichende Sachkunde, um das Vorliegen oder Nichtvorliegen komplexer Mängel zu beurteilen, es ist also auf „externe" Hilfe angewiesen. Es ist eine Selbstverständlichkeit, wird aber im Rahmen der vorgerichtlichen Abwägung, ob Klage erhoben wird oder nicht, manchmal zu wenig berücksichtigt: Jenseits aller gerichtlichen, also juristischen, scheinbar rationalen Beurteilung begibt sich der Kläger in die Hände eines oder mehrerer Sachverständiger, dessen Gutachten natürlich Wertungen enthält. Nicht selten besteht ein großer Teil eines Bauprozesses aus diesem oder einem ähnlichen Ablauf:

818 Beauftragung des Sachverständigen – Durcharbeiten der Gerichtsakte durch den Sachverständigen – Durchführung des ersten Ortstermins mit den Parteien – Fragen des Sachverständigen, ergänzende Stellungnahmen der Parteien – Durchführung eines (oder mehrerer) weiterer Ortstermins – Erstellung des Gutachtens – Stellungnahmen der Parteien zum Gutachten, gegebenenfalls mit Fragen an den Sachverständigen – Beantwortung der Fragen durch den Sachverständigen, möglicherweise nach Durchführung eines weiteren Ortstermins – Stellungnahmen der Parteien zur Beantwortung der Fragen durch den Sachverständigen – Einholung eines weiteren Gutachtens – möglicherweise Einholung eines „Obergutachtens".

819 Etc....

820 Die Aufzählung klingt vielleicht kritisch, der Eindruck täuscht aber; oft besteht für das Gericht (und die Parteien) gar keine andere Möglichkeit, als entsprechend zu verfahren, wenn ein streitiger Sachverhalt vollständig geklärt werden soll. Es ist bloß immer zu berücksichtigen, wieviel Zeit nun mal für ein solches Verfahren benötigt wird. Auch die dadurch verursachten Kosten müssen im Fokus der Beteiligten bleiben, damit es nicht am Ende einer Instanz zu bösen Überraschungen kommt.

§ 269 ZPO Klagerücknahme

821 (1) Die Klage kann ohne Einwilligung des Beklagten nur bis zum Beginn der mündlichen Verhandlung des Beklagten zur Hauptsache zurückgenommen werden.

822 Der Kläger hat die Möglichkeit, „die Reißleine zu ziehen" und die Klage zurückzunehmen, ohne Einwilligung des Beklagten allerdings nur bis zum Beginn der mündlichen Verhandlung. Die Kosten des Rechtsstreits, also zum Beispiel auch die Anwaltskosten des Beklagten, trägt dann im Regelfall der Kläger, was nur konsequent ist.

N. Überblick: Gerichtliche Verfahren **Kapitel 7**

II. Das Selbständige Beweisverfahren

§ 485 ZPO Zulässigkeit

(1) Während oder außerhalb eines Streitverfahrens kann auf Antrag 823 einer Partei die Einnahme des Augenscheins, die Vernehmung von Zeugen oder die Begutachtung durch einen Sachverständigen angeordnet werden, wenn der Gegner zustimmt oder zu besorgen ist, dass das Beweismittel verloren geht oder seine Benutzung erschwert wird.

(2) Ist ein Rechtsstreit noch nicht anhängig, kann eine Partei die 824 schriftliche Begutachtung durch einen Sachverständigen beantragen, wenn sie ein rechtliches Interesse daran hat, dass

1. der Zustand einer Person oder der Zustand oder Wert einer Sache,
2. die Ursache eines Personenschadens, Sachschadens oder Sachmangels,
3. der Aufwand für die Beseitigung eines Personenschadens, Sachschadens oder Sachmangels festgestellt wird. Ein rechtliches Interesse ist anzunehmen, wenn die Feststellung der Vermeidung eines Rechtsstreits dienen kann.

Das Selbständige Beweisverfahren ist ein prozessualer Klassiker des 825 Baurechts, vor allem natürlich dann, wenn es um das Bestehen oder Nichtbestehen von Mängeln geht. Der Text des § 485 ZPO ist sehr weit gefasst. Gegenstand eines Selbständigen Beweisverfahrens kann beispielsweise auch die Frage sein, ob ein ärztlicher Behandlungsfehler kausal für den körperlichen Zustand des Patienten ist.[343]

Im Bereich des Baurechts aber geht es wie gesagt in den allermeisten 826 Fällen um die Feststellung von Mängeln. Die Vorgehensweise Selbständiges Beweisverfahren statt Klageverfahren bietet sich dann an, wenn seitens des Auftraggebers geltend gemachte Mängel der einzige Streitpunkt zwischen den Parteien ist. Die Hoffnung des Antragstellers ist dabei häufig, dass die Klärung der Mangelhaftigkeit durch einen Sachverständigen den Streit klärt bzw. beendet. Hier ist das Merkmal des § 485 Abs. 2 Nr. 3 ZPO hinsichtlich des notwendigen Feststellungsinteresses angesprochen: Das Selbständige Beweisverfahren dient im besten Fall zur Vermeidung eines Rechtsstreits. „Rechtsstreit" meint hier in erster Linie das „normale" Klageverfahren. Das Gesetz versteht das Selbständige Beweisverfahren also nicht als „Rechtsstreit", obwohl die Auseinandersetzung der in der Regel von Rechtsanwälten

---

[343] MüKoZPO/Schreiber ZPO § 485 Rn. 19 mit Hinweisen auf die Rechtsprechung, zB OLG Hamm, Beschl. v. 10.3.2004 – 3 W 7/04 -, BeckRS 2010, 07343.

Kapitel 7 Ideen und Denkanstöße für die Unternehmensleitung

vertretenen Beteiligten vor einem Gericht stattfindet, das Gericht das Verfahren leitet und das Verfahren daher durchaus Ähnlichkeiten mit einem Klageverfahren aufweist. Aber: es gibt kein Urteil. Es gibt überhaupt keine gerichtliche Endentscheidung, sondern: es gibt ein Gutachten. Oder mehrere. Auf Basis dieses Gutachtens können die Parteien sich dann überlegen, wie sie weitermachen wollen, also in erster Linie, ob sie sich jetzt einigen können. Das hängt natürlich auch davon ab, wie eindeutig das Gutachten ist. Benennt es klare Mängel, wird sich der Antragsgegner überlegen, ob er es wirklich auf eine Klage ankommen lassen will. Sind Mängel nicht bewiesen, gilt dies umgekehrt auch für den Antragsteller, der ja die Entscheidung über die Klage mit all ihren Folgen in Händen hält.

§ 487 ZPO Inhalt des Antrages

827 Der Antrag muss enthalten:
- die Bezeichnung des Gegners;
- die Bezeichnung der Tatsachen, über die Beweis erhoben werden soll;
- die Benennung der Zeugen oder die Bezeichnung der übrigen nach § 485 zulässigen Beweismittel;
- die Glaubhaftmachung der Tatsachen, die die Zulässigkeit des selbständigen Beweisverfahrens und die Zuständigkeit des Gerichts begründen sollen.

828 Dazu nur der Hinweis, dass der übliche Antragsschriftsatz im Baurecht Fragen enthält, nämlich Fragen nach Mängeln. Dabei reicht es nicht, beispielsweise zu fragen, ob die Mess-, Steuer-, Regeltechnik in Universitätsklinikum der Stadt X Mängel aufweist, sondern die Fragen an den Sachverständigen sollten die konkreten, vom Antragsteller behaupteten Mängel bezeichnen, sinngemäß also, ob es zutreffend ist, dass der (nach Ort und Art genau bezeichnete Mangel) vorliegt, und wenn ja, welche Maßnahmen für seine Beseitigung erforderlich sind und was das kostet.

§ 494a ZPO – Frist zur Klageerhebung

829 (1) Ist ein Rechtsstreit nicht anhängig, hat das Gericht nach Beendigung der Beweiserhebung auf Antrag ohne mündliche Verhandlung anzuordnen, dass der Antragsteller binnen einer zu bestimmenden Frist Klage zu erheben hat.

830 (2) Kommt der Antragsteller dieser Anordnung nicht nach, hat das Gericht auf Antrag durch Beschluss auszusprechen, dass er die dem Gegner entstandenen Kosten zu tragen hat. Die Entscheidung unterliegt der sofortigen Beschwerde.

Diese Norm erfasst die Situation, dass 831
- das Selbständige Beweisverfahren beendet ist
- dem Antragsgegner, der sich verteidigen musste, aufgrund dieser Verteidigung Kosten, beispielsweise Anwaltskosten, entstanden sind
- das eingeholte Gutachten (in unserem baurechtlichen Mängelbeispiel) keine Mängel (oder jedenfalls nicht alle geltend gemachten Mängel) ergeben hat
- und der Antragsteller deshalb nachvollziehbarer Weise keine Klage erhebt.

Nun gibt es für den Antragsgegner ein Problem hinsichtlich der ihm 832 entstandenen Kosten: Im Selbständigen Beweisverfahren trifft das Gericht keine Kostenentscheidung. Im Klageverfahren enthält das Urteil eine Kostenentscheidung: wer verliert, trägt alle Kosten. Wer teilweise verliert, trägt einen entsprechenden Teil der Kosten. Im Selbstständigen Beweisverfahren gibt es kein Urteil und damit keine Kostenentscheidung. Die Kosten des Selbständigen Beweisverfahrens sind „Kosten der Hauptsache", werden also erst im Urteil der Hauptsache mitberücksichtigt. Wenn es aber keine Hauptsache gibt, weil der Antragsteller keine Klage erheben will, gibt es auch keine Kostenentscheidung.

Diese Situation erfasst die Regelung des § 494a ZPO: Der (aufgrund des Gutachtens selbstbewusste) Antragsgegner kann den Antragsteller mittels Antrages an das Gericht zwingen, Klage zu erheben. Kommt der Antragsteller der Anordnung des Gerichts dann nicht nach (weil er weiß, dass er „schlechte Karten" hat und die Klage nicht riskieren will), hat er die dem Antragsgegner im Rahmen des Selbständigen Beweisverfahrens entstandenen Kosten zu tragen.

O. Bauunternehmen als Motor der Entwicklung

Wenn Unternehmen „zentrale Akteure der weltweiten Nachhaltig- 833 keitstransformation"[344] sind, gilt dies für Bauunternehmen in besonderem Maße. Wer, wenn nicht sie, kann für entscheidende Weichenstellungen zur Verwirklichung von Green BuildingStandards sorgen? In einem weiten, zutreffenden Verständnis sind technische Aspekte eben nicht die einzigen Faktoren zur Qualifizierung eines Gebäudes – oder besser und allgemeiner: Bauwerks – als Green Building; im

---

[344] So Mittwoch/Wetenkamp/Bleier, NJW 2022, 3601.

Kapitel 7 Ideen und Denkanstöße für die Unternehmensleitung

Vordergrund stehen vielmehr sowohl ökonomische und technische als auch soziale Voraussetzungen[345]. Das Entstehen eines Green Building in diesem weit verstandenen Sinne wird also auch bereits durch die Beachtung sozialer (und gesetzlicher) Standards hinsichtlich Vergütung, Sozialleistungen, Arbeitssicherheit, -bedingungen und -zeit usw. beeinflusst. Ein Niedrigenergiehaus, das durch Ausbeutung entstanden ist, kann kein Green Building sein und sich nicht mit Begriffen wie „Nachhaltigkeit" schmücken. Dabei ist die Ökonomie, wie so oft, ein treibender Faktor. Betrachtet man den ökonomischen Wert einer Immobilie im Zusammenhang mit dem Investitionsverhalten von Offenen Immobilienfonds, war Nachhaltigkeit aufgrund der langfristigen Ausrichtung der Fonds im Grunde immer schon von Nachhaltigkeit geprägt, wobei die Portfolien in ganz erheblichem Umfang aus Green Building-zertifizierten Objekten bestehen.[346]

834 Aber zurück zum Bauunternehmen, zum einzelnen, ganz konkreten Bauunternehmen, sei es nun ein Handwerksbetrieb oder ein international agierender Konzern: Wo sind denn die Kompetenz, die Kreativität und die Energie, die Transformation zu beschleunigen und zu bestimmen? Unternehmen sollten nicht der Spielball von Gesetzen und Verordnungen sein, deren Inhalt häufig von politischen Entwicklungen und parteipolitischen Konstellationen abhängt, sollten nicht nur auf Entwicklungen von außen reagieren, sondern selbst agieren und den Weg in eine bessere technische, soziale und ökonomische Zukunft in zentraler Rolle aktiv mitgestalten.

835 Wer, wenn nicht die Bauunternehmen?

---

[345] Vgl. Schäfer/Conzen, S. 232.
[346] Einzelheiten bei Schäfer/Conzen, S. 232.

Stichwortverzeichnis

(die Zahlen bezeichnen Randnummern)

Abnahme 342 ff.
- förmliche 335 ff.
- Abnahmewirkungen 60 ff.
Abrechnung 518 ff.
- prüfbare 568 ff., 572 ff.
Abschlagszahlung 560 ff.
- Begriff 562
- auf Stoffe und Bauteile 564
Ankündigungspflicht 555 ff.
Annahme 4 ff.
- abändernde 16 ff.
- Frist 7 ff.
- verspätete 16 ff.
Auditor 125 ff.
- Leistungsbild 131 ff.
- Vollmacht 130
- Vertrag 148 ff.
- Haftung 148 ff., 159 ff.
- Mitverschulden 166
Aufmaß 542, 563, 572
Auslegung 20 ff.

Bausoll 21, 28, 35 ff.
Bauzeitenplan 251, 253 f., 270
Bedenkenanmeldung 320 ff., 352
Behinderungsanzeige 352, 737
Beweislast 220, 242, 359
Bürgenhaftung 221 ff.

Detailpauschalvertrag 501 ff.
Dokumentation 651, 725 ff.
- im weiteren Sinne 725 ff.
- im engeren Sinne 730 ff.

Einheitspreisvertrag 245, 286, 514, 540, 542
Eskalationsebenen 720 f.

Fertigstellungsmitteilung 352 f.
Festpreis 538 ff.
Fristen 7 ff., 241, 249, 253, 270 ff.
- in AGB 281
- unverbindliche 274
- verbindliche 274

Gerichtliche Verfahren 789 ff.
- Überblick 789
- Klageverfahren 792 f.
- Selbständiges Beweisverfahren 823 ff.
Gesprächsführung 722 ff.
Gewährleistung 47, 60 f.
s. auch Mangelhaftungsfrist
Globalpauschalvertrag 502 ff.
Green Building 21 ff.
- Begriff 21
- Exzellenz 660 ff.
- Systemanforderungen 88 ff.
- und allgemein anerkannte Regeln der Technik 171, 392, 441
- und Vertrieb 660 ff.
- und BIM 702 ff.
- Zertifizierung 84 ff.

Inanspruchnahme Dritter 746 ff.
Instandhaltung 201, 425, 616

Stichwortverzeichnis

Kaufvertrag 195 ff.
- Abgrenzung zum Werkvertrag 197 ff.
Kommunikation 321 ff., 552, 657, 722 ff.
Kooperationsrechtsprechung 723
Koordinationspflicht 653, 705
Kündigung 732, 744, 789

Lebenszykluskosten 74, 158, 665, 671
Leistungsbestimmung 714, 750 ff.
- durch Dritten 750

Mangel 757, 789, 824 ff.
- Begriff 434, 442
- wesentlicher 363 ff.
Mangelhaftungsfrist 438
- Dauer 439 f.
Mängelansprüche 412 ff.
Mängelrüge 220, 439

Nachhaltigkeit 63 ff.
- Begriff 69 ff.
- Umsetzung 75 ff.

Preisgleitklausel 538 f.
Projektgespräche 658

Rang- und Reihenfolge 35 ff.

Schiedsvereinbarung 763 f.
Schlussrechnung 60, 574 ff.
- Fälligkeit 104, 570, 576
- Zeitpunkt 574 ff.
Schlusszahlung 594 ff., 605
- vorbehaltlose 607 f.

Schutz der eigenen Leistung 252, 255 f.
Service 616
Sonderfachleute 648 ff.
Stundenlohn 578 ff.
Symptomtheorie 236, 437 ff.

Teilschlussrechnung 610

Unternehmerpflichten 631 ff.
- Übertragung 631

Vertrag 1 ff., 35 ff., 649 ff.
- Zustandekommen 1 ff.
Vertragsarten 542 ff.
Vertragsfrist 57, 657
Vertragsgrundlagen 34 ff.
Vertragshighlights 733 ff.
Vertragsverhandlung 4 f., 733 ff., 737
Vertrags-Kick off 657
VOB/B 737 ff.
- Rechtsnatur 740
- Unwirksamkeit 54 ff., 743
- Vereinbarung „als Ganzes" 744 ff.
Vollmacht 26 ff., 654 ff.
- des Architekten 28
- des Auditors 130

Zertifizierung s. Green-Building Zertifizierung
Zertifizierungsstelle 103 f., 126 ff.
- Vertrag 106, 129
- Systemanforderungen 119 ff.
- Haftung 159
- Leistungsbild 131 ff.